# 大学英语教学理论与实践研究

杨振宇 陈高娃 著



中国纺织出版社

图书在版编目（CIP）数据

大学英语教学理论与实践研究 / 杨振宇，陈高娃著
. —北京：中国纺织出版社，2017.3

ISBN 978-7-5180-2930-3

Ⅰ. ①大… Ⅱ. ①杨… ②陈… Ⅲ. ①英语-教学研究-高等学校 Ⅳ. ①H319.3

中国版本图书馆CIP数据核字（2016）第216076号

策划编辑：汤 浩　　责任编辑：汤 浩
责任设计：林昕瑶　　责任印制：储志伟

中国纺织出版社出版发行
地　址：北京市朝阳区百子湾东里A407号楼
邮政编码：100124
销售电话：010－67004422 传真：010－87155801
http：//www.c-textilep.com
E-mail：faxing@c-textilep.com
北京虎彩文化传播有限公司　　各地新华书店经销
2017年3月第1版第1次印刷
开　本：787×1092　1/16　印张：13.5
字　数：312千字　定价：45.90元

# 前 言

21世纪以来，中国已势不可挡地全面融入经济全球化、知识信息化的浪潮，在以和平与发展为时代特征的地球村中扮演着越来越重要的角色，也面临着越来越多的来自国内外的机遇和挑战。与各国经济文化等方面交流的增多，必然对我国外语人才的数量、质量、层次和种类提出更高的要求。掌握一门外语以主动融入国际交流是目前乃至未来社会人才必备的重要素质之一，这已成为国人的共识。在英国、美国、加拿大、澳大利亚、新西兰等说英语的国家里英语是母语或称第一语言。在中国、日本、德国、以色列等国家里英语是外语，它不是官方语言而只是学校的一门课程。当然它也可以作为一种第二语言存在，即它虽不是某国家或某地区人们的母语，但它仍然是那里法律、政府、教育以及公共媒体的语言。

英语教学是一个循序渐进、学习内容系统化的连续过程。它应遵循教学目标渐进化、学习内容系统化的规律。在教学中要把丰富学生的精神世界，促进其心理发展，与增强学生体质结合起来，要注意学生的生理、心理与智力技能的和谐发展，提高学生的整体素质。英语课首先是一种技能培养型的课程，要把语言作为一种交际的工具来教、来学、来使用，而不是把教会学生一套语法规则和零碎的词语用法作为语言教学的最终目标，要使学生能用所学的语言与人交流，获取信息。在教学过程中，教、学、用三个方面构成一个有机的相辅相成的统一体，其中的核心在于使用。与学习游泳、踢足球类似，使用交际工具的能力是在使用的过程中培养出来的。因此，教师需转变以往陈旧的教学观念，认清课程的性质，是落实交际性原则首先需要解决的问题。

《大学英语教学理论与实践研究》开篇介绍了有关英语语言、语言文化以及英语教学理论和发展改革方向方面的问题；然后对英语教学基础理论、大学英语教学原则、教学模式、教学策略以及影响教学的因素进行分析；最后重点分析了大学英语知识教学、听力教学、口语教学、阅读教学、翻译教学以及文化教学几个方面。

本书在结构和内容的安排上，共分为十二章。由两位老师完成，具体分工如下：

杨振宇负责18万字：第一章、第三章、第五章、第七章、第八章、第九章、第十一章；

陈高娃负责10万字：第二章、第四章、第六章、第十章、第十二章。

本书的出版除了让人们认识大学英语教学的理论知识之外，还尽力让读者从整体上认识了解英语教学实践中与各个教学之间的精彩之处，为其更好的学习英语打下基础。由于作者能力有限，书中难免会出现疏漏或不足之处，恳请各位专家及读者批评指正。

# 目 录

# 第一章 英语概述

## 第一节 英语和语言

### 一、英语的概念

英语是盎格鲁－撒克逊人的民族语。它属于印欧语系的日耳曼西部语支。英语的形成大约是在5世纪；它是在一千五百余年的漫长历史过程中发展起来的。印欧语系是世界上最大的语系，包括欧洲、美洲和亚洲地区的大部分语言。世界总人口中，有一半以上的人讲印欧语系的某种语言。英语属于印欧语系的日耳曼语族。日耳曼语族是一个比较大的语族，分为三个语支：东日耳曼语支（East Germanic），主要以现已绝迹的哥特语（Gothic）为代表；北日耳曼语支（North Germanic），主要以古北欧语（old Norse）为代表，包括今日的挪威语（Norwegian）、冰岛语（Icelandic）、瑞典语（Swedish）和丹麦语（Danish）等；西日耳曼语支（West Germanic），包括低地德语（Low German）、今日的荷兰语（Dutch）、高地德语（High German）、英语、弗里西亚语（Frisian）、佛兰芒语（Flemish）等。因此，我们常说英语属于印欧语系的日耳曼语族的西日耳曼语支。

英语通过英国的殖民活动传播到世界各地。由于在历史上曾和多种民族语言接触，它的词汇从一元变为多元，语法从“多曲折”变为“少曲折”，而现代英语与其他所有的印欧语系语言相比，没有那么复杂的曲折变化，也失去了几乎所有阴阳性变化，除了人称代词以外，已失去了性和格的分别，它更强调词语间相对固定的顺序，也就是说英语正朝着分析语的方向发展。英语中仍然保留的曲折变化有所有格，动词现在时的第三人称单数、动词过去式、现在分词进行时态、过去分词、动名词、名词的复数、形容词的比较级、形容词的最高级。语音也发生了规律性的变化。由于英文的使用范围极为广泛，不可避免地出现了各种地区性变体。有的语言学家已经不再把伦敦或英国上层人士的英语作为唯一的标准英语，而把它作为地区英语之一来看待。除英国英语外，最值得注意的是美国英语（亦作“美式英语”“美语”）。

美国英语是17世纪产生的。它是随着英国向北美进行殖民活动、英国人向北美移民并在那里定居而形成的。当时英国移民所使用的语言基本上是伊丽莎白时代的英语（Elizabethan English）。那个时期，正是伟大的剧作家莎士比亚（William Shakespeare，1564—1616）创作的鼎盛时期，也是英语向外广泛传播并产生巨大影响的时期，因此，又把当时英国移民所使用的语言称为莎士比亚时代英语。美国在18世纪建国之后，本土语言仍以英国为宗。美国学者最初称它为“在美国的英语”。到了第一次世界大战之后，美国国力大增，就有学者提出“美国语”一说。在半个多世纪以前，这个术语通常被理解为美国人特有的语词和语法，在抱有“纯洁主义”的英国文人看来，它不是纯正的英文，不能与英国英语相提并论。但到了第二次世界大战前后，“美国英语”一词的概念逐渐明确，只指在美国本土使用的“自成一派”的英语，不再刻意强调其与英国英语的渊源。现在英国学术界也终于承认美国英语有其独立地位。二者在语音上有相当明显的差别，拼写的差别则不是很大。在词汇方面，美国英语曾长期以英国英语为规范，由于二战后美国的大众传播媒介迅速发展，美国英语已反过来对英国英语产生影响（特别是在新词新义方面），并且这种影响有日益扩大之势。在文学作品上，这两种英语的区别比较明显，但在学术、科技文章方面，两国作者使用的是一种中性的共同文体。一般人们以一些学术机构的辞书作为标准英语的参考依据，例如，被誉为“全世界拥有最多读者的英文词典”——《牛津英语词典》等。

美国英语是美国“熔炉文化”（Melting Pot）的反映。操不同语言的移民从世界各地来到这个新世界，在这个新世界以英语为唯一的官方语。正是这个强制性的官方语使美国文化成为熔炉性的多元文化，移民们被迫将自己的母语局限于家庭和社团使用而沦为方言，他们也被迫使用英语来谋求生存和发展。这就是说，移民们强制性地将自己的母语情结限定于社团感情的范围，而视英语情结为民族国家感情，于是美国英语就成了熔炉文化铸造“新世界的新人”（new men in the new world）的语言工具。

除美国英语外，还有加拿大英语、澳大利亚英语、新西兰英语、南非英语等，它们也各有自己的地区性的语词和语法。其他像印度英语、东南亚英语、加勒比地区英语和非洲某些新兴国家的英语，也都各自具有语音和词汇上的特点。

## 二、语言的概述

### （一）语言的概念

语言的概念问题是语言学的一个基本问题，也是语言教学和英语教学论的基本问题。语言历经数百年乃至千年的研究，留下了许多专著、论文。它们从不同的角度，给语言下了定义。一种定义反映了一种观点、一个范畴、一种浓缩的理论、一个时期的研究成果。下面摘录一些较权威且具代表性的词典、教科书中给语言所下的定义：

1. 美国出版的辞典（American Heritage Dictionary of the English Language 给 Language）所下的定义

（1）The use by human beings of voice sounds, and often of written symbols that represent these sounds, in organized combinations and patterns to express and communicate thoughts and feelings.

（2）A system of words formed from such combinations and patterns, used by the people of a particular country or a group of people with shared history or set of traditions.

（3）A non-verbal method of communicating ideas, as by a system of signs, symbols or gestures: the language of algebra.

（4）Body language.

（5）The manner or means of communication between living creaturesother than humans: the language of dolphins.

（6）Computer Sci. Machine language.

2. 上海辞书出版社出版的《语言与语言学词典》的定义

语言是人类交际最重要的工具。语言是语言学研究的基本对象，语言学家从各个不同的观点探索“语言”这一概念。美国人类语言学家萨丕尔（E. Sapir，1884—1939）所下的定义是：“语言是人类独有的、用任意创造出来的符号系统进行交流思想、感情和愿望的非本能的方法。”这一定义强调了语言的若干重要方面，虽然有些动物也有与人类语言有某些类似的交际系统，但语言仅仅是人类才有的活动，人类使用语言与同一语言集团的其他成员发生联系。然而，语言不仅是用作交际工具，而且也是个人表达思想的手段。语言不是生来就会的，它必须被当作一个任意的习惯性的符号系统来学习。这类符号主要是指所谓发音器官发出的语音，但像文字和其他代码等第二系统可补充语音系统。

3.1989 年版《辞海》缩印本的解释

“语言是人类最重要的交际工具。它同思维有密切的关系，是人类思维和表达思想的手段，也是人类社会最基本的信息载体。人们借助语言保存和传递人类文明的成果。语言是人区别于其他动物的本质特征之一。共同的语言又常是民族的特征。语言是以语音为物质外壳、以语词为建筑材料、以语法为结构规律而构成的符号体系。语言是一种特殊的社会现象，它随着社会的产生而产生、发展而发展。语言没有阶级性，一视同仁地为社会各阶级服务。社会各阶级、阶层或社会集群也会影响语言，因而造成语言在使用上的不同特点和差异。”[1]

4. 北京大学出版社出版的《语言学教程》则下了一个简明而又普遍接受的定义

Language is a system of arbitrary vocal symbols used for human communication.

第一个定义包括了“人类自然语言”“人造语言”“身势语言”“动物语言”和“机器语言”。这从一个角度把语言做了分类，而我们所论及的语言是人类自然语言。

第二个和第三个定义则较全面地概述了语言的意义、功能等，大同小异，视角不一样，相同的是均认为语言是人类重要的交际工具，异的是前者从语言学角度讲的多，较系统并兼顾其他学科的观点。后者却从我国的认识出发，从社会语言学角度谈得较多并把语言同思维联系起来。

此外，还有一个定义比较简练，每一个英文词都蕴含着语言意义的重要方面，李延福教授做了翔实的论证。以上的四个定义只是许多定义中的一点，仅从上述或更多的定义中得出一个完整且又确切的定义是不可能的，这是因为当今的语言学研究水平尚未达到这种水准，也因为语言涉及的面非常广，还因为我们对语言本质特性的认识有待提高。英语教师无须是语言学家，但需清醒地认识自己教的语言如何适应语言这个大环境。如对此毫无所知将难以胜任当今的英语教学工作。

## （二）语言的特性、结构以及功能

语言是一个人类独有的、任意性的、有声的符号系统 。语言的系统性意味着语言

[1] 夏征农，陈至立．辞海 缩印本 [M]．上海：上海辞书出版社，2010：477.

受规则制约。语言的任意性指语言单位和语言单位的意义之间没有逻辑关系。语言是任意性的，因此语言单位只是一些符号。语言是有声的，这意味着语言主要指口语，而书面语或“文”是第二性的。另外，语言是人类独有的。只有人类才有语言，动物之间的交际系统和人类语言之间有天壤之别。

从内部结构的角度看，语言是一种符号系统，但其在信息量和结构、功能的复杂性方面远非其他符号系统可比，如莫尔斯电码、旗语、灯光交通信号等所能比及，后者对语言来说是第二性的。语言系统是一个复杂的整体，由各个分支系统或层次，如音位层次、词汇层次、语法层次等组成。语言成分由各种关系加以联结，成分和关系互相联系、互相制约，构成井然有序的系统。作为符号的语言单位具有两个重要方面，一是表现方面，即语音；一是内容方面，即语义。在语言单位中，音和义的结合是约定俗成的，什么样的语音形式表达什么样的意义内容，什么样的意义内容用什么样的语音形式表现最初是任意的。目前世界上有多达几千种语言。据联合国教科文组织最新发布的《濒危语言图谱》，全世界有约 7000 种语言，其中一半以上将在 21 世纪消亡，80%～90%将在未来 200 年灭绝。平均每两个星期就有一种语言消失。据统计，世界 80%的人讲 83 种主要语言，剩下 6000 多种语言绝大多数从没有过文字记载，没有字典、书，在任何图书馆或数据库都找不到它们的资料。一切信息只储存在人们的记忆里，因此尤其脆弱。德国学者汉斯•约阿西姆•施杜里希在《世界语言简史》（第 2 版）导言中也提到，地球上语言的数量“应该在 6000 种以上”，“据估计有二分之一正在面临着逐渐消失的危险”。另据德国出版的《语言学及语言交际工具问题手册》一书，现在世界上查明的有 5651 种语言。在这些语言中，约有 1400 种还没有被人们承认是独立的语言，或者是正在衰亡的语言。世界上之所以有多达几千种语言，就是因为人类创造语言时在选择语音形式表达意义内容方面的不一致，因而形成了不同的语言。一种语言的内部结构是一种语言区别于另一种语言的关键所在。不了解一种语言的内部结构，就无法辨认该语言的语音或书写的符号，并从中获取语义。没有掌握英语内部结构的人难以辨别 26 个字母不同排列组合后所表现的意思，不懂汉语的西方人也只会把汉字当成是奇形怪状的线条组合。然而，理解了语言的内部结构的符号系统并不意味着完全掌握了该语言符号的意义，即语义。语义的表达或理解，除了要了解和掌握一种语言的内部结构外，还要了解和掌握该语言的外部结构，即文化结构。一种语言的文化结构是使用该语言的人或民族的生活方式的总和，包括地理环境、民间传说、寓言神话、社会历史发展、风俗习惯、宗教信仰、价值观念、科学技术、文学艺术，等等。语言对物体或现象的指代是通过文化结构来实现的。生活在不同文化环境的人，对同一个语音或文字符号的理解是不同的。例如，生活在南半球的澳大利亚人对 Christmas（圣诞节）的概念就与生活在北半球的英国人和美国人不完全一样，只因澳大利亚人的圣诞节是在夏天，而英国人和美国人的圣诞节却在冬天。[1]

从功能的角度看，语言具有多方面的功能，这里择其要点概述如下。

语言首先是交际的工具，供人们用来传递和交流信息。语言可以传递认知、人际、管理、法律、经济、军事、文化等信息。离开这些信息，人类社会就无法运行。是语

[1] 平洪，张国扬．英语习语与英美文化 [M]. 外语教学与研究出版社，2000：6 ～ 7.

言交际把人们聚合在一起，组成社会。诚然，语言还有其他功能，交际还有其他手段，但语言交际是人类交际最有效的手段，任何其他的交际手段都无法与之相比。语言用于认识和描写世界。[1] 尽管交际是语言的首要功能，语言还可以用于认识和描写世界。早期的人们通过为事物命名来区分不同的事物。比如，实义词的出现就是用来给事物分类的：方向（东、南、西、北）、时间（年、月、日、时、分、秒）、数量（一、二、三、克、公斤、吨、厘米、米、公里）、质量（好、坏）、植物（松、柏、杨、柳）、动物（豺、狼、虎、豹）、气象（云、雨、风、霜）、天文（日、月、星）等。功能词则主要表示事物之间的关系："前、后"表示事物之间的方位关系或时间关系；"和、与"表示事物之间的并列关系；"但是、然而"表示事物之间的转折关系。人们学习词汇时，同时学习与词汇有关的概念："风"与"移动的气流"，"狗"与"四足的、有体毛的、犬科的豢养动物"，"堡垒"与"战争时防守用的建筑物"等。显然，没有语言，人们就不可能认识和描写世界。

语言是文化信息的容器和载体。文化信息就是指这些经验与知识，它们通过语言表述、储存或在人们中间交流。一切文化信息，语言都可以无限量承载，因此说语言是人类文化的贮存库和文化凝聚体实在不为夸张。这也就是为什么我们可以通过读书、学习来获取知识，而不用事事亲身实践的道理。反之，如果没有语言作为文化信息的容器和载体，获取知识的唯一途径就只能是亲身实践。这样会大大限制人类知识的发展，人类也就绝达不到现在的文明程度和发展水平。

语言是思维的工具，供人们用来形成和表达思想。语言是思想的直接体现。语言的基本单位也与思维的基本范畴相对应：词与概念相对应，句子与判断相对应。人们也可以用手势和动作等手段来表达一定的思想，但它们只能起辅助的作用，语言才是思想最完善、最有效的载体。语言是积聚知识和信息的工具，它把人们思维活动和认识活动的成果用词和句子积聚并存贮起来，保存和反映了前人全部的经验和智慧，而后人通过学习就能掌握前人积累下来的知识和信息，不必一切从头做起。这些知识和信息正是特定民族（传统）文化的重要源泉，从这个意义上说，特定语言是特定文化的容器和载体。语言是表达感情和影响别人的工具，它既传递信息，又是艺术表现的媒介。语言具有美学功能，它的创造性也正是通过艺术的媒介而得到充分的体现。

### （三）语言观

对语言的不同看法和观点决定语言教学的路子和方法。认为语言是自治系统观点的人和认为语言是交际工具的人在教学路子和方法上肯定不一样。每次语言教学理论和语言教学方法的更换都含有对语言的不同观点。现他们已把纯粹的语言知识观扩展到语言的交际能力观。语言知识不再是教学的终极目标。语言的语义性、体验性、交际性更应该是教学所要关注的。

#### 1. 传统语言观

传统的文法翻译观认为语言是词汇和把词连成句子的规则，即语法。语法是一套规则，是语言的核心。人们按规则说话，按规定办事、行事，而这些规则、规定多半由

[1] 王振亚．实用英语语言文化 [M]．河北大学出版社，2004：2.

拉丁语语法衍生而来。翻译则是学习语言的目标，也是学习语言的方法。因此，语言是一套规则，语言学习均以语言形式为主，强调记忆语法规则，例证语法规则就算学到了语言。死记硬背，满堂灌则是学习和教授的两大教学特征。

行为主义语言观用“刺激—反映”来研究人类行为，认为语言学习是一种习惯形成的过程，只要形成了语言习惯就算学到了语言。行为主义一词最早是由美国心理学家华生（J.B.Watson）为解释学习现象而创造的。行为主义者主张对人类行为进行客观的研究，强调采用实证主义的方法研究可观察到的行为。刺激—反映论是行为主义的理论基础。通过条件作用，人们建立起刺激与反映间的联系。复杂的行为是通过建立一系列的反映去学会的。行为主义者甚至将S—R（刺激—反映）原则应用于语言研究，视语言为一种人类行为。和人类的其他行为一样，语言也是通过习惯的养成而学会的。

受行为主义语言观的影响和制约，我国外语教学整体效果不佳，经过中学、大学十年左右的外语学习，大多数学生的外语交际技能仍远不够格，不能适合我国对外开放和社会发展的需求。教与学不分，认为教师教了，学生就学会了；不了解教和学之间的关系和教与学的本质是什么；把字典和教科书当成“圣经”，不敢违抗，精嚼细咽，知识面狭窄。

结构主义语言观指出语言是一个独立、自治的系统，是由以音素到句子不同层次上结构成分组成的系统。该系统通过直接成分分析，把语言切分成音素、语素和句子成分，然后描写出语言复杂而规律的结构（Saussure，1916；Sapir，1921；Bloomfield，1933；Chomskv，1965）。结构主义对语言内部结构和规律的研究，丰富了我们对语言组织成分和结构内容的认知，然而它用孤立、抽象的视角来看待语言，只注重语言本身的结构却忽视了语言的社会功能。结构主义语言观的兴起对语言教学影响极大，它认为学习者只要学会语言发音和组音成词规则，学会了构词法、语法，可以用此组词成句，就学得了这种语言，20世纪60年代美国麦克米兰公司出版的《英语九百句》课本便是一例。英国著名的语法学家，EFL教师霍恩比（A.S.Hornby，1898—1978）潜心研究出的英语25种动词句型、6种名词句型和3种形容词句型基本涵盖了英语句子结构，这是句型研究上的突破进展，对语言结构的精辟描述起很大作用。

2.认知语言学语言观

（1）对客观主义语言学的质疑。认知语言学基于体验的经验主义语言观是在反对客观主义语言观的过程中逐渐建立起来的。客观主义割裂感知和理性的联系，是一种主客体分离的哲学观，其语言观可以归纳如下：

①有关语言结构和规则的知识构成一个具有完全自主性的自足系统。语言能力有别于其他认知能力，如注意、概括、分类、推理、联想等，是一种天赋的能力。人类大脑中有专司语言的普遍语法，普遍语法有如电脑软件，包含了一套运算系统和原则，使语言的生成和规范得以实现。这样一来，语言独立于其他认知能力，可以用数理逻辑的方法，进行形式化的描述。

②语音、句法和语义分别是独立的语言结构。句法或语法范畴以形式特征为基础，不受语音和语义的影响，语言规则是公理化的系统，对其描述无须参照人类的认知。而

且，深层结构相同的句子即使表层结构不同，其意义都是一样的。

③作为语言分析的一个层面，语义是语言内部的问题，每个词语的意义都由一定的语义元素构成，可以用基于客观的真值条件来描述。意义是基于指称或真值的，语义研究就是研究语言符号的客观意义。

④语言符号与客观世界之间是由大脑中的概念相连接，而概念的连接只是一种纽带连接（概念是符号与事物之间的自然联系），是客观世界的镜像反映，独立于人的认知识解。

信奉客观主义的形式语言学宣称试图通过语言的描述揭示大脑结构的秘密，揭开人类认知的面纱，然而，在描述语言的过程中却抛开认知的影响，似乎有点自相矛盾。若我们把 20 世纪初至 50 年代末的语言学称作“结构的时代”，则 50 年代末至今的语言学，以乔姆斯基于 1957 年发表的《句法结构》为转折点，可以称作“认知的时代”。这是因为，20 世纪上半叶的语言学（以结构主义为主流的语言学）将研究的终极目标定在对语言结构本身的发现之上，摒弃任何与心智和认知有关的问题；而乔姆斯基之后的语言学主流，则多半是将语言作为一个认知系统，以探索蕴藏在大脑中的具有普遍性的人类语言根本机制作为终极目标。

（2）经验主义语言观。在对前人研究的深入思考和进一步研究之后，Lakoff 和 Johnson 等学者开始对传统的客观主义哲学产生了怀疑，选择了一条基于人类体验和经验的研究路径，提出了全新的经验主义哲学或称体验哲学理论，认为体验式思维是人类普遍的认知机制，并以此着手厘清概念结构和语言意义的关系，形成了与客观主义不同的语言观。

经验主义强调语言源自人类与现实的相互作用，既是认知的产物，又是思维的工具。语言既有任意性又有相似性特征，语言结构是对大脑中概念结构的编码。语言不是客观世界的镜像反映，不是自足的封闭体系，语言结构反映经验世界结构，同时，语言的编码和解码过程又离不开人类认知的参与。其具体的语言观归纳如下：

①与客观主义的天赋观相反，经验主义认为语言能力是人一般认知能力的一部分，是以更基本的认知能力为生理基础，以现实世界中的实践为契机，逐步发展起来的。语言是主客体相互作用的产物，具有主观性属性，用数理逻辑的方法来研究必然具有明显的不合理性，因此无法解决语言的本质性问题。

②语言分析的各个层面密切相关，句法不是一个自足的系统，语音影响着句法结构，语义更是语法的基础。语法结构本质上是符号的，是概念内容的符号化，不同的表达形式具有不同的意义。语义、形态和句法形成一个符号单位的连续体，对其中任何一个层面的分析都离不开其他层面的参与，也离不开对其他认知过程的参照。

③语义不仅仅是客观的真值条件，还是人类主观识解的结果。毫无疑问，自然语言自身蕴含了一定的语义元素，但运用中的语言意义的理解必须参照社会和文化的因素，语义具有百科知识性。语言的意义根植于人与客观世界的互动，根植于使用者对世界的体验和理解，根植于大脑对信息处理的概念化过程。

任何语言观的形成离不开对现实世界、认知和语言三者关系的探讨。一方面，对语言系统内部各个层面的研究，以及对语言作为认知能力与其他认知能力关系的认识的研究，都是至关重要的；另一方面，语义与语法的关系研究也是当今语言研究的热点话题，接下来我们将深入探讨认知语言学为解决这两方面问题而形成的语言非模块观和语言构式观。

首先是语言的非模块观。形式语言学认为，语言作为一种认知能力是独立于其他认知能力的自足模块，而语言系统内部，语法与语义和语音也是相互独立的结构。从某种程度上说，在语言研究中，他们将语言系统这个总模块细分出语音、词汇、句法、语义等子模块。每个子模块具有各自概括性的规则和限制，仅用于描写句子特征的某一维度。认知语言学借鉴和吸收哲学、逻辑学、心理学、神经科学等学科的成果，提出语言的非模块观。语言的非模块观主要表现在两个方面：语言运用的原则蕴含了更为一般的认知原则；对语言的解释势必要跨越不同的语言分析层面。认知语言学更多地关注语义，认为语义问题本质上是一个认知问题，语义在很大程度上决定语法，语法和语义密不可分。认知心理学和认知语言学的研究发现表明，这种语言的模块观存在诸多问题。传统的语素、词、短语和句子都是符号单位，形成一个连续体。Goldberg（1995；2003，转引自刘芬，2012）也认同语言的非模块观，提出从词到句式是由凝固性不同的各种构式（construction）组成的连续体。这个连续体一端是词素、词和合成词，另一端则是概括的能产性很强的双宾结构、被动结构，处于中间的是各类习语。[1] 纪云霞（2002）提出，语言的非模块观主要表现在构块式语法研究中的每个语法构块都是形式与意义或用法的结合，都要统一起来研究；它并不严格区分语用和语义；也表现为一个句式本身就是一个整体，句式的意义常常不等于其各个部分意义的相加。可以说，非模块观和构式观共同构成了认知语言学语言观的核心内容。

其次是语言的构式观。要了解语言的构式观，首先我们需弄清楚什么是构式。Lakoff 认为传统的结构式——形式意义对应体，即构式，包括不为形式语言学所关注的习语、成语、熟语等。构式是语言的基本单位，构式是形式与规约意义的配对，二者之间的象征性具有内在联系。构式作为形式和意义或功能的统一体，应该以整体的配对形式储存在人类的大脑中。显然，定义认知语言学的，不仅仅是“认知”这个概念，也不是像生成语法那样严格界定出来的框架和套数，而是一些基本的语言观、认识论、方法论原则和理念。语言的构式观不把语法分解为具有自身特有规则系统的语音、句法、语义的独立模块，而是把各个语法分析层面看作构式的有机组成部分，它们之间构成一个连续系统，在其语言研究过程中，对构式的内在和外在联系进行了多维的描述。基于这些原则、理念的理论框架及专题研究才往往被归入语言学界公认的、通常意义上的认知语言学的范围。

认知语言学语言观强调语言的生理性、心理性和认知性，认为语言形式是对人们的认知世界方式和内在认知机制的反映，相似性地对应于人们的认知世界和现实世界（包括经验结构、认知方式、概念框架、语义系统和客观世界）。因此，对某一语言形式的理解离不开相应的包括两个世界的百科知识。认知语言学语言观在诸多方面与功能学派语言观持相同的观点。功能学派语言观强调语言的交际功能和使用情景，认为语言是人类交际的工具，是用以建立和维持人与人之间关系的载体，是人类社会文化语境的组成

[1] 刘芬．从语言非模块观看语言组块的表现形式及习得方式［J］．外国语文，2012：89～93.

部分，是一个开放性的、具备社会文化功能的系统，而不是结构主义语言观所认为的仅由语音规则、词法、句法构成的封闭结构系统。这些规则共同决定语言在社会环境下使用的得体性。由此可见，两者都认为语言不是一个独立的、自治的封闭系统，具体语言表达式受制于意义—功能。功能学派认为语义系统受制于社会文化情景，同时又支配词法句法系统。这点与认知语言学的基本原理“世界—认知—语言”所传达的“意义来源于人们与现实世界的互动体验，同时又决定了表达它的语言形式”的观点非常相似。基于此，语言使用的准确性取决于是否能准确把握其所反映的概念化方式、各种社会文化因素和百科知识。鉴于认知语言学与功能语言学的密切关系，Langaker（1999：13）认为认知语言学属于功能语言学。

我国对语言的观点基本跟着国外语言教学界的观点走，经历从文法翻译到语言技能再到交际能力的发展过程。我国现在的语言观基本是对国外语言观点的综合，例如，本节中《辞海》对语言的定义。主要原因是我国现在没有一个独特而又在世界上闻名的语言学理论。虽然1986年公布的《大学英语教学大纲》和1989年公布的《高等学校英语专业基础阶段英语教学大纲》在表述各自教学目的时没有使用“交际能力”这个语词，也没有培养学生英语交际能力的表述。然而，目前外语教学界对外语教学的基本目标已形成共识：开发学生的外语交际能力。

### （四）母语、第二语言、外国语

这里根据美国传统词典的定义把语言分成五类，在此我们再把五类之一的人类自然语言分成三类：母语、第二语言和外国语。它们的定义不同，对语言教学产生的影响也不同，值得深入研究。

母语（Mother Tongue）亦称本族语（Native Language）、第一语言（First Language），前两个术语同义，一般可以互相替换，第三个术语与第二语言相对，英文一般简写作L1。在Tove Skutnabb-Kangas著的*Tosprogethed*（双语）书中，提出了四种有关母语的不同定义：

（1）母语是一个人最先学习的语言。这也被称为一个人的第一语言。这个定义把一个人学习的第一种语言永远确定为他的母语。这种母语的定义是基于这种设想，一个人的第一语言是他的父母所讲的语言，因而孩子不必依靠父母或他人教授而可以自然地学会。

（2）母语是一个人在一定时期内掌握得最好的语言（技能性定义）。

（3）母语是一个人在一定时期内使用最多的那种语言（功能性定义）。这种语言有时也叫主要语言。

（4）母语是一个人识别自己或被他人识别的语言（识别性定义）。后三种母语的定义承认一个人可以在今后的生活中改变母语。一个人能够将另一门语言学得相当好，以至于同他的原有语言（第一语言）一样都达到母语的水平。或者一个人在某种环境下，不得不运用另一种语言，以至达到第一语言的程度，因而成为他的母语。最后，一个人也许改变为从属于另一语言群体的成员，因此他更多地使用另一种语言识别自己，而不是用原有的母语。母语指人在幼年时通过和同一语言集团成员接触而自然掌握的语言，主要靠自然习得。母亲是启蒙教师，家庭和社会是课堂。幼儿以模仿为手段，自然而然形成语感。然而幼儿使用的语言与母亲的语言没有必然的联系，幼儿学习的语言有时未必是其母亲的语言。母语的另一个意义指同一语系中作为各种语言的共同始源语言，例如，拉丁语被认为是罗马尼亚语、意大利语、法语等罗曼语的母语，在此母语并非完全与本族语对等。

第二语言与第一语言相对，英文简写成L2，联合国教科文组织（UNESCO）给其下的定义是：除本族语以外的任何一种语言。这也是第二语言习得（Second Language Acquisition/SLA）理论中第二语言的含义。这种定义实际混淆了第二语言与外国语的区别。《语言教学的基本概念》一书给第二语言总结出两个定义：一个定义从语言学习的时间顺序上来定，指习得本族语后学习到的任何一种语言，这里又有两层意思：一层意思是在本族语的掌握还不完全的早期就开始学习的语言；另一层意思是在第一语言掌握基本完成的成年时学习的语言。第二个定义指语言掌握的程度，因本族语掌握的程度强于或高于后学习的语言，因此弱于或低于先习得的本族语，所以称作第二语言。除上述的意义外，第二语言尤其指在许多国家中所学的特指第二语言，如在新加坡、尼日利亚、印度，人们学习的英语，在加拿大魁北克省人们学习的法语或英语，在我国吉林省延边朝鲜族自治州汉族人学的朝鲜语和朝鲜族人学习的汉语。这种第二语言习得有两种条件：一种条件是必须有社会环境，即讲这种语言的场合（一般在一个国家内）；第二种是一定有讲这种语言的人群可接触。这种语言的水平可达到相当的程度，通常具有官方地位和公认的作用。

外国语指不是母语或本国语言以外的任何语言，通常不是儿童时期习得而会，而是要通过正式的语言教学才能学到的语言。在一个国家内，外国语不像第二语言那样具有一定的官方地位和公认的社会功能。对于英美人来说，法语、西班牙语就是外国语，对于中国人来讲，英语、俄语等就是外国语。

## 第二节　英语的发展

英语是印欧语系中日耳曼语支内的一种语言，7 世纪起有文献记载。英语发展大致可分为四个阶段，包含 1500 多年。古英语时期从 500 年至 1050 年；中世纪英语则从 1050 年至 1450 年；早期现代英语从 1450 年至 1700 年；现代英语从 1700 年至今。英语是英国、美国、澳大利亚、加拿大、马耳他、新加坡等国家和地区的母语或官方语言，也是联合国正式语言和工作语言之一，是世界上最流行的语言。英语可谓一种非常神奇的语言，其经历非同一般。起先，它只是日耳曼语族的一个小语种，“出身”低微得很，在历史发展过程中，有两次险些灭亡，可如今却成了国际性的语言，成了名副其实的国际交流工具。在追溯英语的历史发展时，我们通常将它分为三个时期：古英语（Old English）、中古英语（Middle English）和现代英语（Modern English）。古英语时期从盎格鲁（Angles）和撒克逊人（Saxons）的入侵（5 世纪中叶）开始至诺曼人（the Normans）占领英国（11 世纪中叶）为止；中古英语时期包括 11 世纪中叶至 1500 年这段时间；从 1500 年至今为现代英语时期。为便于研究，我们通常把 1500 年至 1700 年间的英语称作“早期现代英语”（Early Modern English），而把1700年至今的英语称作“后期现代英语”（Later Modern English）。这样的分期当然不是绝对的，但有助于我们对英语发展历程的了解和研究。

## 一、英语的起源

据文物考证显示，史前的不列颠诸岛上已经居住着旧石器人（Paleolithic Man）。那时，不列颠诸岛和欧洲大陆是连成一片的，今日英国和法国之间还没有今天的英吉利海峡和多佛尔海峡，莱茵河（the Rhine）与泰晤士河（the Thames）之间尚由其支流相接，今天的英国仍属欧洲大陆的一部分。大约在距今9000年的时候，由于地壳变迁，大不列颠诸岛从欧洲大陆分离出来，使得史前的旧石器人能够在不列颠定居下来。后来一部分凯尔特人在今天的爱尔兰和苏格兰定居下来，其余的一部分占领了今天的英格兰的南部和东部。每到一处，他们都对伊比利亚人进行残酷的杀戮。凯尔特人讲凯尔特语。今天居住在苏格兰北部和西部山地的盖尔人（Gaels）仍使用这种语言。在英语形成之前凯尔特语是在不列颠岛上所能发现的唯一具有史料依据的最早的语言，今天这个岛屿的名字就是源自凯尔特族裔的名称Briton（不列颠人，也有学者译作“布立吞人”）。

公元前55年，罗马帝国的恺撒大帝（Julius Caesar）在征服高卢（Gaul）之后来到不列颠。第二年，即公元前54年夏天，恺撒大帝第二次亲临不列颠。罗马人从此在不列颠站稳了脚跟，但在以后的大约100年间，罗马帝国并没有对不列颠构成很大的威胁。英国历史上真正的被“罗马人征服”（Roman Conquest）是在公元后43年开始的。当时罗马皇帝克罗迪斯（Claudius）率领四万人马，用了三年时间征服了不列颠岛的中部和东南部。随后，整个的英格兰被罗马牢牢控制了。随着军事占领，罗马文化与风俗习惯开始渗入不列颠，致使拉丁语在不列颠开始传播。那时，官方用语、法律用语、商业用语等均是拉丁语，而凯尔特语则难登“大雅之堂”。在今日英语中，只是在一些地名和河流名称方面还保留着凯尔特语的词汇成分。例如，the Thames，the Cam，the Dee，the Avon，the Esk，the Exe，the Stour，the Aire，the Derwent，the Ouse，the Severn，the Tees，the Trent，the Wye等，均是凯尔特人命名的河流；在Duneombe，Winchcombe，Holcome，Cumberland，Coombe等地名中，也可看到凯尔特语cumb一词的成分，英国著名城市多佛尔（Dover）、约克（York）的名称也源于凯尔特语。

406—407年间，罗马人因罗马帝国内外交困不得不撤离不列颠。449年，来自北海沿岸的三个日耳曼部族——盎格鲁人、撒克逊人和朱特人（Jutes）乘虚而入，大举侵犯不列颠诸岛，但遭到凯尔特人的顽强抵抗，征服过程长达一个半世纪之久。到了6世纪末，大不列颠诸岛上的凯尔特人几乎灭绝，幸存者或逃入山林，或沦为奴隶。随着时间的推移，盎格鲁人、撒克逊人和朱特人逐渐形成统一的英吉利民族，他们各自使用的方言也逐渐融合，形成了一种较为统一的新语言，即盎格鲁-撒克逊语（Anglo-Saxon），这便是古英语。盎格鲁人在拉丁文和早期日耳曼语中被称为“安格利人”（Angli），后经过古英语前元音音变成了Engle。由于他们在三个部落中人数最多、势力最大，所以Englaland（盎格鲁人的国土），就成了这块土地的统称，即英国，Englisc（盎格鲁人的语言）就是指他们的共同语言——英语。由于语言内部的发音和拼写方面发生了演变，后来Englaland和Englise最终演变成了现代英语中的England和English。

## 二、古英语

通常把450年至1150年期间的英语称为古英语。这个时期的英语包括四种主要方言：（一）诺森伯里亚方言（Northumbrian），即洪伯河以北的方言；（二）梅尔西亚方言（Mercian），即洪伯河与泰晤士河之间的英国中部地区方言；（三）肯特方言（Kentish），即在英国东南部地区定居下来的朱特人说的方言；（四）西撒克逊方言（West Saxon），即在泰晤士河以南定居下来的撒克逊人说的方言。诺森伯里亚方言和梅尔西亚方言主要在盎格鲁人居住的地区使用，因此这两种方言有时又合称为盎格里亚方言（Anglian）。最初文化较发达兴旺的地区是使用诺森伯里亚方言的地区，又以约克为其中心。到了9世纪，由于遭到斯堪的纳维亚人（Scandinavians）的大规模入侵，英国的文化中心从诺森伯里亚移至西撒克逊地区。后来，西撒克逊方言逐渐成为“标准古英语”。今天我们在探讨古英语的特点时，往往以西撒克逊方言所遗留下来的史料为依据。

古英语最独特的地方在于它的语言系统和记录语音的方式，元音从一开始就处于不断地变化之中，而辅音相对比较稳定。当时人们用作记录语音的是一种碑铭文字，又叫秘符体字母。后来，他们跟一些爱尔兰僧侣学会了使用拉丁字母。但是仍然没有拼写规则，没有正规字法，同样一个词，常常写得前后不一致。古英语的另一个显著特色就是它的词形“曲折”变化相当丰富。名词、形容词都根据性、数、格三个标准而有不同的词尾，动词也有多达14种不同的变化形式。词尾的变化虽然纷繁复杂，但因此保证了词的独立性，句子成分的排列也就相当灵活。

古英语属于综合性语言，现代英语属于分析性语言。古英语的拼写和读音与现代英语有很大差异。在今天看来，古英语如同一门外国语，人们必须对其进行专门的研究学习，才能读懂它。古英语的语法特点与现代德语相近，具有明显的曲折形式，名词、形容词、动词、代词等均有复杂的词尾变化，古英语时代是词尾曲折的全盛时期。由于古英语具有较强的曲折形式的特点，古英语的句子语义像拉丁语一样，不完全依赖于词序，而以词缀为主，如for-，in-，-ful等。派生法在古英语中也广泛使用，共有24个名词后缀、15个形容词后缀，-dom，-hood，-ship，-hess，-the，-ful，-ish等词缀都可溯源到古英语时期。古英语时期诗歌有一种特殊的修辞手法，即头韵（alliteration），由此产生的许多短语一直保留至今，如rnight and main(全力地)，friend and foe(敌友)，a labour of love（出自喜爱而做的事）。

古英语时期有两个重要历史事件，给英语词汇带来较大影响：第一件事是基督教传入英国，597年，一个名叫奥古斯丁（Augustine）的牧师从罗马来到英国传教，罗马文化随着基督教传入英国的同时，一批拉丁词也进入英语；第二件事是北欧人入侵英国，从790年开始，大批斯堪的纳维亚人在英国定居，所以有许多斯堪的纳维亚各国词语进入英语。其实，古斯堪的纳维亚语中有许多词和盎格鲁－撒克逊语非常相似以至很难区分开来，例如，are，they，their，them，call，die，give，take，skin，sky，ill，weak 等。早在盎格鲁 - 撒克逊人入侵之前，不列颠居民就和罗马人有着千丝万缕的联系，并引入了相当多的拉丁词汇。例如，bargain（议价），cheap（便宜），pound（英镑），cup（杯子），dish（盘子），wine（葡萄酒）等。在漫长的古英语时期，拉丁语中的词汇不断被引入英语中，随着基督教引入英国以后，大量引入的拉丁语词汇也均与宗教有关。许多词汇至今仍被沿用，如 altar（祭坛），candle（蜡烛），disciple（信徒），hymn（赞美诗），priest（牧师），Pope（主教，教皇），temple（神殿）等。

古英语时期虽然拉丁语是西欧唯一的学术性语言，但人们也开始用英语作为艺术表达的工具，创作出许多英语文学作品。这些作品主要以诗歌为代表，绝大部分内容与基督教有关，如上文提到的民族史诗《贝奥武夫》　。根据英国史料的记载，有据可查的英国最早的诗人是凯德蒙（Caedmon），著有英国文学史上最早的诗集《凯德蒙赞美诗》（*Caedmon's Hymn*）。9 世纪末，阿尔弗雷德大帝（Alfred the Great）主持编写《盎格鲁 - 撒克逊编年史））（*Anglo-Saxon Chronicle*）　，这是用英国当地语言写史的开始。

## 三、中古英语

中古英语时期是从 1100 年至 1500 年。1066 年，诺曼人在征服王威廉（William the Conqueror）的率领下，横渡英吉利海峡，在哈斯丁战役中击溃了盎格鲁 - 撒克逊军队，英王哈罗德战死，英国被征服。这在历史上被称为诺曼征服（the Norman Conquest）。自诺曼人征服英国后，法语便被作为官方语言在社会、文化等很多领域中广泛使用。但大多数人还是说英语，直到 15 世纪末，英语才再次成为整个国家的语言。

这一时期的英语废弃了古英语中大部分词汇，吸引了成千上万的法语词汇，这些词汇多源于拉丁文。英语中的法语词汇随处可见。例如，宗教方面的词汇：baptism（洗礼），confess（忏悔），divine（神的牧师）等；法律和政府行政方面的词汇：judge（审判），jury（陪审团），justice（公平），government（政府），parliament（议会），state（州）等；军事方面的词汇：conquer（征服），sergeant（警官），victory（胜利）等；服饰方面的词汇：coat（大衣），dress（女服），gown（礼服），robe（长袍）等；文学方面的词汇：chapter（章节），poet（诗），prose（散文），rime（白霜）等；科技方面的词汇：tmedicine（药），remedy（治疗），surgeon（外科医生）等。

在中古英语时期，英语经历了剧烈变化。到了中古英语末期，英语已逐渐具有词根语（如汉语）的特性，而且这个趋势一直在继续着。语言发展的趋势是从综合到分析，从词形的多变化到词形的无变化。这一变化对英语词汇的发展影响深远，为日后大量的借词 —— 主要是希腊语词、拉丁语词进入英语铺平了道路。

随着众多的法语借词被吸收进英语，一些法语和拉丁语的词缀也被英语化（Anglicized）了，成为英语构词的重要素材。如前缀 dis-（distrust），en-（enrich），inter-（intermingle），mal-（maladjustment），non-（nonage），pre-（preconceive），re-（reenter），semi-（semi-circle），sub- （subtenant）；后缀 -able（believable），-acy（delieacy），-age（peerage），-al（rehearsal），-ancy/-ency（vacancy，innocency），-ate（translate），-ory（transitory），-ance（hindrance），

-ant/-ent（occupant，resident），-ician（geometrician），-ise/-ize（epitomise，fertilize）。与此同时，有些英语本族语的词缀反而被废弃不用了。在复合词的构成格式方面，也吸收了法语的一些特色，例如，名词+形容词（knight-errant，游侠骑士），副词+过去分词（by-gone，过去的）。这些现象，语言史家称为英语的罗曼语化（Romanization of English）。这就是为什么从谱系关系看，英语与德语同族，但现代英语的词汇和法语更相近的原因。

大量法语词汇的涌入，也使英语词汇起了词义变化。有一些英语固有的词语被淘汰了，有一些虽然还存在，但词义范围有所改变，或者带上特有的文体色彩和感情色彩。例如，wed在古英语中作“结婚”解，但在中古英语时期传入了法语词marry，英语中的“结婚”的意义渐渐由marry来表示，wed只用于引申意义中；它的动名词wedding还是一个常用词，但只限于指“婚礼”。在这一时期，作为文学语言的英语也许曾一度黯然失色，然而却从未被消灭。阿尔弗雷德大帝开始的编年史还在继续用英语编写，12世纪末就产生了一部宗教性散文的杰作《修女训》（Ancrene Riwle），这种完美而又得体的散文体由作家们一直延续到16世纪。从13世纪中叶起，人们越来越多地模仿法国的骑士传奇，其中的《高文爵士和绿衣骑士》（*The Sir Gawain and the Green Knight*）代表了骑士文学的最高成就。它用头韵体诗写成，描述了亚瑟王属下一个“圆桌骑士”的奇遇。14世纪后半叶，被称为“英国诗歌之父”的乔叟创作出《坎特伯雷故事集》，取得了很高的艺术成就。乔叟用优美、活泼的韵文，描写了一群去坎特伯雷朝圣的人的神态言谈。他们来自不同阶层和行业，各人所讲的故事或雅或俗，揭示了多方面的社会现实。乔叟首创了诗歌的双韵体——每两行押韵的五音步抑扬格（iambic pentameter），后被许多英国诗人采用。乔叟用伦敦方言写作，奠定了用英语语言进行文学创作的基础，促进了英语语言文学的发展。下面援引该作品《总序》（*The General Prologue to the Canterbury Tales*）中的一段：

Whan that April, with his shoures soote
The droghte of March hath perced to the roote
And bathed every veyne in swich licour,
Of which vertu engendred is the flour;
Whan Zephirus eek with his sweete breeth
Inspired hath in every holt and heath
The tendre croppes, and the yonge sonne
Hath in the Ram his halfe cours yronne,
And smale foweles maken melodye,
That slepen al the nyght with open eye-
(So priketh hem Nature in hir corages)；
Thanne longen folk to goon on pilgrimages…

这段诗文的中文意思是：

四月时分，甜蜜的阵雨飘落，
穿越干旱的三月，浸透了万物的根部，

把强力酒精的每一根经络浸泡，
草木发芽，渐次生花；
西风呼出甜美的气息，
席卷了荒地和林丘
嫩枝和嫩叶，青春的阳光
在白羊星座走了一半的历程，
无数小鸟通宵达旦睁着眼睛，
此时齐声歌唱
（大自然骚扰着它们躁动不安）；
这时，人们渴望走上朝圣之路……

下面是经现代英语改写后的文字，试对照：

When in April the sweet showers fall
That pierce March' s drought to the root and all
And bathed every vein in liquor that has power
To generate therein and sire the flower;
When Zephyr also has with his sweet breath,
Filled again, in every holt and heath,
The tender shoots and leaves, and the young sun
His half-course in the sign of the Ram has run,
And many little birds make melody
That sleep through all the night with open eye
(So Nature pricks them on to ramp and rage)
Then folk do long to go on pilgrimage...

此外，中世纪文学中涌现了大量的优秀民谣，最具代表性的是收录在一起的咏唱绿林英雄罗宾汉（Robin Hood）的民谣。这些歌谣生动地讲述了一群农民劫富济贫、打击教会僧侣和执法吏的事迹，传诵至今。

## 四、现代英语

现代英语时期是从1500年至今，人们常把1500年到1700年的英语称作“早期现代英语”（Early Modem English），1700年至今的英语称作“后期现代英语”（Later Modem English）。这一时期出现的文艺复兴给英语带来了巨大的影响。

早期现代英语时期，对英语词汇影响最大的是文艺复兴运动。这一时期强调研究古代希腊、罗马文化，以对抗中世纪的封建文化。于是许多外来词，主要是拉丁语和希腊语的词语传入英语，成为英语的书面语和术语词的基本部分，同时也为英语提供了大量的同义词。希腊和拉丁语词进入英语后有的保留了原来的形式，如climax，appendix，exterior，axis等；有的失去了词尾，如（括号内为拉丁语），consult （eonsultare），exclusion（exclusioneum），exotic（exoticus）等；还有的改变了词尾，使之更适合英语的形式，如形容词词尾us变成了ous或变成al，名词词尾tas变为ty。人文主义学者们对语言抱着兼收并蓄的态度，从希腊文、拉丁文和法文中借用大量词汇以丰富英语的表达方式，同时注意从古罗马文学和法国文学中汲取文学创作的灵感和素材。莎士比亚就是英国文艺复兴时期的杰出代表。他的十四行诗真挚感人，戏剧作品情节引人入胜，更为重要的是他同时还是一位语言大师。在创作过程中，他把外来语和本族语巧妙地结合起来，大大丰富了英语的词汇，增强了英语的表现能力，据统计，他一共运用2万～2.5万个词。但是，学界对莎士比亚所使用的词汇一共有多少见解不一。一说具体数字是43566个，是使用计算机考证的结果。现今人们日常使用的英语词汇中，很多是由这位语言大师第一次使用而成为英语词汇的，或者是因为他的使用而使原来的词义发生了根本性的变化。至于莎士比亚到底给英语创造（杜撰）了多少词汇，有人说几百个，有人说上万个，但学术界公认的是1500个左右。以莎剧《麦克白》（Macbeth）中的一小段独白为例：

"Will all great Neptune' s ocean wash this blood clean from my hand ? No，this my hand will rather the multitudinous seas incarnadine，making the green one red."

"大洋里所有的水，能够洗净我手上的血迹吗？不，恐怕是我这一手的血，倒要把一碧无垠的海水染成一片殷红呢。"

这里的形容词multitudinous和动词incarnadine都是外来语，动词make和形容词green，red都是本族语词。外来语和本族语相辅相成，取得了生动的艺术效果。莎士比亚的创作表明，英语是一种具有很强感染力和说服力的表达工具，其形式相当灵活，可适用于各种体裁和题材。

这一时期英语不仅是文艺和学术的表达工具，此间的宗教改革运动还使它成为神学家的语言，礼拜祈祷的语言和宗教的语言。1611年出版的《圣经》"钦定译本"（*King James Bible*）当可视为一部无与伦比的散文杰作，其文体质朴，语言优美，长期以来被认为是现代英语句子结构和文体的楷模。

1662年，正式成立了英国皇家学会（the Royal Society），英国皇家学会是为推动自然科学和应用科学的发展面设立的独立的英国国家科学院。英国皇家学会成立于近代科学革命的后期，当时经过文艺复兴运动洗礼、地理大发现、宗教改革和近代科学革命全过程的英国，资本主义工商业蓬勃发展，圈地运动和毛纺工业的大发展导致资本主义向海外扩张和发展国际贸易，受此影响，从罗马教廷脱离出来的英伦三岛教会的自由意识极大增强。海上运输的强烈要求使造船技术、水文学、天文观测、结构计算、材料技术和防腐蚀的化学处理等科学得到发展。因此，从事国际贸易的富商巨头们，极其需要刚从神学家中分化出来的自然科学家和科技人员为其提供科技支持。英国皇家学会提倡用质朴的英语探讨哲学和自然科学。从此，英语逐渐代替拉丁文成了哲学和自然科学的语言，这就要求它更准确、清晰、合乎逻辑，更有说服力。

17世纪英国文学家德莱登（John Dryden）澄清了英语的句法，早期现代英语发展成了一种相当成熟的语言。

英语的发展一直受到两种趋势的影响：一是使之更丰富、典雅；二是使之保持纯洁、朴素。早期现代英语发展成为后期现代英语，主要是第二种趋势在起作用。启蒙运动使18世纪成了一个理性的时代，启发人们反对封建传统和宗教的束缚，提倡思想解放、个性发展等。启蒙运动与文艺复兴运动一脉相承，但就思想内容而言，应当说启蒙运动思想家远比文艺复兴时期的思想家全面、深刻和彻底得多。要求英语的读音、拼写、词义、句法等都得有个统一的标准，于是产生了对字典和语法书籍的迫切需求。1755年，约翰逊博士（Samuel Johnson）编纂出版了《英语词典》（*A Dictionary of the English Language*），在长达150年的时间里，这部词典一直是最权威的英语词典，直到20世纪初才被《牛津英语词典》取代。有兴趣的读者可参阅已成为英语名篇的《致切斯特菲尔德伯爵书》（*Samuel Johnson's Letter to Lord Chester field*），该文在揭穿切斯特菲尔德伯爵（约翰逊为编纂词典向此君求助未果）沽名钓誉的过程中，显露了约翰逊过人的说理才智和卓越的语言才华。《英语词典》第一次把英语作为全民语言记录下来，对书面语、惯用法和拼写法的规范化起到了前所未有的积极作用，从此以后现代英语大体定型。另外，当时还接连出版了许多语法书籍，英语的准确程度和清晰程度得以大大增强。

现代英语发展变化最显著的特征就是词汇大大增加，这种变化与社会政治、经济、文化的发展息息相关。从17世纪开始，英语随着英国国际贸易和开拓殖民地的活动走向世界各地，与世界各地的民族和文化都有了接触，吸收了数千个新词，词汇变得更为国际化了。例如，源自波斯语的harem（商队），bazaar（市场）和shawl（披肩），源自土耳其语的kiosk（凉亭）和coffee（咖啡），源自印地语的nabob（大富翁），源自日语的soy（酱油），源自马来语的orangutans（猩猩）和paddy（稻）等。与此同时，由于与法国一直保持着密切关系，法语词汇仍然源源不断地传入英语。这一时期传入英语的法语词汇很多保留了法语在发音和拼写上的特征，如protégé（被保护人），chaise（两轮马车）。19世纪的英国产业革命促进了科学技术的发展，英语词汇也大幅度增长。古英语词汇只有5万～6万个，而现代英语却有65万～75万之多，英语中出现了大量的短语动词，表达方式变得更加灵活生动，而且英语的用法也比以前更加确定，更加规范。

20世纪以来，全球经济迅猛发展，科学技术日新月异，国际商贸、文化交往日益频繁，英语迅速成为一种国际语言，在国际交往中起着举足轻重的作用。

## 五、英语——新世界语

1887年，波兰查门霍夫博士（Zamenhof）以超人的智慧和满腔热情发明了超越民族界线的“国际普通话”——世界语（Esperanto），旨在消除国际交往的语言障碍，让世界上的各民族能够“用一个声音说话”，实现和保持地球上各善良民族渴望的和平。一百多年过去了，世界语没有成为世界通用的语言，甚至被人遗忘。通过华盛顿大学卡尔伯特（Sidney S. Culbert）博士的研究，有1600000使用世界语的人达到了相当的水平。假设这个数字是正确的，这就意味着世界人口中只有大约0.03%的人能够较为熟练地使用这种语言，迄今仍远未达到查门霍夫博士使它成为世界通用语的目标。与此形成鲜明对照的是，曾经是民族国家语言的英语却在世界上为越来越多的国家和人民所使用，现已成为“新世界语”。

英语走向世界始于17世纪英国国际贸易和开拓殖民地的活动。英语虽然不属于人类最古老的语言之列，并且它走向世界也仅仅400多年，可是它在全球化过程中的发展速度和对全世界的影响，是其他任何语言都望尘莫及的，其奥妙究竟何在，非常值得我们研究和探讨。

英语在短短400多年里能够一跃成为世界通用语言，原因是多方面的。依据牛道生先生《英语与世界》一书的精辟分析，[1]我们须注意从以下方面把握英语迅速崛起的真正原因。

在历史方面。1500多年前，盎格鲁-撒克逊民族凭借北欧日耳曼民族勇猛顽强的“海盗精神”抢占不列颠岛，在非常艰难的自然环境中，凭借本民族团结的力量战胜外族屡次的侵略，在不列颠创建新的国家——英国；然后，在文艺复兴运动中，凭借勤奋好学的探索精神，在广泛汲取欧洲古老文明成果的基础上，自力更生，力求创新，努力赶超欧洲大陆的老牌列强，从一个弱小的海岛民族发展成为欧洲乃至世界上的强盛民族，在16世纪以后短短的200年中就创造出独具英国民族特色的先进语言文化。

在政治、军事方面。英国为了达到掠夺殖民地的目的，不惜用武力在世界各地镇压当地土著居民，在政治上竭力奉行殖民政策，强行传播和普及英语语言文化，用英语同化当地民族语言，使英语在美洲、大洋洲、非洲、亚洲的英国殖民地牢牢地扎下了根，结果造就出美国、加拿大、澳大利亚、新西兰、南非、印度等多个具有本土语言文化特色的英语变种。

在经济、科学技术方面。因为先前的大英帝国，以及后来的美国，都先后在经济上垄断国际贸易市场的许多重要领域，所以英语必然随这些领域的商品打入世界各国。如今，许多大的国际跨国集团仍然操纵在美、英两国手中，国际经济贸易游戏规则基本都是用英语作为蓝本制订的，并被美、英等西方国家所操纵或主导。在人类近代自然科学技术方面，许多先进发明创造和尖端科学技术来自英、美两国的科学家，他们用英语写成的科研报告和资料，以及发行的英文学术期刊必然受到世界各国科学家和科技人员的青睐。为了获取英、美的先进科学技术，或参加国际学术交流，非英语国家的大批科学家和科技人员不得不下苦功学习英语。

在外交、国际贸易和旅游产业方面。美、英两国以及许多英联邦国家把英语作为第一语言或官方语言，美、英又分别是联合国五个常任理事国之一，这使得英语在1948年联合国成立之日就成为联合国的工作语言之一，并且用英语制订的国际法在全世界普及面最广。为了有利于国际交往，世界其他国家的外交人员不得不学会英语。20世纪后期，经济全球化趋势发展迅速，为了占领国际贸易市场和旅游市场，国际竞争越来越激烈，英语成为推销本国商品和旅游资源的有力武器，各国相关公司在国际媒体用英语大做广告，千方百计为自己争夺客户。

在文化、教育和娱乐方面。因为美、英以及加拿大、澳大利亚等以英语为母语的国家都有许多世界一流的大学，各国为了培养一流科技人才，不得不派大批留学生或访问学者去美、英或其他英联邦国家大学留学或从事合作科研活动，英语自然成为年轻人

[1] 牛道生．英语与世界［M］．中国社会科学出版社，2008：3～5.

梦寐以求地考入这些国家大学的“敲门砖”以及学者们进行学术交流的工具。另外，世界上高水平的大学教材和现代文学著作，绝大部分是用英语写成的，各国高等院校为了提高教学科研水平，与世界学术接轨，不得不选用或借鉴西方国家的大学英语教材和现代文学著作。美国人最早发明了电影，后来又发明了电视、录像。美国凭借高科技手段生产的大批影视音像制品，具有非常诱人的魅力，不但占领了英语国家娱乐市场的大部分份额，而且在非英语国家也十分畅销。其他国家为了使本国的影视产品能够打入国际娱乐市场，也将其翻译成英语在全世界发行。因此，英语必然随着美国或其他国家影视音像制品的全球广泛传播，而引起世界亿万观众学习英语的兴趣。

在新闻、出版、通信方面。世界上最大的国际传媒垄断集团，几乎都被美、英所控制；国际电信以及全球网络通信业也几乎被美国所操纵；世界新闻出版领域的英语书籍、报刊发行量最大，英语自然成为世界新闻、出版、通信领域的首选语言或主导语言。

在民族语言文化方面。民族语言的文化价值还表现在不同的民族语言有它独特的文化气质上。语言的文化气质，指的是一种语言在交际过程中使说话人和听话人在心理上得到的某种感受，这种感受一方面受周围环境的影响；另一方面由语言结构各方面因素综合作用而显露出来。18 世纪以来，英、美一直先后处于世界近代史上全球先进生产力发展的顶峰。因此，根据经济基础决定上层建筑的马克思主义经典理论来看，英、美必然成为世界近代史上先进语言文化的主要代表者，英、美的语言文化在全世界的竞争力必然最强。那些弱小民族或语言文化落伍的古老民族，一旦沦为英、美的殖民地，其本土的语言文化必然面临被同化或边缘化的危险，英、美英语语言文化势不可挡地成为这些被奴役民族的主导语言文化。即使这些民族后来独立了，在很长的历史时期内依然很难摆脱对英语的高度依赖，如印度、巴基斯坦、孟加拉、南非等国至今仍然把英语作为本国的官方语言使用。

经过 1500 多年的变迁，英语从几个日耳曼部族的语言发展为今天具有重大国际影响的语言，这固然有上述政治、经济、社会等方面的原因，但英语语言本身的独特优势也同样不容忽视。词汇的开放性便是其优点之一，英语极善于吸收外来词。一方面英语属于日耳曼语族，有日耳曼语的共同词语；另一方面又长期与法语及其他罗曼语族语言联系密切，同时吸收了大量古典词语。可以说，英语把代表欧洲主要文化的词语兼收并蓄于一身，这在欧洲各语言中间是独特的。今天，每当出现了一种新的事物、设备或时尚，只要其他语言中已经提供了一个合适的词汇，英语就会心甘情愿地把它吸收进来。而且在吸收的过程中，往往词形不做任何改变。

英国语言学家布赖恩·福斯特（Brian Foster）在《变化中的英语》一书里精辟地分析了英语民族在吸收外来词语问题上的民族心理特点：“从英语的整个历史来看，英语对其他语种的词语总是乐于采纳的。确实，人类各种语言都或多或少地借鉴了外界模式，但有理由可以认为，英语跟其他主要的语种相比更易于接受外来的影响。法国人在 1624 年成立了法兰西学院（Académic Francaise）。它于 1964 年出版了《法兰西学院词典》。他们希望靠此来阻止或多少能控制外国词语的流入。而对于大多数操英语的人来说，这是不可思议的，他们似乎主张一种语言上的‘自由贸易’。他们说，如果一个外国词语是有用的话，那就应该采用，不论其来源如何。”[1]

从语法角度看，当代英语正朝着精练、简化的趋势发展。语言结构上的演变不是通过“爆发”方式形成的，正如斯大林在《马克思主义与语言学问题》一书中指出的：“马克思主义不承认在语言发展中有突然的爆发，有现存语言的突然死亡和新语言的突然创造。”“语言的发展……是经过逐渐的、长期的语言新质和新结构的要素的积累，经过旧质要素的逐渐衰亡来实现的。”自 19 世纪以来，英语的语法结构所发生的一系列变化虽仍处在“新结构的要素的积累”和“旧质要素的逐渐衰亡”阶段，但对其中的一些简化趋势我们是不该否认的。这些特点也使英语同其他欧洲语言比较起来相对容易学习，特别是容易入门。当然，英语也有其弱点。最容易察觉的便是拼读不统一，容易造成拼写混乱。此外，同义词、惯用语特别多，这固然使英语富于表现力，但同时也给英语学习者带来了不少的困难。在上述诸多因素的综合作用之下，英语在世界范围内大行其道也就不足为奇了。

## 第三节 英语语言文化

文化是一个复杂的概念。稍加考查我们便会发现，“文化”一词包罗万象，似乎很难具体把握。着眼于语言学习，我们认为，语言学习实际是一种文化的学习，因为文化表现为一定的语言模式和一定的行为方式，这些被共同接受并采用的言行模式及其传播方式，使我们在某一特定的时间内，生活于具有一定技术技能并受到一定的地理环境限制的社会之中。

### 一、什么是文化

文化的定义是最难归纳概括的，假如大家接触一些文化学方面的著作或者留心报纸杂志上的一些文章就会知道，文化的定义有一百多种。关于文化的定义，当今世界还没有一个统一的界定，可谓是仁者见仁，智者见智，众说纷纭，莫衷一是。“文化”在中国是一个古老的词汇。早在先秦时代，《易经》贲卦的象辞中就将“文”与“化”连缀起来使用：“刚柔交错，天文也；文明以止，人文也。观乎天文，以察时变；观乎人文，以化成天下。”（《易·贲卦·象传》）这里人文与天文相对，天文指天道自然，人文是指社会人伦。所谓“人文化成天下”，含有文化出于自然而又能驾驭自然的意思，而人文活动便是人们对自然现象所做出的认知、重组、改造和利用的活动。西汉以后，文献中正式出现了“文化”一词，如“凡武之兴，为不服也；文化不改，然后加诛”（刘向：《说苑·指武》），“文化内辑，武功外悠”（《文选》，束皙：《补亡诗》）等。此时“文化”主要是指与武力征服相对应的文治教化，侧重于精神层面的影响。

从西文的语源来看，德文 kultur、英文和法文 culture 都源自拉丁文 cultura，其本义即为“耕种”和“作物培育”。英文中的“农业”（agriculture）、“园艺”（horticulture）都源于 culture。人类的开垦种植，是人类对外部自然世界有目的的改造活动，象征着人类文明生活的开始与演变。尔后，与古代西方人从认识自然转向认

[1] 汪澍白．二十世纪中国文化史论 [M]．中国青年出版社，1999：4.

识自身的逻辑转折相适应，culture 一词也产生转义，在原义的基础上融进了“培养”“教育”“发展”“尊重”等内容，最终主要用来指称人类的精神领域。1 世纪，古罗马政论家西塞罗（M.T.Cicero）使用了“耕耘智慧”（culture mentis）一词，其义与“哲学”等同。到了 18 世纪，法国启蒙思想家伏尔泰（Voltaire）等在更广泛的意义上使用“文化”一词，用以指人类心灵、智慧、情操、风尚的化育，其义与 education（教化）相近。1952 年，美国文化人类学家克罗伯和克拉克洪合著了《文化——有关概念和定义的回顾》一书，其中列举的西方学术界从 1871 年到 1951 年 80 年间出现的各种文化定义达 160 余种。1952 年以后，世界各地关于“文化”的新定义更是层出不穷，据统计到现在已有 260 种之多。不同的学者在使用“文化”这个词汇的时候会有自己的侧重，一般来说，在使用文化这个词的时候，有宽和窄两种定义。宽泛地说，文化的实质性含义是人类本体通过社会实践活动，适应、利用、改造自然界客体而逐步实现自身价值观念的过程。在这个过程中，凡是超越本能的、人类有意识地作用于自然界和社会的一切活动及其结果，都属于文化。

可见，古代东西方对“文化”的认识虽不乏相通之处，但在理解的层次上存在着明显的差异。在我国古代文献中，“文化”一词有着特定的词义指向，词源意义仅限于社会人伦方面，大体是指宗教王朝所实施的文治教化和社会伦理规范而言，并不具备现代意义上的“文化”蕴含。对文化的这种理解，在我国一直持续到近代。而西方人使“文化”具备了双重意义：一是人对土地的耕作，使外在自然人化；二是通过教育和培养的过程使人具有理想公民的素质，使内在自然人化。这种双重意义的“文化”含义正是现代意义上的“文化”含义的最初胚胎。我们现在通用的“文化”一词，首先是日本学者在译介西方有关词汇时，使用了源自中国的“文化”一词，然后又由留日学生再从东土把它引渡回国。经过这一番转折，“文化”一词被赋予了更为深广的意蕴。简而言之，自然的“人化”就是文化。这个定义很宽。而要窄的定义的话，至少应该包括一个民族的精神生产及其成果的结晶。英国文化学家泰勒在他的《原始文化》一书中，对狭义“文化”做了一个经典的界说，即文化“乃是包括知识、信仰、艺术、道德、法律、习俗和任何人作为一名社会成员而获得的能力和习惯在内的复杂整体”。毛泽东在论及新民主主义文化时说：“一定的文化是一定社会的政治和经济在观念形态上的反映。”这里的“文化”界定就属于狭义文化，主要是指精神创造活动及其结果。那么什么是文化呢？我们可以回答，文化是一个民族整体生活方式和它的价值系统。

这个大系统包罗万象，构成了所谓“广义文化”，亦作“大写 C 文化”；与之相对，“狭义文化”排除人类社会历史生活中关于物质创造活动及其结果的部分，专注于精神创造活动及其结果，又称“小写 c 文化”。英国 19 世纪人类学家泰勒（Edward B. Tylor）在《原始文化》（*Primitive Culture*）一书中提出：“文化或文明是一个复合体，包括知识、信仰、艺术、道德、法律、风俗，以及人在社会中获得的所有能力和习惯。”此论可谓“狭义文化”的早期经典界说。依据《现代汉语词典》的解释，“文化”是“人类在社会历史发展过程中所创造的物质财富和精神财富的总和，特指精神财富”，此“文化”当属“狭义文化”。一般而言，凡涉及精神创造领域的文化现象，均属“狭义文化”。这里意在使读者了解语言与文化的关系，特别是英语与英语民族文化的关系以及英汉语言文化对比，行文内容自然要对“狭义文化”有所侧重。不过这并不意味着我们的讨论仅仅局限于“狭义文化”之内，本书也涉及“广义文化”的一些内容。

## 二、文化的产生

文化的萌生是和人类的起源密切联系在一起的，即人类的历史和文化的历史是同时出现的。马克思主义经典作家科学地论述了劳动在从猿到人转变过程中的主导作用，得出劳动创造了人的精辟结论，同样，人类也恰恰是在劳动中创造了文化。在和人类一起产生的人类社会中，人类在同客观的物质世界发生这样或那样的联系中，创造着物质的和精神的文化，文化是人认识和改造客观世界的产物。马克思在《资本论》中指出：“劳动首先是人和自然之间的过程，是人以自身的活动来引起、调整和控制人和自然之间的物质变换的过程。人自身作为一种自然力与自然物质相对立。为了在对自身生活有用的形式上占有自然物质，人就使他身上的自然力——臂和腿、头和手运动起来。当他通过这种运动作用于他身外的自然并改变自然时，也就同时改变了他自身的自然。”人在改变自然的同时也在改变着自己，正是在这些改变中，即人类在多种形式的劳动中，创造了文化。

许多学者认为，地理环境对文化发展有决定性的作用。从古希腊的亚里士多德（Aristotle）到法国启蒙思想家孟德斯鸠（Montesquieu）等均持此论。如孟德斯鸠在《论法的精神》中说：“热带民族和老人一样胆怯；寒带民族则像青年一样勇敢。”“热带民族的怠惰几乎总是使他们成为奴隶，寒带民族的勇敢则使他们保持自由。”亚洲之所以出现专制主义的大帝国，是因为那里有“较大的平原”，而西欧之所以有民主自由的传统，是因为那里“天然地区划分成了不大不小的国家”。近代美国地理学家亨廷顿（Eusworth Huntington）尤其注重气候对文化产生的影响，他在20世纪初叶出版的《气候因素》（*The Climate Factor*）、《文明与气候》（*Civilization and Climate*）以及《文明的源头》（*MainsPrings of Civilization*）等著作中指出，气候条件不良，太热、太干、太冷、太湿的地区如雨林地带、沙漠地带、北极圈等，很难有较高的文化；适宜文化发展的气候，其温度应介于3.3摄氏度至17.7摄氏度，湿度平均在75%左右。最显著的例子就是玛雅（Mayan）文化，此文化于600年至900年间在墨西哥尤卡坦半岛、洪都拉斯和危地马拉处于鼎盛时期，在农业、文字、天文、数学和建筑等方面取得了辉煌的成就。后来此文化衰竭固有其他因素（如部落间的战争），但主要原因在于气候变迁，持续而反复加重的干旱对玛雅低地的农业造成了破坏性影响，过多的人口和农业歉收带来的资源压力，加上统治者管理和应对危机上的失误加剧了社会矛盾，导致社会运转系统瓦解，最终摧垮了玛雅文明。另外，英国历史哲学家汤因比（Arnold J. Toynbee）在《历史的研究》（*A Study of History*）一书中，结合世界上26种文明的兴衰史，提出逆境及“挑战与反映”的理论，认为环境或条件的艰难构成挑战，而成功的反映会创造文化，但挑战过于残酷，则不易有成功的反映。地理环境论者从一个侧面揭示了文化产生的原因。要真正揭示文化的起源，我们必须从人类自身的生存和发展中寻找原因。诚如英国哲学家罗素（Bertrand Russell）所言，自古以来，人类不论其属于任何种族，均不时要面临三种对手：自然、他人和自己。为了应付自然的挑战，发展出物质的或技术的文化；

为了找出在群体中与他人的相处之道，乃有社群的文化，如各种典章制度；为了克服自己，乃有精神的或表意的文化，如音乐、美术、文学、宗教等。由此可见，文化是人类为适应环境并谋求生存发展所做的努力及其成果。这里的环境当然不只是地理（自然）环境，还包括社会（人文）环境。人类的生存发展需求逐渐由简单到复杂，由单一到多样化，在满足物质需求的同时，又产生出精神层面的更高需求。这就为人类文化的发展提供了动力。

## 三、文化与文明

“文化”和“文明”含义相近，也有不同。“文化”是一个中性词，“文明”则是一个褒义词。文化（culture）指一种存在方式，有文化意味着某种文明，但是没有文化并不意味着“野蛮”。文明（civilization）意为一种先进的社会和文化发展过程和状态，包括民族意识、技术水准、礼仪规范、宗教思想、风俗习惯以及科学知识的发展等。可以说，文明是文化的高等形式，是文化的较发达的形态。值得注意的是英国学者泰勒是把“文化”与“文明”作为同义语来使用的，他强调了文化与文明是人作为社会成员的创造活动及其成果，描述了文化与文明的共性，却没有揭示出二者的差异。

汉语“文明”一词，最早出自《易经》，曰“见龙在田，天下文明”（《易·乾卦·文言传》）。在现代汉语中，“文明”指一种社会进步状态，与“野蛮”一词相对立。从西方“文明”一词的语源来看，法文 civilisation、英文 civilization 和德文 zivilisation 源自拉丁文 civis（公民）和 civitas（城市），可溯源于希腊、罗马城邦国家。其本质含义为人民和睦地生活于城市和社会集团中的能力，引申后意为一种先进的社会和文化发展状态，以及到达这一状态的过程。其涉及的领域十分广泛，包括民族意识、技术水准、礼仪规范、宗教思想、风俗习惯以及科学知识的发展等。

简而言之，文化偏重于精神和规范，而文明偏重于物质和技术，这是它们之间的重要区别。文化常指观念，文明常指受文化支配下所产生的实践成果。文化是文明的基础，文明是文化的物质及精神方面的表现，但并非所有的文化都能结出文明之果，而任何文明都有文化的背景和基础。文化可以决定文明的命运，文明的程度可以影响文化的改变。

## 四、语言的文化属性

语言是文化中一个颇为特殊的组成部分。语言是一种文化现象，既是民族文化的重要表现形式，又是民族文化的主要建构手段和传承手段。语言是民族文化精神的表征，语言中蕴藏着民族文化内涵。各民族的语言有各自的文化属性上的特点，语言结构系统和言语运用表现上的差异与民族文化的差异有一定程度的关联。语言是整个文化的基础。正是通过语言，文化才能保存下来，并传递给同时代人和后人。

首先，语言是文化重要的组成部分，语言的诞生意味着人类文化的诞生。语言是人类生产劳动的产物，原始社会的人们在长期的生产劳动过程中逐步使发音器官和大脑思维发达起来，加上劳动中产生互相协作、交流信息的需要，就产生了最初的人类语言。有了语言，人类才与动物区分开来。从这种意义上来看，语言是人类文化的基石，没有语言也就没有人类文化。语言作为民族文化的组成部分，反映这一民族的面貌。人类在改造世界的劳动中创造了语言这一宝贵财富，一个民族的面貌，不仅取决于它的信仰、伦理观念、行为准则和行为方式以及价值观，同样也取决于它的语言。不同民族所处的不同自然环境、社会环境造就了不同的社会文化、风俗习惯和风土人情等诸多语境因素，从而也形成各自不同的交际方式和习惯。语言中反映出来的民族的特征，不仅包含着该民族的历史和文化背景，而且蕴藏着该民族对人生的看法和生活方式。所以，通过学习一门语言，可以了解这一语言背后的民族的思维方式和世界观。语言作为文化组成部分的独特性表现在语言与其他文化现象之间的关系上。作为文化的承载和表达手段，语言把文化的其他要素融会于自身之中，使文化中的各个要素、各个层面都能在语言中得到充分体现，从而渗透于文化的各个层面，成为文化不可分割的一部分。

其次，语言直接反映一种文化的现实。换句话说，语言是文化的载体和传播媒介，文化是语言赖以生存的土壤。由于地理位置、自然环境、风俗习惯、历史变迁、宗教信仰、经济发展水平等方面的诸多差异，各个民族都形成了独具特色的民族文化，其内涵的差异必然会在语言中得到全面反映：一方面，文化差异使世界上的语言变得丰富多彩；另一方面，它又导致不同文化背景的人对同一事物或同一理性概念做出不同的理解和解释，因而有时会引起误解，导致交际不畅。社会语言学研究告诉我们，语言体系本身有着封闭性的一面——不同的语言，作为反映不同思想意识及文化的手段，最终代表着迥异的文化传统。在这个意义上讲，对语言文化特性的研究，在语言学习和翻译工作中就显得格外重要了。

最后，语言是文化最重要的载体。语言是文化的载体，记录和反映着文化的发展状态，是人类文化得以建构和传承的形式和手段。语言是一种特殊的文化，它本身就是人类所拥有的最重要的一种文化，而且它还是文化的记录者和传播者。说语言是最重要的载体，是相对于其他载体而言。其他载体只能向人们显现文化的一个部分，甚至是文化的一个角落；而语言则全方位地储存着文化的整体信息。文字的出现使语言的使用超出了时空的限制，似乎是比语言更重要的文化载体，但从语言学的角度来看，文字只是记录语言的符号，文字的文化负载功能依赖于它与语言的特殊关系而存在。人类使用语言进行交际的前提，是把社会生活各个领域的发展变化用语言加以描述，从而使语言中蕴含了人类文化的各个层面，成为文化的记录者。而且，随着语言在同代人中的横向交流和向后代的纵向传承，文化也就得以传承和发扬。所以，语言不仅是文化的记录者，也是文化的传播者。语言在文化世界的建构、传承以及文化世界相互碰撞交流等方面，发挥着难以替代的作用。语言作为文化的载体，反映民族文化的内容。语言是文化的符号，不同民族的语言反映和记录了不同民族特定的文化风貌。透过语言，我们总能看到隐在背后的不同的文化特征、文化价值和文化含义。语言所展示的文化差异可以体现在语言系统的各个层面如语音、词汇、语法等，然而在词汇层面显得最为突出。每一个词汇概念所包含的，实际是一个定义、一个判断，而定义、判断则是文化意识的结晶。在语言中属于文化中心成分的词汇要比属于文化边缘特征的词汇详尽，也就是说，反映文化现象的词汇数量与它在文化中的重要性成正比。随着社会生活迅速变化，新事物、新概念不断产生，在词汇上表现为新词数目剧增。这些现象表明，语言是反映社会生活和社会意识的一面镜子，文化的特征通过语言表现出来。作为一个术语，“语言的文化属性”在概念上同申小龙所使用的“语言的人文性”比较接近。之所以采用“语言的文化属性”这一术语，戴昭铭认为，一方面因为语言的人文性，这一术语在申小龙论著的解释和使用中含义不够明确一致，容易引起误会；另一方面是这一术语涉及申小龙作为方法论提出来的“人文主义”以及作为对立面的“科学主义”，他无意卷入前一时期发生的两个主义之争的漩涡中去。罗常培先生曾以 pen 和 wall 等单词为例，来说明这个问题。英语的 pen 从拉丁语的 penna 而来，原义是“羽毛”（feather），最初只严格应用在原始的鹅毛笔（quill pen）上。后来笔的质料虽然改变，可是这个字始终保存着，于是在古代本来含有羽毛意义的字现在却用它来代表一种有金属笔尖的文具。反过来说，如果分析这个现代词语和羽毛的关系也有助于我们领略一些古代笔的制度。再比如，英语的 wall 和其他印欧语系语言中含有“墙”的意义的词语，它们的基本意义往往和“柳条编的东西”（wicker-work）或“枝条”（wattle）有关系。德语 wand 从动词 winden 变来，它的原义是“缠绕”或“编织”（to wind，to interweave）。盎格鲁 - 撒克逊语（Anglo-Saxon）的 windan manigne smicernewah 等于英语的 to weave many a fine wall，用现在的话来说就是“编许多很好的墙”。墙怎么能编呢？考古学家发掘史前遗址发现，许多烧过的土块上面有清晰的柳条编织物的痕迹。这就是一种所谓“编砌式”（wattle and daub）的建筑。它或者用柳条编的东西做底子在上面再涂上泥，或者把泥舂在两片柳条编的东西的中间。由此可以使我们推想欧洲古代的墙也和中国现在乡村的篱笆、四川的竹篾墙或古代的版筑一样，并不是钢筋水泥的。

文化的发展，能够推动和促进语言的发展；同样，语言的发达和丰富，也是整个文化发展的必要前提。正因为语言的文化属性如此突出，我们通常把语言称作文化的载体，是反映民族文化的一面镜子。美国学者克里拉姆奇（Claire Kramsch）在他的《语言与文化》（*Language and Culture*）一书中开宗明义地讲到语言对文化的三大功能：“语言表达文化现实……语言体现文化现实……语言象征文化现实。”

总之，语言促进文化的发展，同时文化也影响着语言的发展，两者是相辅相成、密不可分的。首先，文化依赖于语言，语言推动着文化的传播。语言构成了人的最重要的文化环境，直接塑造了人的文化心理。语言学家曾指出，中国人的思维和文化模式可能与汉字有关，至少语言交际帮助塑造文化。因为每一种语言都为其使用者提供了对世界知觉或进行范畴化的基础——语言建立了一套对客观世界中的事物进行组合和比较的范畴。其次，现代化的通信方式、现代化的交际模式也把语言对文化的促进作用发挥到了极致——极大地加快了信息传递的速度，缩短了人们的空间距离，扩大了文化与文化间的交流，增进了人与人之间的相互了解，加快了人类社会的现代化进程，促进了人类文明、社会的发展。反过来，文化又无时无地不对语言有制约作用和决定性影响。语言在其产生、发展和变化中，一直受到文化的制约和影响。不同民族、不同时代、不同地区人们的生活环境、社会风俗、历史传统、科学水平有诸多差异，因而他们对客观世界的认识也必然有诸多差异，从而形成不同的文化世界。

## 五、英语语言文化面面观

### （一）英语姓名

姓名是社会上每一个独立的个体所特有的标志，是现实生活中与每个人相对应的特定指称。姓名总体上是区别性符号。然而，姓名既是历史，也是文化，既是故事，也是画卷。它们反映当时当地的经济发展状况、思想文化传统及人们的风尚习俗，内涵丰富，引人入胜。英语姓名的文化内涵极其丰富，诸多姓名不但折射英语国家的历史文化，反映某个时代特征，而且还寄寓着人们的情感和希望。透过英语姓名这个窗口，我们可以深入地了解英语民族特有的文化风貌。

1.英语姓名的构成

英语姓名和汉语姓名在表述形式上有所不同。汉语姓名的姓在前，名在后，如“赵本山”这个名字，“赵”是姓，“本山”是名；英语姓名则刚好相反，英语国家的姓名一般由“名”+“姓”两部分组成，其排列顺序正好与中国的“姓”+“名”相反，例如，Mary Robinson（玛丽·罗宾森）中，Mary 为名，Robinson 为姓。也有人有两个或两个以上的名，按照首名（First Name，简称 FN）+ 中名（Middle Name，简称 MN）+ 姓（Last Name，简称 LN）的次序排列，例如，Linda Jane Smith（林达·简·史密斯）中，Linda 为首名或教名，Jane 为中名，Smith 为姓。英美人在大多数情况下只使用一个名字，即首名或教名，它们是孩子出生后接受洗礼时命名的，一般由父母或牧师来取；只有在办理公务或签署文件时才使用中名甚至第三个名字，中名多是以父母亲朋的某个名字来命名的，表达了本人与父母亲朋之间的关系。在英语国家，人们一般都信仰基督教，按其宗教习惯，孩子出生一星期左右就要抱到教堂去举行洗礼仪式，并由父母、牧师或亲友起好名字，即教名。教名居全名之首，因此又称首名。根据英语的教名或首名，我们一般就能知道一个人的性别。这些名字绝大部分来自古代圣人、《圣经》中的英雄和神话传说中的人物。其中有些名字有缩略形式，如 Anthony（安东尼）的缩略形式是 Tony（托尼），William（威廉）的缩略形式是 Bill（比尔）。由于姓名中使用了缩略语并省略了中间名，英国前首相 Anthony Charles Lynton Blair（安东尼·查尔斯·林顿·布莱尔）常被称为 Tony Blair（托尼·布莱尔），美国第四十二任总统 William Jefferson Clinton（威廉·杰斐逊·克林顿）成了我们熟悉的 Bill Clinton（比尔·克林顿）。这种缩略语实际是一种昵称，有些类似我们中国人所说的“小名”。

在英国学校里，姓一般只用来称呼年龄较大的男孩子。仅用姓来称呼成年男子的用法现在正在迅速消失。但是，当他们不在场的时候，谈到他们时只用姓也是可以的，因为这样有助于说话简洁明了。如果用姓来称呼或谈到女子，姓前总要放上 Mrs（已婚者）或 Miss（未婚者）。英语国家先名后姓的姓名结构反映了英语民族强调个性，提倡个人奋斗，尊重个人独立人格与自我价值体现的个性主义精神，这一点与中国传统文化宗族至上的观念可谓截然相反。不过，也许是西方人士意识到了姓氏同样重要，近年来在欧美国家的许多文件和登记簿中，特别是在学术著作和论文的参考文献中，也出现了姓在前（大多按字母的顺序排列），名在后的情况。值得注意的是，这样写的时候，在英语的姓后面总是有一个逗号（，）表示这个姓名是被颠倒写的，如将Eugene Albert Nida写成Nida，E.A.。

## 2.英语个人名的词源

按照讲英语的民族的习俗，一般在婴儿接受洗礼的时候，由牧师或父母亲朋为其取名，称为教名。以后本人可以再取用第二个名字，排在教名之后。英语个人名的来源大致有以下几种情况。

（1）《圣经》。《圣经》是犹太教、基督教经典的总称。犹太教圣经包括《律法书》《先知书》《圣录》三部分。主要内容是关于上帝创世神话、犹太民族历史传说、宗教法规和先知书、诗歌、格言等，汇集了从公元前13世纪到前2世纪间的犹太民族资料。基督教圣经包括《旧约全书》和《新约全书》。《旧约全书》即犹太教圣经，是从犹太教承受下来的。《新约全书》27卷，包括记载耶稣生平言行的“四福音书”。各卷成书于1世纪末到2世纪下半叶。原文为希腊文。基督教对整个西方文化有极其深远的影响，英语中很多人名来自基督教经典《圣经》。例如，Adam（亚当）是《圣经》故事中的人类始祖，源于希伯来语，意为“出自红土”。Daniel（丹尼尔）是《圣经》中的先知，希伯来语意为“上帝是我们的裁决者”。John（约翰）的意思是“上帝的恩赐”——《圣经》中有两个约翰，一位是耶稣的四大使徒之一，晚年被流放，又称使徒约翰；另一位是施洗者约翰，他是耶稣的表兄，曾为耶稣施洗礼。Samuel（塞缪尔）是《圣经》中的法官和预言者，意思是“奉上帝之名”。Abram（亚伯兰）是犹太人的始祖，以笃信上帝著称。Christian（克里斯蒂安）意为“基督信徒”。Obadiah（奥巴代亚）源于希伯来语，含义是“上帝的仆人”。在英语民族心目中，上帝是勇猛刚强的男子汉，所以与上帝、宗教有关的名称多用作男性的个人名。但也有以这一类名称给女孩命名的，如Angela（安吉拉）意为“天使”，Janet（珍妮特）意为“上帝的恩赐”，Elisabeth（伊丽莎白）意为“上帝的誓言”等。

（2）古希腊、罗马神话。希腊文明之前的宗教历史是混乱和模糊的，而希腊文明比起老字号的埃及人和苏美尔人又似乎是年轻的少年。今天我们读到的希腊罗马神话是已经经过改造和升华的版本，希腊文明最早的源头是克里特岛（Crete）上的米诺斯（Minoans）文明与爱琴海的佩拉斯吉（Pelasgians）文明。这两个文明均发生在希腊文明之前，而且被火山和北方民族发动的兵灾所摧毁。因而希腊文明是这些历史的记录，也是不同文明的交融。古希腊、罗马神话是西方文学的源头，是西方文化形态、人格精神的一种体现。英语中许多个人名取自古希腊、罗马神话。例如，Helen（海伦）是希腊神话中宙斯（Zeus）与斯巴达王后之女，Irene（艾琳）是希腊神话中的和平女神，Diana（黛安娜）是罗马神话中的月亮女神，Hercules（赫尔克里士）是罗马神话中的大力神、主神朱庇特（Jupiter）之子，等等。

（3）自然万物。英语中有些名字源于自然界物体名称，这些涉及自然万物（如山川、河流、花草、树木及动物等）的名字亦是人们某种精神品质的体现和寄托。如Shirley（雪利）出自英格兰中部地名Shirley，Silvia（希尔维亚）意为“森林；树木”，Linda（琳达）源于日耳曼语的“蛇”，Roosevelt（罗斯福）则源于荷兰语，意为“玫瑰原野”。

此外，Olive（奥利弗）意为“橄榄树”，Pine（派因）意为“松树”，Randolph（伦道夫）意为“处于防御的狼”，Peter（彼得）意为“岩石”，Bean（比恩）意为“豆类”。英语民族认为，女孩应该性情温顺，容貌秀丽。因此，他们常用动物（通常是弱小动物）和植物（通常是花卉）的名称给女孩取名，如Calf（卡芙）本指“小牛”，Fawn（福恩）本指“驯鹿”，Starling（斯塔琳）本指“欧洲椋鸟”，Flower（弗劳尔）本指“花”，Dahlia（戴莉娅）本指“大丽花”，Daisy（戴茜）本指“雏菊”，Rose（罗斯）本指“玫瑰”等。这些名称一般不用作男性的个人名。

（4）知识、权威、声誉等。英语民族常用与学识、权威、智慧、气质、性情、力量等有关的词语给男孩取名，如Alfred（阿尔弗雷德）意为“睿智的参谋”，Flobert（弗洛伯特）意为“聪明的；光明的”，Abraham（亚伯拉罕）意为“众民族之父”，Alexis（亚力克西斯）意为“保护者”，Asher（阿舍）意为“救助承担者”，Adela（阿德拉）意为“高贵的”，Justus（贾斯特斯）意为“公正的；正直的”，Konrad（康拉德）意为“大胆进言的”，Vivian（维维安）意为“有活力的”，Almeric（阿尔梅里克）意为“有力的统治者”。也有以此类名称给女孩取名的，如Audrey（奥德丽）意为“显赫的权力”，Guenevere（格温娜维尔）意为“白皙、美丽的女士”，Agnes（阿格尼丝）意为“贞洁的”等。

（5）历史人物。美国前总统尼克松（Richard M.Nixon）的母亲有五个儿子，除了一个以父名命名以外，其余四人都是以早期英国国王的名字命名的，如Harold（哈罗德）、Richard（理查德）、Arthur（阿瑟）和Edward（爱德华）。崇拜杰出历史人物的社会心理还使人们乐于使用历史名人的姓来命名，如Lincoln（林肯）来自美国第16任总统Abraham Lincoln，Byron（拜伦）来自英国著名诗人George Gordon Byron等。还有些人喜欢用著名歌星、影星或体育明星的姓给孩子取名，如Jackson（杰克逊）来自美国著名摇滚歌星Michael Jackson，Monroe（梦露）来自美国著名影星Marilyn Monroe，Owens（欧文斯）来自美国著名体育明星Jesse Owens。

（6）父母亲朋。在西方，人们可以将父母亲朋的名字用作己名。首先，将母亲的娘家姓或亲属、至交之姓用作中间名，即教名之后的第二个名字，如美国前总统里根的全名为Ronald Wilson Reagan（罗纳德·威尔逊·里根），其中Wilson就是里根母亲的娘家姓。这也许是借姓为名的最主要途径。其次，完全袭用父亲或祖父的名字。此时多在姓名之后加注Jr.（或Jun.），意思是“小……”如美国前总统卡特的全名为James Earl Carter，Jr.（小詹姆斯·厄尔·卡特，在新闻报道中也常简作Jimmy Carter）。也有加注罗马数字的，如John Ford，（约翰·福特第三）。最后，亲友之间常用昵称（爱称、小名）互称，以示亲切。某些教名的昵称多达十来个（如Elizabeth）；大部分昵称只从属于某一教名，而某些昵称却可以对应于多个互不相干的教名（如Jerry）；有些昵称在长期使用中已升格为独立的教名（如Gail）；有些具有独立含义的教名由于拼法的巧合而同时借用作其他教名的昵称（如Casey、Duke）。昵称与传统教名之间界限的模糊化似乎已成为一种趋势。

### 3. 英语姓氏的主要来源

中国人很早就有姓，而且把姓视为血缘关系、传宗接代最重要的标志，以姓聚族而居，建宗祠、立家庙。可是，英国人在历史上很长一段时间内却只有名而没有姓。英国人原先每人只有一个名字，而使用姓氏要比名字迟得多。姓氏起源于别名（surname，又叫 byname 或 toname），原先是用来区别同族而不同家庭的同名人的注释，后来演变成姓氏。至于世袭姓的出现更迟，大致始于 11 世纪，首先见于贵族阶层和大城市，直至 16 世纪才完全普及。16 世纪英国文艺复兴时期，基督教要求对姓氏进行登记，姓氏才得到普遍使用。

英语姓氏根据其起源大致可分为四类。

第一类：职业姓氏。英语中有许多职业姓氏（professional names），就是说祖先做什么工作，其后代就姓什么。它们最早起源于英国乡村，用于区别从事不同职业的同名字的人，如 John Barber（约翰・巴博）指“从事理发工作的约翰”，John Baker（约翰・贝克）指“做面包的约翰”。铁匠（smith）在中世纪是非常重要的职业，当时每个村庄都有铁匠，他们在和平时期制作马蹄铁以及所有的农具，在战争时期则制造武器。常见姓氏 Smith（史密斯）表明该姓氏的最初使用者是铁匠。其他姓氏如 Taylor（泰勒）、Cooper（库珀）、Carpenter（卡彭特）、Clerk（克拉克）、Cook（库克）、Shoemaker（休梅克）、Fisher（费希尔）、Hunter（亨特）等也都是这样形成的，其对应的职业分别是裁缝、制桶工、木匠、办事员 / 书记员、厨师、鞋匠、渔夫、猎人等。

第二类：地名姓氏。地名姓氏（address names）即以居住地为姓，就是说祖先住在什么地方，其后代就姓什么。反映地理位置的姓氏有：East 伊斯特（东方）、West 韦斯特（西方）、London 伦敦（英国首都）、Town 汤（镇）等。这些姓氏起源于法国，11 世纪诺曼人把来自住所地名的姓带人英格兰，许多贵族的姓就是以这种方式构成的。这种姓中往往有 de（la）、del 等小品词，意为 of。撒克逊人的对应方式是 at（te），如 John atte Brook（小溪）、Edgar Atwell（水井）、William Atwood（树林）。后来，at（te）等小品词被去掉，上述姓名就成了现在的样子：John Brook（约翰・布鲁克）、Edgar Well（埃德加・威尔）、William Wood（威廉・伍德）。古时英国不同的城市中有许多重名的人，为了区别，人们会用诸如 Griffith London、Griffith York 等方式表达，以区别这个人是来自“伦敦的格理夫斯”，另一个是来自“约克的格理夫斯”。后来，London、York、Bolton（博尔顿）、Preston（普雷斯顿）等城市名就逐渐演变成为固定的姓氏。在同一个村庄中可能有若干个叫 John 的人，为了区别，人们把那些同叫 John 的人分别称为 John East 或 John West，即“村东的约翰”和“村西的约翰”。这些用于表示方向的词汇也逐渐成了姓氏，比如，East（易斯特）、South（索斯）、West（韦斯特）、North（诺斯）等。不少英国人姓 Hill（希尔），这些人的祖先应该住在山上（hill），而英国前首相 Winston Churchill（温斯顿・丘吉尔）的祖先可能就住在一座有教堂的山上。

第三类：个人特征姓氏。个人特征姓氏（personal Characteristic names）描述最初使用该姓氏的人的外貌，或者是对某个人个性方面的评价，例如，Brown（布朗）和 Grey（格雷）分别指长有棕色头发的人和头发为灰白色的人，Strong（斯特朗）或

Turnbull（特恩布尔）指以力量大著称的人，Longfellow（朗费罗）指个子高的人，Little（利特尔）指个子矮的人，Sharp（夏普）、Smart（斯莫特）和Wise（韦斯）指非常聪明的人，等等。这些姓氏实际是一种绰号。

## （二）英语称谓

称谓语（form of address）即人们在交际中用于称呼对方的词语，具有重要的社会功能：它是称呼者对被称呼者的身份、地位、角色和相互亲疏关系的认定，起到保持和加强各种人际关系的作用。每一种语言，经过长时间的发展和演变之后，都会形成各自独特的称谓体系和使用规范。称谓语是社会语言学家较早开始关注的言语行为，因为在每种语言中，在每个社会中，只要人们相互交谈，就涉及如何称呼对方的问题。

称谓语包括亲属称谓与社交称谓两种。亲属关系是血缘关系，亲属称谓则一般较固定；而社交称谓则在一定的场合内不断改变，社会关系有业缘关系、地缘关系和头衔关系，与此相应就有不同的称呼。

### 1. 亲属称谓语

亲属称谓是具有血统与婚姻连锁关系的亲属之间的称谓。例如，father（父亲）和daddy（爸爸）。在书面语、正式场合和间接称谓中，一般用正式说法，如“祖父”（grandfather）和“祖母”（grandmother）。在口语、非正式场合和直接称谓中，一般用非正式说法，如“爷爷”（grandpa）和“奶奶”（grandma/ granny/grannie）。英语和汉语中，长辈直接称谓晚辈，经常称呼名字，而不常使用亲属词。汉语中，晚辈直接称谓长辈，一般总是要使用亲属词，而不能使用名字。如果晚辈用名字直接或间接称呼长辈，会被认为是不敬的表现。但是英美人在未成年时除使用亲属词称谓长辈外，有时也可以称呼名字（first name）。例如，小孙子可以直接称呼他的老爷爷为Tom或George，而不一定非叫Grandfather或Grandpa。英美人在成年后更多使用名字称谓长辈，而很少使用亲属词。 这点和中国人有很大的不同。

在亲属称谓方面，汉语民族主要受其宗法血亲关系的制约。中国人习惯用表示血亲关系的名词去称呼家人、亲属，如“大哥”“婶婶”“小弟”，甚至会将此类称呼用于朋友和陌生人，如“阿姨”“奶奶”“哥们儿”等，以示亲近。而西方人则很少这样做，中国人很难想象美国孩子竟会对其长辈直呼其名。英语亲属称谓仅用13个名词(father, mother, son, daughter, brother, sister, uncle, aunt, nephew, niece, cousm, husband，wife）和几个修饰词（great，grand，step，half，first，second，in-law）就可以反映所有的辈分，同胞、血缘关系。 而汉语亲属称谓男女有别，长幼有序，血缘关系的远近疏密泾渭分明，因此要远比英语亲属称谓复杂得多。

### 2. 社交称谓语

通用社交称谓语是指应用范围广、不拘泥于特定对象的称谓语，一般适用于社交场合。从社会语言学的观点来看，社交称谓语具有极其丰富的社会和文化内涵，是社会中权势性和平等性的象征。“权势性”指上下或尊卑关系，也可依长幼、职业差别、教育高低等情况来定；而“平等性”则指平等关系，可指经验的共享，社会特征（宗教、性别、年龄、出生地、种族、职业、志趣等）的一致性，彼此关系亲密等。

3. 称谓语的使用

称谓语的意义已超出符号或文字层面上的对于对方姓名身份的辨认，而具体关系人际关系的本身。称呼形式因人、因事、因时、因地不同而有意义上的差别，具有丰富的内涵。称呼形式得当与否，将直接影响跨文化交际的效果。总的说来，称谓语的使用有两种模式，即对称性模式（reciprocal pattern）和不对称性模式（nonreciprocal pattern）。

## （三）英语数字

数字是表示数目的文字或符号，是人类认识世界、改造世界和记录历史不可或缺的重要工具。数字虽是一种计算符号，但其作用早已超越了数学王国的界限。“数字是语言学中的一个特殊的领域。在科学的数字世界里，它的功能是计算，秩序严谨，职司分明，是实数；而在人类心灵的数字世界中，它的功能是表义，许多数字经过‘神化’后成为‘玄数、虚数、天数’。它们有着极其丰富的外延和内涵。”从古到今，数字一直被广泛应用于人们的日常交际中，常常被赋予特殊的内涵、寓意，成为特定民族语言文化的一个重要组成部分。

远古先民把长期积累起来的数量知识用于对具体单一事物的抽象和概括，便形成了数量思维和计算。数学与其他科学分支一样，是在一定的社会条件下，通过人类的社会实践和生产活动发展起来的一种智力积累。其主要内容反映了现实世界的数量关系和空间形式，以及它们之间的关系和结构。从认数计数知识的积累到数学科学的发展，反映了人类认识能力的飞跃，文明程度的提高。这一过程是伴随着语言的发展而发展的。因为从本质上讲，语言和数学都是人类所使用的符号系统，语言逻辑和数学逻辑都离不开累加、相减、倍增和演绎等基本思维方法。这也是我们在本章探讨英语语言文化时需要提及英语数字范畴的一个原因。

由于英国居民构成成分和文化渊源的关系，英语的算法较多受欧洲各国的影响，不过英国人早就有自己的计算符号和方法。英语中的基数词和序数词，除了 second（第二）是法语词和 million（百万）是拉丁词以外，其他的都是盎格鲁－撒克逊语。在古英语中“第二”用 other 来表示。罗马数字随着罗马人的入侵也进入英语。原始的罗马计数法是以手指进行简单运算的，所以 1 ～ 4 的符号很简单，分别为：I、II、III、IV。5 用象征五指的 V 来表示；10 是 V 的倍数，就用 X 来表示。其他数字则按照左减右加的原则分别在 V 或 X 的两旁进行加减。历史上的阿拉伯数字原是印度的位值计数符号，10 世纪末由摩尔人或阿拉伯人传入西班牙，然后在欧洲各国广泛传播，在 16 世纪后取代罗马数字。有一段相当长的时期英国人并不采用十进制。阿拉伯数字用一个数字表示个位数，两个数字表示十位数，三个数字表示百位数，四个数字表示千位数。这种十进制在英国以及欧洲各国的引入，其影响大大超过了阿拉伯数字本身。现代英语计数（例如，统计、账簿、表格和支票）主要采用阿拉伯数字，英文表示数量的词语较多用于文字记述或者支票正式书写，罗马数字则只用于钟表、罗列项目或者书籍中的非正文页码中。

## （四）英语成语

成语是“人们长期以来习用的，形式简洁而意思精辟的，定型的词组或短句。汉语的成语大多由四个字组成”。成语（idiom）是习语（俗语）的一种，是各个国家和民族语言中不可或缺的部分，含有丰富的社会和文化内涵，是人类在长期的社会实践中总结出来的语言精华。在英语语言表达的生动性、凝练性及使用频繁程度等方面，要首选成语。英语成语一方面源远流长，另一方面顺应社会的发展不断有新的成语出现，学习英语成语不是一朝一夕的事情。掌握一定数量的成语对于了解英语国家的社会与文化，融进以英语为本族语的人群具有十分重要的作用。

什么是英语成语？笔者手头的几部字典给出的英文定义大同小异，如form of expression or usage peculiar to a language, esp. one whose meaning is not given by those of its separate words, a group of words with a meaning of its own that is different from the meanings of each separate word put together, a group of words which have a different meaning when used together from the one they would have if you took the meaning of each word separately 等。可见，英语成语是不可预见其意义的固定词组，其表述之义往往不是其单字意义的总和。

总体来说，英语成语主要有如下三个特点：语义的整体性（semantic unity）、结构的稳定性（structural stability）和民族特色性（national character）。

第一，语义的整体性。在英语中，成语大都是作为一个整体出现的，其意义往往难以从其中的单词猜测出来。也就是说组成成语的各个单词除了表达成语的整体意义外，往往不能同时再表达其他的意义。比如，over the moon 的字面意思是“在月亮上面”，可作为成语其实际意思却是“非常高兴”或“快活极了”。再比如，hold one's tongue 意为“保持沉默”，be on one's toe 意为“保持警惕”，throw in the towel 意为“认输”，carry a torch for... 意为“对……单相思”等。这些成语的特殊意义从其中各个组成单词上是绝对推测不出来的。在这种情况下，一个成语可以被看作是以一个整体出现的。

第二，结构的稳定性。结构的稳定性也叫句法限制（syntactic restriction），即指成语的形式固定，其中各个单词不能被替换或是以别的形式出现。看下面的这个句子：The answer is easy. 此句可改为：The answer is simple. 而在 It is as easy as pie 中，由于 as easy as pie（轻而易举）是成语，其中的 easy 就不能改为 simple。这就是结构的稳定性。再如 She likes cats and dogs 这句话可以改为 She likes dogs and cats，但是在 It's raining cats and dogs 中，语序必须固定。这是因为在后一个句子中，cats and dogs 是成语，意思是“猛烈地”（尤指下雨），所以它的结构形式是固定的。一旦英语成语被改动或被替换，它所表达的原义就会丧失。比如，go broke 的意思是“破产”，如果中间加一个 for，go for broke 则指“豁出去干某事”。

第三，民族特色性。相当数量的英语成语的形成有着宗教、政治和文化历史的渊源，所以字面意思与实际含义有天壤之别，不能望文生义，也不能一知半解就拿过来使用。比如，blind pig 这个成语指“非法酒店”“劣质威士忌”——在非法酒店长期喝劣质威士忌酒的人，眼睛会变得像猪一样瞎。随着社会的发展，非法酒店和劣质威士忌被逐渐淘汰，这个词就很少有人再用了。salt of the earth 意为“社会中坚”“精英”，salt 是“盐”，而 earth 指“人类世界”，从“盐”到“精英”也许是借助了盐的晶体形式而言。但追根溯源这个成语出自《圣经》，其中记载耶稣在教训门徒时说：“你们是世上的盐（salt of the earth），盐如果失去了味，怎么能说它咸呢？它从此以后就毫无用处，只能丢在外面被人践踏了。” （display）one's cloven foot/hoof 意为“（暴露出）某人的邪恶企图”，传说撒旦（Satan，the Devil，魔鬼）的脚像羊的脚（分成两瓣），无论怎样化装都掩盖不住其邪恶的一面。play hooky 意为“逃学”，19 世纪中叶开始使用。当时小学生把坐在教室上课看作被钓上钩的鱼一样失去自由，因此想 getting off the hook（挣脱鱼钩），由此派生出 hook it（逃走），再演变为 hooky，并由于美国著名作家马克・吐温（Mark Twain）在其作品中使用而使这一说法更为流行。kangaroo court 指“非法的不按司法程序而私设的法庭”。有人认为它是袋鼠故乡澳大利亚的成语，因为在 150 多年前澳大利亚是英国犯人的流放地。但又有人说这个成语在 1849 年加利福尼亚的淘金热时期也出现过。

除了上述几个主要特点外，英语成语还有两个需要注意的地方：一是一些英语成语从字面上看是违反语法规则的，如 diamond cut diamond（棋逢对手），cut 一词之后无须加 -s；还有一些则是违背逻辑的，如 neck and neck，其实际意思不是“脖子和脖子”，而是“并驾齐驱”或“平分秋色”。为此，学习者在碰到英语成语时要倍加小心，稍不留神就会在理解上出现偏差。

### （五）英语谚语

英语的 idiom 很容易和 proverb 混淆，前者相当于汉语的“成语”，后者相当于“谚语”。从形式看，两者的区别是比较明显的：idiom 是短语（phrase），proverb 是句子（sentence）。idiom 没有主谓语，故不成句；proverb 有时即使主谓不全，但毕竟还是一个省略句。例如，An eye for an eye，and a tooth for a tooth. 这是一个省略了动词的句子，开头为大写字母，其后有句号，故为谚语；tit for tat 的含义与之相似，但它是短语（片语），前无大写，后无句号，故为成语。至于中文的成语和谚语区别则较为含糊，一般四个字组成的称为成语，尽管有的成语也具备主语和谓语，而较长的语句一般都称为谚语。谚语是一种习语（俗语）。英语和汉语中都存在大量的谚语。这些谚语是在民间流传的短小精悍的固定语句，是人们生产经验、生活智慧的结晶。英语有句关于谚语的谚语：Proverbs are the daughters of daily experience.（谚语是日常经验的女儿。）英语谚语是英语语言文学的瑰宝，是英语民族智慧的集中体现。英语学习者通过英语谚语可以一览英语国家思想与文化的精华，领略英语语言的精悍与传神。

### （六）英语典故

典故（allusions），即诗文中引用的历史故事和有来历出处的词语。细究起来，英语和汉语对“典故”概念的解释各有侧重，“英语典故注重‘含蓄’和‘间接’，汉语典故则强调史实和出处，但都指文学作品中引用的史料性文字。”这些故事和词语具有丰富的文化内涵和鲜明的形象，体现了一个民族深厚的文化积淀。

从“典故”二字不难悟出，“典”乃“经典”的意思，“故”则是“故往、以往”之意。典故与一般习语（俗语）的差别就在于，它往往蕴含一个经典的富有教益的故事或拥有一个经典的权威可信的出处。因此，它除了具有和一般习语（俗语）相似的一个作用，即可以增添语言表达的生动性、简洁性以外，它还具备一般习语（俗语）所欠缺或相形见绌的特性，即蕴含更强的形象性、教育性、权威性。其一，典故突出的人物形象和完整的故事情节显然比一般习语（俗语）更具形象性，更易于激起联想与共鸣；其二，其蕴含的寓意和哲理往往比谚语和格言以外的一般习语（俗语）更为深刻，更易于使人受到教育，得到启迪，既可以教育孩子，又警示成人；其三，故事的真实、出处的权威更易于让人心悦诚服。

## （七）英语俚语

俚语(slang)的汉语定义是“粗俗的或通行面极窄的方言词，如北京话里的‘撒丫子’（放开步子跑）、开瓢儿（脑袋被打破）” 。有西方学者将 slang 定义为：a kind of jargon marked by its rejection of formal rules, its comparative freshness and its common ephemerality, and its marked use to claim solidarity. 意即，俚语是一种行话，所谓行话(jargon)指局限于某一阶层中使用的专用语(sub-language)。许多专用语现已成为日常生活用语，例如，play ball 原为裁判宣布球赛开始的用语，现作“合作”解；neck and neck原指赛马中 “并驾齐驱”，现用于日常生活中表示“竞相”；straight from the shoulder 原为职业拳击用语，现作“直言不讳”解；lay an egg 原指“演出失败”，现泛指“引不起听者的兴趣”。

当年英国俚语源于匪帮及犯罪团伙的黑语。如简明牛津词典（Sjorter Oxford）在词条Slang(俚语)中的例句是：The cant language commonly called slangpatter.（黑语语言，通常叫作俚语）英语俚语主要来源于英语国家的大中学生、金融人员、影视界、娱乐圈、赌徒、乐迷、运动员及其崇拜者、军队、黑社会及流氓团伙、无业游民及流浪者、吸毒者、警探、牛仔、水手、铁路员工、汽车司机、移民者以及黑人和其他少数民族等亚文化群体（sub group）。随着现代科学技术的发展，新生事物和新概念的不断涌现使新的俚语层出不穷。例如，近年来由于计算机的迅猛发展和普及，计算机用语大量地增加并进入生活，成为英语俚语的一大来源。与此同时，随着中产阶级的崛起，创造和使用俚语的人本身的文化层次也在不断提高。而现代科学技术的发展也加快了生活的节奏，使得英语语言本身日趋通俗化和口语化，从而使得英语俚语作为一种非规范语言在英语语言中的地位日益提高，并为公众所接受。俚语排斥规范用语的语言规则，具有较强的新颖性、较为短暂的词语寿命以及特色鲜明的用法，意在强化行业或集团内部的一致性。综合以上定义，俚语即特定人群的俚俗新奇的口头用语。在现代语言中，俚语其实早已超出了特定人群行话的范畴。随着大众传播媒介的日益发达和人际交往范围的不断扩大，汉语中的许多方言词广为流传（如东北话里的“忽悠”“唠嗑”等），逐渐成为大众性的俚语。英语俚语不仅在当今西方社会（尤其是美国）的影视、广播、小说、报刊杂志以及日常交流中形成了一个强有力的磁场，有些说法还在全球范围内流行。要想熟悉英美社会，了解英美人的风俗习惯，或想实际接触英美人，提高阅读、理解、听说能力，或想实际在英美国家生活一段时间，就必须懂些英语俚语。

### （八）英语委婉语

陈望道先生在《修辞学发凡》一书中将委婉语这种修辞手法定义为“说话时不直白本意，只用委曲含蓄的话来烘托暗示”，通过使用语义模糊的词语，或者通过比喻、借代、借喻等修辞手法，描述一些听起来刺耳、不太文雅的事物，或者代替禁忌语（taboo），克服这些概念给人们带来的不愉快、尴尬，或者掩盖事实真相，起到美化、粉饰的作用。英语的 euphemism 是从古希腊语借用而来。在古希腊语中，eu 的意思是 well 或 sounding well，即“好”“听起来好”；pheme 意为 speech，即“说话”，合起来的意思便是“说话好听”。可见，人类使用委婉语的历史十分悠久，其最基本的定义就是“说话好听”。那么该怎样做到“说话好听”呢？我们可以从“Oxford Advanced Learner’s English-Chinese Dictionary”的 euphemism 词条中找到答案：use of pleasant,mild or indirect words or phrases in place of more accurate or direct ones. ‘Pass away’ is a euphemism for ‘die’. ‘Pass water’ is a euphemism for ‘urinate’”意即，委婉语就是用一些令人愉悦的、温和的或不那么直接的词语来取代那些精确直白的词语，如用 pass away（过去了）代替 die（死），用 pass water（小解）代替 urinate（排尿）。这种提法，与前面陈望道先生的定义可谓异曲同工，这在某种意义上体现了东西方思维方面的一个重要共性，那就是趋利避害的心理。

# 第二章　大学英语教学理论与发展改革方向

## 第一节　英语教学基础理论

教育学以人类社会所特有的教育现象为研究对象，它的任务就是通过对教育现象的研究来揭示教育的规律，并在揭示教育规律的基础上，阐明教育工作的一般原理和基本要求，进而确定教育工作正确而适当的内容、方法和组织形式等。英语教学作为一种教学活动，是整个教育体系的组成部分，因此，教育学理论与英语教学具有密切的关系，教育学的基本原理和原则具有普遍的指导意义，应该被广泛地应用到英语教学之中。另外，教育心理学对英语教学也有密切的关系，教育心理学是在教育教学情境中，关于教与学的基本心理规律的科学。它的目标在于研究教与学的过程的规律以及发展促进学与教的过程的方法。

### 一、比较语言学

比较语言学，又称历史比较语言学，起源于18和19世纪的欧洲，研究重点是印欧语系诸语言的语音系统。它是把有关各种语言放在一起加以共时比较或把同一种语言的历史发展的各个不同阶段进行历时比较，以找出它们之间在语音、词汇、语法上的对应关系和异同的一门学科。利用这门学科一方面可以研究相关语言之间结构上的亲缘关系，找出它们的共同母语，或者明白各种语言自身的特点对语言教学起到促进作用；另一方面可以找出语言发展、变化的轨迹和导致语言发展、变化的原因。19世纪它就广泛地应用于印欧语的语言研究中，取得了很大成就。

### 二、理论语言学

理论语言学是指对语言的科学研究，它担负着对人类语言进行描述、分析和解释的任务。内容包括语言的本质、构成、意义以及如何使用。分支主要包括语音学和音系学、词汇学、句法学和语义学。语言学可以使我们对语言具有科学的认识，因为不同的语言观将直接影响英语教学质量。桂诗春教授曾经讨论了三种不同的语言观及其对英语教学的影响。语言学理论可以有效的帮助我们正确、科学、全面地认识语言。语音学研究语音的物理属性、人类发音的方法、语言感知的生理过程，主要内容包括语音的发音机制、元音、辅音、语言的韵律特征等；音位学则研究一种语言有多少个不同的音，这些音彼此之间的区别和关系，主要内容包括音位和语音的区分特征；词汇学研究词的构成及变化规律；句法学研究句子的结构，语义学则研究词的意义以及同义、反义、上下义等语义关系。这些学科的研究成果都可以直接地应用于英语教学的实践之中。

### 三、社会语言学

社会语言学研究的是语言的社会本质和差别，以及它们的社会因素。社会语言学认为，语言的社会交际功能是语言的最本质功能。美国社会语言学家海姆斯（D. H. Hymes）认为，一个儿童是在社会化的过程中习得母语的，他不仅能按本族语的习惯说出符合语法的句子，而且还能在一定的场合和情境中恰当地使用语言形式。海姆斯于 1966 年提出“交际能力”理论。他认为，交际能力是运用语言进行社会交往的能力，既包括语言能力，也包括影响语言使用的社会文化意识言语能力：既包括言语行为的语法正确性，又包括言语行为的社交得体性。

## 四、应用语言学

在基础理论之上的是应用语言学的研究。应用语言学具有广义和狭义之分。广义的应用语言学指的是把语言学的知识应用于解决其他科学领域的各种问题，狭义的应用语言学则专门指语言教学，特别是第二语言的教学和英语教学。目前，谈到应用语言学，人们在绝大多数情况下是从狭义的角度来说的。应用语言学是语言理论和语言教学实践之间的一座桥梁，对英语和第二语言学习的研究构成了应用语言学的中心部分。比较分析和错误分析方面的理论对语言的教授和学习过程提供了许多有益的启示。有些比较分析通过母语和所学语言之间的比较来预测可能出现的难点。错误分析试图对学习者所犯的语言错误进行系统分析，从而知道该怎样改进教与学的方式。教学法研究也是应用语言学研究的一个重点，语法翻译法、直接教学法、听说教学法、情境教学法、功能教学法、交际教学法都在英语教学领域得到过广泛应用。近年来，应用语言学界又逐渐地从关注教学法的研究转移到关注学习者的个体差异方面，包括智力、语言学能（language aptitude）、人格特征（personality traits）、学习方式、学习策略、学习动机（motivation）、学习兴趣、家庭环境等。语言测试也是人们目前比较关注的问题，尤其是在应试教育盛行的情况下，人们开始意识到应该采用更有效的测试与评估手段，这些测试与评估手段对英语教学形成良性的反拨作用。英语测试根据其用途可分为多种类型：潜能测试用来预测语言学习的能力；诊断测试用来检查教学中的问题，看学生掌握了些什么，还有哪些没有掌握，而且还要提出补救的措施；成绩测试往往根据特定的教学大纲，来检查学生对所教内容掌握了多少；水平测试用来评估学生总的语言能力，以便知道他能否胜任某一工作，至于考生什么时候或怎样学的这门语言则不加考虑。试卷设计的方法、考试分数的计算以及试卷的评估都是应用语言学非常关注的问题。现在人们又开始注意形成性评价在英语教学中的应用，注意评价学生在学习过程中使用所学知识进行学习活动的情况，以便客观的反映学生的进步。

## 五、行为主义心理学

行为主义心理学是 20 世纪 50 年代在美国兴起的一种心理学思潮，其主要代表人物是华生（J.B.Watson）和斯金纳（B.F.Skinner）。他们认为学习是刺激与反映之间的联结，他们的基本假设是：行为是学习者对环境刺激所做出的反映。他们把环境看成刺激，把伴随而来的有机体行为看作反映，认为所有行为都是习得的。在学习理论中，行为主义起到了重要的作用，尤其是巴甫洛夫的经典条件反射和斯金纳的操作条件反射理论在人类的学习中应用甚广。

这里说说斯金纳的操作条件反射理论。小孩发生一个反映，如果这个反映得到强化，他就会得以保存。例如，如果小孩说“I want milk”，父母给了他牛奶，他的话语得到强化，经过重复，小孩就习得了“I want milk”。所以在学习过程中，当给予学习者一定的教学信息——“刺激”后，学习者可能会产生许多种反映，在这些反映中，只有与教学信息相关的反映才是操作性反映。在学习者做出了操作性反映后，要及时给予强化，如学生答对时告诉他“好”或“正确”，答错时告诉他“不对”或“错了”，这样在下次出现同样刺激时做出错误反映的可能性就会大为减小，从而促进学习者在教学信息与自身反映之间形成联结，完成对教学信息的学习。

## 六、人本主义心理学

人本主义心理学是 20 世纪 50 至 60 年代在美国兴起的一种心理学思潮，其主要代表人物是马斯洛（A.Maslow）和罗杰斯（C.R.Rodgers）。人本主义心理学认为，人不仅是思维的存在，也是情感的存在。学习过程是以人的整体的心理活动为基础的认知活动和情意活动相统一的过程。认知因素和情意因素在学习过程中是同时发生、交互作用的，它们共同组成学生学习心理的两个不同方面，从不同角度对学习活动施与重大影响。如果没有认知因素的参与，学习任务不可能完成；同样，如果没有情意因素的参与，学习活动既不能发生也不能维持。人本主义重视的是教学过程而不是教学内容，重视的是教学方法而不是教学结果，强调教学的目标在于促进学习。教学中要以学生为中心，教师只是学习的促进者、协作者或者说话伙伴、朋友，学生才是学习的关键，学习的过程就是学习的目的之所在。

## 七、皮亚杰的发生认识论

发生认识论是皮亚杰（J.Piaget）根据以他为代表的日内瓦学派对儿童心理发展的研究和其他学科有关认识论的研究而提出的一种关于认识论的理论。它试图以认识的历史、社会根源以及认识所依据的概念和“运算”的心理起源为根据来解释认识，特别是解释科学认识。皮亚杰心理学的理论核心是“发生认识论”，主要研究人类的认识（认知、智力、思维、心理的发生和结构）。他认为，人类的知识不管多么高深、复杂，都可以追溯到人的童年时期，甚至可以追溯到胚胎时期。所以儿童出生以后，认识是怎样形成的，智力思维是怎样发展的，它是受哪些因素所制约的，它的内在结构是什么，各种不同水平的智力、思维结构是如何先后出现的等都值得研究。

## 八、建构主义理论

建构主义学习理论是认知主义学习理论的再发展，从认识论的高度提示了认识的建构性原则，强调了认识的能动性。建构主义理论的主要代表人物有：皮亚杰(J.Piaget)、科恩伯格（O.Kernberg）、斯滕伯格（R.J.Stemberg）、卡茨（D.Katz）。建构主义提倡在教师的指导下、以学习者为中心的学习，也就是说，既强调学习者的认知主体作用，又不忽视教师的指导作用。教师是意义建构的帮助者、促进者，而不是知识的传授者与灌输者。学生是信息加工的主体，是意义的主动建构者，而不是外部刺激的被动接受者和被灌输的对象。在 20 世纪 80 年代，建构主义以理论研究为主，缺乏实践可操作性。而到了 20 世纪 90 年代以后，迅速发展的多媒体和网络技术为建构主义理论学习环境提供了技术支持，使得建构主义学习理论教学设计思想得以实现。建构主义理论对学习提出了许多与传统教学不同的哲学观、学习观、教学观和课堂观。这些观点和思想由不同的学者提出，也散见于不同的著作、刊物和教学语言当中，既有原创的，又有拓展的；既有从哲学高度加以概括，又有从技术的层面延伸应用。如建构主义认为，每个人在形成自己的知识框架时，既可以是单独构建的，也可以是在同伴、经验或角色扮演等因素的影响下共同构建的；在传统学习与“亲身体验”学习的平衡中，促进了学习者包含着具体信念世界的抽象思想；亚里士多德关于“我们必须学会如何去实践，我们做中学”的思想，永远闪烁着指导人们如何学习的光芒。

## 九、乔姆斯基的语言学理论

乔姆斯基（N. Chomsky）研究的不是语言的运用，而是语言能力。他的转换生成语法就是关于语言能力的语法，这种语法理论的研究对象是“被理想化了的说话人和听话人的语言知识”。他认为语言理论的主要任务是向人们提供选择语法时要依据的标准。生成语法就是这样的语法理论，它的中心思想是：某一语言的语法应该生成所有的句子。他认为语言能力是说某种语言的人对这种语言的内在认识，而语言运用则是它具体使用语言的行动。在一般情况下，语言能力和语言运用并不是相符的，语言运用并非语言能力的直接反映。乔姆斯基说，他的语言理论与索绪尔的语言理论有一定联系，索绪尔是区别语言与言语的关系，而他是区别语言能力与语言运用的关系。他认为语言能力是一种创造过程，他特别强调了语言的创造性。

## 十、克拉申的第二语言习得理论

虽然第二语言习得研究（Second Language Acquisition）在 20 世纪 60 年代已有开展，但作为一个独立的学科是在 20 世纪 70 年代形成的。人们对母语习得的研究给第二语言习得的研究很多的思考与启发，事实上，母语习得研究中的不少方法和手段也运用于第二语言习得研究之中。第二语言（或英语）习得主要研究第二语言（或英语）习得的过程及在这过程中各个因素（如母语、语言输入等）的作用、学习者在学习中的差异和表现等问题。下面介绍的是美国学者克拉申（S. Krashen）的“监察模式”。虽然这个模式还有较多可争议之处，但毕竟它还是个较有影响的英语教学理论。该理论由五大假设构成，即习得—学习假设（The Acquisition—Learning Hypothesis）、自然顺序假设（The Natural Order Hypothesis）、监控假设（The Monitor Hypothesis）、输入假设（The Input Hypothesis）和情感过滤假设（The Affective Filter Hypothesis）。这些假设对重视语法结构学习的传统英语教学提出了强有力的挑战。

### （一）习得—学习假设

克拉申（1985）认为，成人二语习得者通过两种方式获得语言能力：习得和学习。这两种途径在本质上有所区别，区分二者的标准是学习者对语言规则运用的有意识程度，而不是语言环境。即前者是无意识的、潜移默化的过程；后者则是有意识的，通常依靠系统的课堂教学来完成对语言知识的掌握。此外，习得的知识存储于大脑左半球的语言区，它用于语言的自动加工，而关于学习知识的存储则观点不一，有的认为在右脑，有的认为在左脑语言中枢以外的地方，不一定在语言区。从语言应用角度来看。习得的知识是语言理解与语言表达产生的基础，而学习的知识只能起到监控的作用，即它只具有判断语言输入是否正确进行监控的价值。也就是说，通过习得，学习者可以获得语言知识和语言能力；通过学习，学习者只能获得有关语言规则的知识。

## （二）监控假设

监控假设与习得—学习假设密切相关，它体现了“语言习得”和“语言学习”的内在关系。根据这个假设，语言习得与语言学习的作用各不相同。语言习得系统，即潜意识语言知识，才是真正的语言能力。而语言学得系统，即有意识的语言知识，只是在第二语言运用时起监控或编辑作用。这种监控功能既可能在语言输出（说、写）前也可能在其后。

## （三）自然顺序假设

研究发现，正如第一语言习得一样，第二语言习得也揭示出一种可以预见的顺序习得语言规律。学习者对某些规则掌握的快慢并不仅仅由规则的简单或复杂决定。最简单的规则不一定是最先习得的规则。即使在第二语言教学的课堂上，同样存在这种自然顺序。无论是否接受正规课堂教学，英语学习者总是以一种大致相同的顺序来习得第二语言。如一般现在时中，第三人称单数要加 -s，这个规则十分简单，但即便高水平的第二语言习得者在其语言产出中也往往无法正确地使用它。

## （四）输入假设

该假设认为，只有通过理解信息或者接受“可理解的输入”的方式才能习得语言。这种可理解性的语言输入应该略高于学习者目前的水平。如果以 i 代表我们现有的语言水平，i+1 代表新输入的内容，这些内容应该要高于学习者现有的语言水平但同时又使得学习者可以理解，只有这样学习者的习得才能够有所促进，我们的习得才能够达到更高一级水平。也就是说，语言输入既要超出学习者现有的语言水平，具有一定的挑战性，又不至于太难，让学习者不知所措。因此，学习目标的设定就十分关键。

## （五）情感过滤假设

感情过滤假设（The Affective Filter Hypothesis）力图说明其他感情因素对第二语言获得的影响。克拉申认为习得能够获得足够的语言摄入（intake），情感因素起着对输入进行过滤的作用。情感因素因人而异。学习的情感因素会阻碍或加速语言的习得。影响这一系统的因素有动机、自我信心和紧张程度。只有在最佳情感条件下，才会产生真正的习得。他又认为这一系统可以影响学习者的速度，但不影响获得方向与路线。

克拉申的理论是第二语言习得理论中最为全面的理论，在第二语言教学界受到极大的重视与研讨，同时也带来很多批评意见。这些意见主要有三个方面：第一，“习得”（获得）与“学习”这两个概念的区分是按照“下意识”和“有意识”，这两者均不能在实验中得到检验。而且他认为“习得”的知识不能跟“学习”的知识互相转换，更是受到广泛的质疑。第二，所谓“监控过程”有很多难以解释的问题。第三，“变量因素”

对于解释语言应用的多变性方面还不能令人信服。

### 十一、斯温纳的“输出假设”

克拉申认为可理解的输入在第二语言习得中起着中心作用（central rote），而斯温纳则认为输出在第二语言习得中有着显著的作用（a more prominent role）。斯温纳提出她的假设的依据是她进行的“浸泡式”（immersion）教学实验。浸泡式教学主要原则是将第二语言作为其他学科的工具（medium），而语言获得则是理解这些学科信息及内容的“伴随产品”（by-product），斯温纳在加拿大进行的浸泡实验表明：尽管她的学生通过几年浸泡，获得的语言输入不是有限的，但他们并没获得如本族语者那种语言的产生（productive）能力。她认为，造成这样的原因不是学生获得的语言输入有限，而是他们的语言输出活动不足。她认为她的学生没有给予足够的机会在课堂环境中使用语言。再者，他们没有在语言输出活动中受到“推动”（being pushed）。斯温纳认为语言输出活动不是如克拉申所说的那样，只是体现了习得的语言，而有着多方面的作用。

## 第二节 大学英语教学改革的必要性

我国的大学英语教学虽然也取得了不少成绩，但是近年来，社会对于英语人才需求不断增加，对英语人才也提出了更高的要求。除此之外，大学英语教学的一些弊端也在不断凸显。为应对社会发展的需求，大学英语教学改革势在必行。

### 一、大学英语教学存在的弊端

#### （一）教学模式陈旧

郑树棠等（1996）指出，当前的大学英语教学依然以传授基础知识为主，而课堂中甚少涉及交际活动。经调查表明，大学英语教学中存在以下几个问题。

（1）传统的学习文化已经根深蒂固，教学观念以及思想十分陈旧。

（2）实际教学与教学目的背道而驰。

（3）教材以及教学内容等不符合社会发展与实际运用的需求。

（4）教学方法单一、陈旧。

（5）学习方法机械、被动。

教学中一直以教师为中心的传统大学英语教学模式为主导，衡量教学效果的重要标准是教师备课是否认真、讲课内容是否丰富、讲课是否有条理等。害怕学生听不懂，教师就反复举例说明，讲解语法和词语等，为了让学生更加明白，有些教师甚至翻译课文，而不给学生留下思考和内化的时间。为了捕捉更多的课堂信息，学生只是一味地记笔记，被动地跟着教师的思路走，没有参与语言实践的机会，进而使得课堂氛围枯燥、单调，学生也只会用 yes 和 no 来回答问题。

可以看出，陈旧、传统的大学英语教学模式不但约束了学生的自由，限制了学生潜力的发挥，还阻碍了学生英语能力的提高，甚至阻碍了大学英语教学目标的顺利实现。

### （二）忽视学生的主体地位

综上所述，大学英语传统教学多是沿用以教师为主体的原则，而甚少关注学生的主体地位，也很少给学生提供自主学习的空间，从而使学生成为知识的消极接受者。实际，英语学习的首要任务是“学”而不是“教”。科德（Corder）也曾说过：“有效的语言教学不应违背自然过程，而应适应自然过程；不应阻碍学习，而应有助于学习并促进学习；不能令学生去适应教师和教材，而应让教师和教材去适应学生。”这个“自然过程”就是让学生成为英语语言知识主动积极的接受者。

不同于其他学科，英语是一门实践性很强的课程，语言技能是需要学生自己不断实践才能获得和提高的，它的教学效果是以学生的学习效果为依据的，而学习效果在很大程度上取决于学生的主观能动性和参与性。因此，大学英语教学必须以学生为中心，充分尊重学生的主体地位。但这并不表明就要抹杀教师的作用，教师只是要从台前转到幕后，担负起组织者、管理者、鼓励者、合作者和解惑者的作用。

### （三）应试教育倾向明显

大学英语传统教学模式主要是为了应对考试，属于典型的应试教育。而英语教育与素质教育的一个重要差别就是两者的“考试观”不同。考试本身具有两种功能，一种是评价功能，另一种是选拔功能。毫无疑问，在应试教育的影响下，考试的选拔功能是人们所看重的。在大学英语教学中，这一点集中体现在大学英语四、六级考试中，四、六级考试成了大学英语教学的指挥棒，人们用英语四、六级的通过率来判断学生的学习以及教师的教学水平。这使得大学英语四、六级考试的应试性特点更加明显。语言学习要多听、多说、多读、多写，尤其要多背。语法知识的学习固然重要，但对于外语学习而言，“语感”更加重要，语言的培养离不开背诵。而做选择题是英语四、六级考试的标准化测试方式，因此学生就将大量时间花在做模拟题上，较少参与课堂讨论和交流，过度依赖教师的讲解，缺乏自主思考的能力，交际能力较差。

### （四）与中小学英语教学脱节

在现在的英语教学中，与中小学英语教学脱节成为了导致大学英语教学费时低效的因素之一。现在很多城市和发达地区在小学就开设了英语课程，即使在落后的农村地区，在初中一年级也开始学习英语。当这些学生进入大学时，他们已经学习了多年的英语，具备了一定基础知识和英语能力，大学阶段应是他们应用英语和提高英语的阶段，也就是说，他们有大量的语法知识和词汇基础做后盾。大学英语教学应将大部分时间用于学生运用语言能力的培养上，不需再把大量的时间花费在基础语言知识的讲解和练习上，但事实却并非如此。目前，很多大学英语教学大纲的制订与中学英语教学大纲的制订缺乏系统性，各阶段教学目的、要求脱节，进而导致教学内容重复，且分配也极不合理。

## 二、大学英语教学的最新要求

### （一）追求全人发展

在大学英语教学中，以人为本才是每个教师的教学理念，教师教学的目的就是要充分发挥学生的主体地位，教会学生自主学习的方法，使学生能够实现终身学习。在知识经济飞速发展的今天，学生需要学习的内容与日俱增，仅在学校中进行学习是远远不够的，想要在复杂且竞争激烈的社会中立足，学生必须具有不断学习、终身学习的能力，学生必须能够利用有限的知识创意性地解决生活中出现的各种问题。大学英语教学首先的定位就是人的教育，在教学过中，教师应努力培养学生的学习兴趣，帮助学生获得有效的学习策略并养成良好的学习习惯。

全人发展不仅强调学生的知识教育，而且更加重视学生精神世界的建设。学生的社会责任感、严谨的学习态度等都会对其学习产生重要影响。全人发展强调尊重学生的个性，每一个学生都蕴含着丰富的个人潜能，英语教师应该与学生多沟通，从学生的独特的视角中得到改善英语教学的启发。和谐的课堂气氛是全人发展所必需的，因此教师与学生之间应该是一种平等的关系，教师要多为学生创造英语学习的机会，使他们在学习中品尝到成功的乐趣。

### （二）采用科学的评价方式

传统的大学英语教学多采用单一的评价方式对学生的学习情况进行评价，其中笔试的形式最为普遍。而且这些评价的结果多侧重于选拔，在评价中试图将学生分为三六九等，这样的评价方式使学生深受其害。因此，在进行大学英语教学改革中必须对评价方式进行改革。首先英语教学评价的目的不是对学生进行分类，而是对教师的教学效果进行监测，对学生的学习效果进行了解，以便教师在今后的教学中不断改善教学方法，提高教学效率。因此，大学英语教学评价的实施应遵循以下几个原则。

1. 多元化原则

大学英语教学中，评价体系的改变必须实现多元化，只有多元化的教学体系才能起到应有的效果。评价的多元化包括目标多元化、评价主体多元化、评价工具多元化等。其中最主要的是评价主体的多元化。传统的英语教学中，评价的主体一般为教师，而评价的对象为学生，在教学活动中，评价主体应更加多元化，即教师、学生、家长都应该参与到教学评价中来。教学管理者以及家长等的评价对教师教学的进步和提高具有重要作用。教师可以通过评价了解自己的不足以及家长、教育管理者对于教学的建议，从而改善英语教学方式。

2. 激励原则

评价的目的是为了学生的全面发展，但是由于错误的教学观念引导，使得人们将评价等同于考试。家长、教师甚至整个社会都通过分数来对学生进行评判，使学生卷入了无情的分数竞争中。这就导致了学生无法从分数中看到自己的进步与不足，而感受到的是更多的压力。评价的目的不是为了打击学生的积极性，而是为了激励学生，评价的目的是为了发现每个学生身上的优点和特长，并针对学生的特长为其提供更广阔的发展平台。

3. 情感体验原则

语言是情感表达的工具，而英语教学也是一种情感教学。因此，在进行英语教学评价时应多注意学生的情感体验，对学生的评价不应只停留在其知识掌握的多少上，还应看学生是否具有用英语进行情感表达的能力。与此同时，教师在进行评价时也应该抱有积极的情感，重点关注学生的进步，鼓励学生进步，使学生用积极的态度对待评价，从评价的结果中不断获益。

### （三）提高学生认识能力

英语教学不仅要培养学生的知识和技能，还应该培养学生的认识能力。学生认知能力的提高需要采用合理的教学方法。

想要提高学生的认识能力必须以话语（discourse）为中心展开教学，话语由词汇组成且其应用于不同的语境中，以话语为中心展开教学体现了语言的完整性。语言与思维模式都会在话语使用中得到体现，这样的教学模式更有利于学生将语言形式与思想内容结合起来，进而锻炼学生的智力。除此之外，教师在教授学生语言的同时，还应教授其文化与思想，语言教学应与“达理”“明志”相结合。学习语言的人应该具有跨文化的领悟力，在习得语言的同时了解文化与相应的思维方式，这些都在无形中增强了学生的认识能力。

总而言之，大学英语教学中存在的种种弊端以及大学英语教学的最新要求都反映着大学英语教学改革的必要性，也加快了大学英语教学改革的步伐。

## 第三节　英语教学改革的发展历程及发展方向

大学英语教学改革一直都在进行，从未停止，从教学观念、教学内容、教学方法、教学手段到考试形式无不在进行着深刻的变革。

### 一、英语教学改革

改革开放以来，我国的大学英语教学经历了恢复、发展和提高 3 个阶段，逐步形成了自己的教学体系，为我国的现代化建设和社会发展培养了大量的既懂专业，又具有一定英语水平的人才。随着对外开放的不断深入，尤其是我国已正式加入 WTO，社会对懂英语，特别是具有较强英语交流能力的人才需求更加迫切，进一步提高高校英语教学质量的呼声日益高涨，深化英语教学改革刻不容缓。20 世纪 80 年代中后期到 90 年代早中期，大量经过正规语言技能训练的英语专业本科毕业生和研究生加入大学英语教师队伍，大学英语教学出现了空前的喜人局面。也正是这个时候，形势的发展开始对高校毕业生有了更高的要求，高等院校发展的差异也日趋明显。英语教学理念从以教师为主转向以学生为主，“一刀切”的教学管理转向个性化教学，多媒体教学和网络教学技术也提到日程上来。但是，我们的英语教学没有跟上这个形势，没有强调各院校的差别，没有强调听、说、读、写、译综合运用能力的培养，仍然以阅读为主，用一把尺衡量全国的大学英语教学水平。不少院校把考试通过率当成教师教学业绩的重要组成部分，造成了空前的大面积应试教学现象，制造出大批高分低能的聋子英语和哑巴英语学生。而教育不是为某些人的利益服务的，而是为社会服务的。国内外的形势在变化，社会发展对英语学习的要求越来越高，全球经济一体化、我国加入 WTO、国际交流活动越来越频繁，使得英语正成为像汽车驾照一样的日常工具。但根据调查发现，用人单位对大学毕业生的英语综合运用能力普遍感到不满意，对口语及写作能力更为不满。所以为了适应我国高等教育发展的新形势，深化教学改革，提高教学质量，满足新时期国家和社会对人才培养的需要，教育部高等教育司在2007年制订了《大学英语课程教学要求》，作为各高等学校组织非英语专业本科生英语学习的主要依据。鉴于全国高等学校的教学资源、学生入学水平以及所面临的社会需求不尽相同，各高等学校应参照《大学英语课程教学要求》，根据本校的实际情况，制订科学、系统、个性化的大学英语教学大纲，指导本校的大学英语教学。

### （一）课程设置

各高等学校应根据实际情况，按照《大学英语课程教学要求》和本校的大学英语教学目标设计各自的大学英语课程体系，将综合英语类、语言技能类、语言应用类、语言文化类和专业英语类等必修课程和选修课程有机结合，确保不同层次的学生在英语应用能力方面得到充分的训练和提高。大学英语课程的设计应充分考虑听说能力的培养要求，并给予足够的学时和学分；应大量使用先进的信息技术，开发和建设各种基于计算机和网络的课程，为学生提供良好的语言学习环境和条件。

大学英语课程不仅是一门语言基础课程，也是拓宽知识、了解世界文化的素质教育课程，兼有工具性和人文性。因此，设计大学英语课程时应当重新考虑对学生的文化素质培养和国际文化知识的传授。

无论是主要基于计算机的课程，还是主要基于课堂教学的课程，其设置都要充分体现个性化，考虑不同起点的学生，既要照顾起点低的学生，又要为基础好的学生创造发展的空间，既能帮助学生打下扎实的语言基础，又能培养他们较强的实际应用能力尤其是听说能力，既要保证学生在整个大学期间的英语语言水平稳步提高，又要有利于学生个性化的学习，以满足他们各自不同专业的发展需要。

### （二）教学内容的改革

大学英语教学改革中教学内容的改革一直是比较棘手的问题。繁重的课时负担使得英语教师在工作中没有精力对教学任务重、教学内容多、教学班级大等实际问题进行探究，教师在教学内容的安排上往往都是凭借自己的经验。除此之外，大学英语教学课堂多采用大班教学。由于班级规模比较大，学生的英语知识水平也存在较大差异，教师的教学无法达到应有的效果。这些问题的出现都使教师开始反思，大学英语应该教什么？所以，对大学英语教学内容进行改革已经迫在眉睫。

大学英语教学改革是为了提高学生的实际语言运用能力。而语言的使用包括两个方面，语言输入和语言输出，英语中的语言输入包括听和读，而语言输出则包括说和写。英语语言输入和输出构成了英语语言体系。

大学英语教学改革主要是为学生建立一套完整的个性化的英语语言体系，这种语言体系存在于每个英语学习者中。每个人都具有自己独特的语言体系，人们的日常交际是在大的语言环境下用自己的个性化语言进行交流。英语语言体系包括词汇、语音、语法、文化与语境，大学英语教学包含了英语语言体系中的各个部分。这些语言体系中的各要素相互作用，最终形成学生个性化的语言体系。

## （三）教学模式

各高等学院应充分利用现代信息技术，采用基于计算机和课堂的英语教学模式，改进以教师讲授为主的单一教学模式。新的教学模式应以现代信息技术，特别是网络技术为支撑，使英语的教与学可以在一定程度上不受时间和地点的限制，朝着个性化和自主学习的方向发展。新的教学模式应体现英语教学实用性、知识性和趣味性相结合的原则，有利于调动教师和学生两个方面的积极性，尤其要体现学生在教学过程中的主体地位和教师在教学过程中的主导作用。在充分利用现代信息技术的同时，要合理继承传统教学模式中的优秀部分，发挥传统课堂教学的优势。

## （四）教学方法的改革

英语教学方法很多，其中语法翻译法（Grammar-translation Method）、直接法（Direct Method）、听说法（Audio-lingual Method）、交际法（Commnicative Approach Method）比较常见，这些教学法形成于不同的时期，同时各有利弊。

近几年，又有一些新的教学方法从国外引入我国，这些新的教学方法为教师的教学提供了更好的参考，然而很多教师面对众多的教学方法却无法正确选择。教学方法的改革是为了更好的教学，在众多教学方法中不应盲目地选择，无论什么样的教学方法都必须从教学实际出发，可以选择各教学方法中适合自己的那部分内容并将其运用到自己的教学中来，这样久而久之，形成一种有自身特色的教学方法。在大学英语教学中，教师可逐渐将以下这些方法渗透到自己的教学实践中，逐步改善教学效果，提高教学质量。

### 1. 巧妙提问

课堂提问是英语教学的重要环节，在英语教学中，掌握良好的英语提问技巧可以有效的活跃课堂气氛。巧妙的提问需要注意以下几个方面。

（1）启发学生思考。作为教学活动的主要参与者，教师必须要对教学过程中可能出现的问题有所预测，在安排教学活动的各个步骤时做好应对随时出现的问题的准备。教师应利用启发式的教学方式，设计一些真实的语言情境以激发学生的求知欲，使学生在具体的情境中对问题进行思考。发挥主观能动性，积极解决问题，起到培养其思考问题和解决问题的能力。

（2）因材施教。所谓因材施教，指的是教师对学生的学习情况要有充分了解，只有了解学生才能在课堂的提问过程中更加具有针对性。对于比较难回答的问题可以找一些英语程度比较好的学生来回答，而对于相对比较简单的问题，教师应该将机会留给那些学习一般的学生，这些学生在平时很难有机会表达自己的观点，教师的提问会为这些学生带来自信心和勇气，促使其更加努力地学习英语。教师要对班级中所有学生一视同仁，不能偏袒学习比较好的学生，也不可以冷落成绩不理想的学生。

### 2. 组织英语游戏

兴趣在学习中起着很重要的作用，它是学生学习的原动力。因此，想要使学生集中精力就必须从学生的兴趣出发，在教学方法的使用上以学生的兴趣为出发点；英语教学中教师可以使用直观教具、组织英语游戏、英语竞赛等活动激发学生的兴趣来缓解课堂教学中紧张的气氛。

组织英语游戏和英语竞赛可以给学生一种自由感，教师可以将学生分为若干小组，不同小组之间开展竞争，此时学生的集体荣誉感会被激发出来，也会促使他们进行积极思维。

### （五）教学手段的改革

随着现代社会科学技术的发展，英语教学手段已经不单单是课堂而已，各种现代化的教学手段层出不穷。教学手段的改革得益于计算机技术的发展。下面就以计算机技术的发展为基础对大学英语教学手段的改变进行探讨。

从计算机的出现到其应用到大学英语教学中，经历了漫长的发展与完善过程。计算机技术的发展经历了三个阶段。

1. 人工智能技术阶段

人工智能技术使计算机可以模拟人的思维，这就意味着计算机可以在教学活动中扮演人的角色。该功能使计算机教学系统实现了人性化与自然化，在教学活动中，计算机可以与人进行人机互动。

2. 数字技术阶段

数字化技术阶段使计算机的系统变得更加简单，性能更加完善。数字化技术最重要的意义在于其增大了计算机的存储量，加快了信息传输的速度。数字化技术的发展使外语教学环境更加情境化、全球化和个性化。数字化技术使得传统的以书本和黑板为媒介的信息传递变为更具形象化的声音和影像。

3. 信息与网络技术阶段

信息与网络技术使得现代的信息网络做到了“天网”与“地网”的合一与互补，其中的“天网”指的是卫星通信技术等，而“地网”则指的是互联网等网络。信息与网络使学生接触到的信息增多，扩大了学生的信息源，超越了时空的限制，同时又为互动和合作学习提供了可能。

计算机技术的发展为大学英语教学手段的改革提供了有利保证，特别是计算机网络和多媒体技术在英语教学中的应用，更是加快了大学英语教学手段的更新与变革。

（1）网络教学手段。随着计算机的不断发展，国际互联网已经成为人们交际的主要手段，互联网不仅为人们的生活带来了便利，同时也丰富了英语教学手段。网络的出现改变了现代英语学习的手段，英语学习也变得更加自主。现代化的网络使英语教学更加国际化、公平化和透明化，很多名校的公共课程在网络上公布后，学生足不出户就可以看到知名大学的教学视频。总体来讲，网络英语教学主要具有多样性、交互实时性、共享性等特点。

根据网络技术的特点，其在教学中的应用可以大大改善大学英语教学的效果。下面就对其在大学英语教学应用中的优势进行分析。

①有利于学生听说能力的提高。网络教学有着灵活和开放的特点，而且不受时间和空间的限制，任何人在任何时间和地点都可以通过网络进行学习。并且，网络集图像、文本、音频和视频于一体，能为学生提供丰富的语言输入材料、形象的视听刺激和真实的场景，使学生接触到在传统课中接触不到的真实、地道的信息。此外，通过网络，学生还可以与其他英语爱好者进行在线交流，进而有效提高英语能力。

在英语教学中运用网络技术要比在其他学科中运用网络技术具有更多的优势，它可以为发展学生的个性提供更多的空间，还可以更大程度地提高英语教学的广度和深度。英语学习的关键在于交际，而汉语环境下的英语学习缺乏相应的语言环境，所以学生的语言输入和练习机会都十分有限，而仅依靠课堂学习是不能满足学生的语言发展需求的，此外教师的英语水平和教学内容也限制着学生交流能力的发展。然而，网络教学的实施不仅可以为学生提供真实的语言交际环境，学生可以在网络环境中进行具体的沟通实践。网络环境为学生提供了不同的语境，学生可以在不同的语境中利用语言交流达到某种目的或者完成某种任务，以得到相应的奖励。网络环境中的这种活动只存在于学生和计算机之间，因此学生对于害怕自己的发音不标准等问题的焦虑感比较低，这样就更加有利于其正常水平的发挥，学生在完成任务的同时又可以锻炼听说能力。

②有利于学生自主学习。传统的英语教学多以教师的讲解为主，学生只是处于被动地接受信息的地位，很少有参与课堂教学的机会，课堂的大部分时间都是教师在锻炼自己的语言技能，而不是培养学生的语言技能，这样的教学模式不仅不能发展学生的语言能力，还会削弱学生学习的积极性。但是。如果将学习的主动权完全交给学生，任由学生自己查找资源进行学习也是不现实的，而且费时费力，甚至使学生迷失学习的方向。学生是认知的主体，是知识意义的主动建构者。通过网络教学，学生不仅可以借助电脑自己组织学习活动，还可以打破时空限制在任何时间和地点学习任何课程，并根据自己的学习情况以及教师的指导安排学习，真正实现自主学习。这样，教师就不再是唯一的知识传授者，而且在教师的指导下，学生也不至于失去学习的方向，而且还能实现个性化学习。

③提供了丰富的学习资源和良好的沟通平台。网络资源丰富、信息量大，通过网络可以找到任何想要的信息和资源，而且网络信息更新速度快，生动有趣，引用到课堂中可有效激发学生学习的兴趣。具体来讲，教师可通过网络来呈现图片资料、播放电视和录像片段等资源，然后根据具体的教学目标和内容来设计问题，让学生积极思考。网络中无限的资源给了英语程度不同的学生自主选择的机会，也使他们可以根据自己的情况来构建适合自己的学习体系。

此外，网络教学还给教师和学生的交流开辟了新的平台。例如，学生可以通过论坛给教师和同学留言、提问题、提供解决方案等，教师可以通过通知板给学生提出学习目标、留作业等；教师和学生还可以通过电子邮件等方式进行交流和讨论，这样快捷的方式不但可以增加师生之间的交流频率，还会增进师生之间的感情。

（2）多媒体教学手段。在传统的大学英语教学中，教师缺乏必要的教学辅助手段。教师在课堂上往往只是讲解知识点和练习，而学生无法真正地参与到课堂中来。课堂是大学英语教学的第一环境，想要使学生真正地参与到课堂当中来，教师就需要完善课堂教学手段，多媒体课件就是很好的辅助教学的手段。计算机多媒体技术是指人通过键盘、鼠标、声音甚至动作等向计算机发出指令，计算机通过屏幕的图像、文字、声音及影像与人对话。在大学英语教学中使用多媒体辅助教学，改变了教师“一言堂”的问题，学生的主体性地位也得到了保障，学生进行语言操练的机会增多了，自主学习的意识也会逐渐增强。多媒体课件辅助教学使学生不再忙于记笔记，而开始对语言教学材料进行练习和实践。学生通过在相关情境中的交互式语言练习，实现语言知识的个性化建构。

### （六）教学管理

《大学英语课程教学要求》中承认差别，留有余地。允许像清华、北大这样的一流院校有更高教学目标，也允许后进的院校只达到基本要求。即使同一所学校的学生也会因为生源不同而英语水平迥异，要求起点不同的学生达到统一的目标是不合理的。所以《大学英语课程教学要求》中建议实施分级教学。

从《大学英语课程教学要求》可以看出我们现在的大学英语教学理念为：重功能，重交际，重技能的全面发展，以学生为中心，以任务为基础的主题教学，充分利用高科技手段，实现个性化教学等。具体表现在以下几个方面。

#### 1. 从“阅读为主”到“听、说为主”

重视阅读是我国大学英语教学的重要特色，也充分体现在历届大学英语教学大纲和教学目标之中。从 1962 年的第一份大学英语教学大纲把阅读当成唯一的教学目标开始，到 1999 年大学英语教学大纲仍然把阅读看成第一层次教学目标。1999 年大学英语教学目标中尽管增加了“用英语交流信息”这一条，但没有明确提出培养学生的语言交际能力，这引起广大教师的质疑。

2007 年《大学英语课程教学要求》规定：“大学英语的教学目的是培养学生英语综合应用能力，特别是听说能力，使他们在今后工作和社会交往中能用英语有效的进行口头和书面的信息交流，同时增强其自主学习能力、提高综合文化素养，以适应我国经济发展和国际交流的需要。”《大学英语课程教学要求》把教学目标重新确立为“英语综合应用能力，特别是听说能力”，这是一个重大突破，即在强调听、说、读、写各种能力协调发展的同时，把听、说放在英语教学的重要位置。

#### 2. 从“以教师为中心”到“以学生为中心”

传统的英语教学注重语言结构，认为语言是一套自治的语法系统，学会了语法规则，就学会了语言，获得了使用语言的能力，在此基础上所形成的是“以教师为中心”的教学原则。

随着语言教学理论的发展，尤其是随着交际语言教学法的兴起，“以学生为中心”教学原则的提出促进了英语教学的发展，提高了学生学习的主动性、积极性，在很大程度上弥补了传统教学法的不足。在目前的“以学生为中心”的教学中，强调学生的自主性、自发性，但不意味着教师作用的减少，也绝不意味着教师的任务会变轻松。教师的任务是发现学生本能的冲动，引导这种本能的展开。杜威形容从过去以教师为中心到以学生为中心的转变，是教育领域的哥白尼式的革命。教师无疑要参与到活动中去，并与学生合作完成整个教学活动，当然在活动开展的同时要给予学生指导，最后对学习活动的开展情况和学习效果做出评估，促进教学的良好运行。从广义上讲，教师类似一种“学生顾问”的角色：教师要帮助学生做好学习准备，分析学生的需求，充分了解学习的相关内容等，相比于传统的教学，教师要做的工作更多了，难度也加大了。

3. 以学科为依托的大学英语教学模式

在全球多元化的今天，国际交流与合作日益增加，各行各业对复合型英语人才的需求越来越大，由此，企业对学生的与专业有关的专门用途英语水平的要求也越来越高。复合型英语人才的培养引起了人们的重视。据报道，CBI 教学也促进了波多黎和泰国的学生第二外语水平提高。近几年来，我国也对CBI 教学进行了积极尝试，如袁平华（2011）、潘孝泉（2011）等人都指出了 CBI 教学的优越性和可行性，然而 CBI 教学在我国仍处于起步阶段。

复合型人才的培养必须根据各个学校实际情况、按照各校培养目标因地制宜地进行全面规划，单靠英语系的努力是难以实现比较全面的办学模式的。比如，一些院校曾经试图利用英语教师开设一些英语教师很难承担的专业课程，效果很不理想，忘记了“英语为本”的原则，致使学生既没学好英语，也没学好专业知识。同时复合型人才的培养是系统工程，不是增设一两门课就可以奏效的。它必须要有良好的、能帮助学生具备复合型知识结构的学习环境和氛围。因此，开展以学生为主体的第二课堂教学活动也是十分必要的。

以学科内容为依托的大学英语教学突破了传统的教学模式，由单纯的语言教学转向语言和具体学科相结合的教学模式，最终实现以专业英语来推动和促进大学英语教学水平和质量的提高，培养学生具有更强的社会和学术的适应能力，成为应用型、复合型人才。但这种教学模式在实施过程中可能会出现师资、学生水平、教材、配套制度和措施、语言环境等问题，所以还有很长的路要走，我们应合理运用通过学科学习带动语言学习的有效教学模式，充分发挥其教学优势，不断地开展研究和实践，努力摸索出一套有中国特色的英语教学理念。

4. 多媒体网络教学

随着现代信息技术的发展，信息技术在教学活动中的地位和作用日益凸显出来，自 20 世纪 90 年代以来，多媒体计算机和基于 Internet 的网络通信技术为英语教学带来了一系列重要的变化，信息技术与课程教学的整合已经成为教育信息化与教学改革的一个核心问题。教育部 2003 年颁布的《大学英语课程教学要求（试用）》明确提出“各高等学校应充分利用多媒体和网络技术，采用新的教学模式改进原来以教师讲授为主的‘单一的课堂教学模式’。”教育部在大学英语课程教学要求中对大学英语教学改革从教学要求、课程设置、教学模式、教学评估、教学管理等方面都提出了明确要求：“各高等学校应根据本校的条件和学生的英语水平，探索建立网络环境下的听说教学模式，直接在局域网或校园网上进行听说教学和训练。”“新的教学模式应以现代信息技术，特别是网络技术为支撑，使英语的教与学可以在一定程度上不受时间和地点的限制，朝着个性化和自主学习的方向发展。”为实施新教学模式而研制的网上教学系统应涵盖教学、学习、反馈、管理的完整过程，包括学生学习和自评、教师授课、教师在线辅导、对学生学习和教师辅导的监控管理等模块，能随时记录、了解、检测学生的学习情况以及教师的教学与辅导情况，体现交互性和多媒体性，易于操作。

### 5. 评估体系

好的教学大纲要有好的评估体系来保证它的顺利实施。这种交际型的、以学生为中心的教学模式和培养综合应用能力的目标，要求其评估体系也是交际型的、考查语言运用能力的。目前英语测试纯客观题失宠就是因为客观测试过于强调形式的识别，较少考查语言的运用。现在的很多新型语言测试可以在计算机网上实现，而评估是开放性、形成性和多维型的。比如，允许学生多次考试，让他们看到自己的进步和成功，尊重个人的学习速度、学习阶段和自我感受，让他们以完成学习任务为目标，而不是为应付考试而学习。因此，为了更好的促进英语教育政策良性发展，需要有意识地加强英语教育政策评估，整体构建英语教育政策评估体系。第一，在思想上认识英语教育政策评估的重要意义和价值。中国是英语教育大国，目前英语课程从小学开设至博士学习阶段。英语教育对中国的现代化建设功不可没。然而，社会上对中国英语的批评之声亦是此起彼伏，“哑巴英语”“一壶烧不开的水”“费时低效”等。改革开放以来，中国的中小学英语教育都取得了巨大的进步，关于中小学英语教育的政策——文件和大纲出了不少，但到目前为止，还没有哪一家评估或研究机构对某一政策实施情况进行评估，这就为一些人否定英语教学提供了借口。为了公正地评价英语教学，我们要在思想上高度重视英语教育政策的评估。

## 二、大学英语四、六级考试改革

全国大学英语考试是 1987 年由教育部高教司主持实施的一种大规模的标准化考试，分为四级和六级，四级为基础要求，六级为较高要求，四、六级考试是我国规模最大的英语考试。

多年来，四、六级考试也进行了多次改革。此前，大学四、六级考试一度因为与学生毕业证挂钩而广受诟病，随后，教育部要求全国高校禁止将四、六级成绩与毕业证挂钩。

自 2005 年 6 月考试起，四、六级考试再次改革，成绩采用满分为 710 分的计分体制，不设及格线；成绩报告方式由考试合格证书改为成绩报告单，报告内容包括：总分、单项分等。

教育部规定，从 2007 年 1 月起，大学英语四、六级考试只接受在校生报名。

自 2012 年下半年起，教育部考试中心对英语四、六级考试全面实施“多题多卷”的考试形式，跟以往采用一套试题，仅通过题目顺序变化实现“多卷”不同，此次改革推行同一考场内使用多套试卷进行考试，且每一套试卷的题目内容都不一样。

自 2013 年 12 月考试起，全国大学英语四、六级考试委员会对四、六级考试的试卷结构和测试题型做了局部调整。调整后，四级和六级的试卷结构和测试题型相同。而英语四、六级考试题型发生了变化：翻译由单句变为段落；不再考查完型填空。四、六级考试大有向雅思、托福等考试方式看齐的趋势。

四级和六级的试卷结构、测试内容、测试题型、分值比例和考试时间如表 2-1 所示。

表 2-1 四、六级考试各部分测试内容、题型和所占比例

<table>
<tr><th>试卷结构</th><th colspan="2">测试内容</th><th>测试题型</th><th>分值比例</th><th>考试时间</th></tr>
<tr><td>写作</td><td colspan="2">写作</td><td>短文写作</td><td>15%</td><td>30 分钟</td></tr>
<tr><td rowspan="4">听力理解</td><td rowspan="2">听力对话</td><td>短对话</td><td>选择题（单选题）</td><td>8%</td><td rowspan="4">30 分钟</td></tr>
<tr><td>长对话</td><td>选择题（单选题）</td><td>7%</td></tr>
<tr><td rowspan="2">听力短文</td><td>短文理解</td><td>选择题（单选题）</td><td>10%</td></tr>
<tr><td>短文听写</td><td>单词及词组听写</td><td>10%</td></tr>
<tr><td rowspan="3">阅读理解</td><td colspan="2">词汇理解</td><td>选词填空</td><td>5%</td><td rowspan="3">40 分钟</td></tr>
<tr><td colspan="2">长篇阅读</td><td>匹配</td><td>10%</td></tr>
<tr><td colspan="2">仔细阅读</td><td>选择题（单选题）</td><td>20%</td></tr>
<tr><td>翻译</td><td colspan="2">汉译英</td><td>段落翻译</td><td>15%</td><td>30 分钟</td></tr>
<tr><td colspan="4">总计</td><td>100%</td><td>130 分钟</td></tr>
</table>

## （一）新题型说明

（1）单词及词组听写。原复合式听写调整为单词及词组听写，短文长度及难度不变。要求考生在听懂短文的基础上，用所听到的原文填写空缺的单词或词组，共 10 题。短文播放三遍。

（2）长篇阅读。原快速阅读理解调整为长篇阅读理解，篇章长度和难度不变。篇章后附有 10 个句子，每句一题。每句所含的信息出自篇章的某一段落，要求考生找出与每句所含信息相匹配的段落。有的段落可能对应两题，有的段落可能不对应任何一题。

（3）翻译。原单句汉译英调整为段落汉译英。翻译内容涉及中国的历史、文化、经济、社会发展等。四级长度为 140 ～ 160 个汉字；六级长度为 180 ～ 200 个汉字。

（4）成绩报道。成绩报道分为总分和单项分。单项分包括：①听力；②阅读；③翻译和写作。

（5）样题。根据表格内容，我们还可以看出此次改革中，四、六级考试时间由过去的 120 分钟增至 130 分钟。原复合式听写调整为单词及词组听写，短文长度及难度不变。要求考生在听懂短文的基础上，用听到的原文填写空缺的单词或词组。快速阅读部分变成段落信息匹配题，其中四级考试需要看 10 个左右的段落，然后匹配 10 个信息点；六级则是 15 个段落，匹配 10 个信息点。完型填空取消，取而代之的是经过加长版本的短句翻译，即将一篇完整的小文章，中文翻译成英文。原单句汉译英调整为段落汉译英后，考试的翻译内容将涉及中国的历史、文化、经济、社会发展等。从题型可以看出，以前的考试更注重知识类测试，今后将更倚重对学生能力的测试，死记硬背，记几个单词短语是不可能考出好成绩的，而有些基本功训练还是必需的，比如，词汇背诵、阅读训练、听写训练等。听力方面的改革也细化很多，强调内容和上下文的理解。翻译方面四、六级考试的题型在整体上考试难度将显著增大，最大挑战恐怕就是时间的控制。这次改革同时也向广大的师生发出信号，那就是学英语要更注重实际应用，提升外语作为交际工具的作用。

## （二）新题型难度系数

（1）写作。要求不变，增加通知的写作方法。本题改革前难度系数 0.82，改革后难度系数 0.83。

（2）听力单选题。听力单选题难度下降，去掉推断题，加入细节分析题考查，淡化经济学，强化文化领域，四级语速不变，六级听力语速下降为原来的 90%。本题改革前难度系数 0.85，改革后难度系数 0.78。

（3）复合式听写。原复合式听写调整为单词及词组听写，短文长度及难度不变。要求考生在听懂短文的基础上，用所听到的原文填写空缺的单词或词组，共 10 题。短文播放三遍。本题改革前难度系数 0.97，改革后难度系数下降为 0.72。

（4）长篇阅读。原快速阅读理解调整为长篇阅读理解，篇章长度和难度不变。篇章后附有 10 个句子，每句一题。每句所含的信息出自篇章的某一段落，要求考生找出与每句所含信息相匹配的段落。有的段落可能对应两题，有的段落可能不对应任何一题。改革前快速阅读题目难度系数 0.75，改革后本题难度系数 0.90。

（5）翻译。原单句汉译英调整为段落汉译英。翻译内容由校园、经济、艺术学改为校园、金融、儒学、政治经济学、中国近代历史、世界遗产、西方文化、经济学原理、社会发展学、遗传学、进化论。四级长度为 140 ～ 160 个汉字；六级长度为 180 ～ 200 个汉字。要求考生把整篇英语文章全部翻译为汉语，意思正确得半分，语法正确得 1 分，单词翻译错误名词三处扣 1 分，形容词 1 处扣 1 分，其余 2 处扣 1 分，逻辑错误不影响其他句子含义的本句扣半分，影响其他句子含义的扣 1 分到 1 分半，翻译内容包含文章无关意思的每处扣 3 分。扣完为止。本题改革前难度系数 0.89，改革后难度系数 0.95。

## （三）成绩报道

成绩报道分为总分和单项分。单项分包括：（1）听力；（2）阅读；（3）翻译和写作。过级分数线四级 426 分，六级 426 分；高分证书分数线四级 550 分，六级 520 分。

自 2016 年 6 月考试起，为进一步提高听力测试的效果，全国大学英语四、六级考试委员会将对四、六级考试进行再次改革。

四级听力试题的调整内容：（1）取消短对话；（2）取消短文听写；（3）新增短篇新闻（3 段）。其余测试内容不变。调整后四级听力部分的试题结构如表 2-2 所示。

表 2-2 调整后四级听力部分试题表

| 测试内容 | 测试题型 | 题量 | 分值比例 |
|---|---|---|---|
| 短篇新闻 3 段 | 选择题（单选） | 7 题 | 7%（每题 1 分） |
| 长对话 2 篇 | 选择题（单选） | 8 题 | 8%（每题 1 分） |
| 听力篇 3 篇 | 选择题（单选） | 10 题 | 20%（每题 2 分） |

从调整后的分值可以看出两点变化：（1）短篇新闻的增加；（2）听力篇章分值的增加，分值由原来的 10% 增加到 20%。新增的短篇新闻由于内容偏专业性，所以听力难度大大增加了，但在这种情况下，选项所涉及的内容和新闻原文的内容一定是高度一致的，能够最大限度地提供预判素材，所以阅读选项做出大致预判变得更为重要。这就

需要在日常的新闻素材听力训练中注意稿件特殊的行文方式和行文风格。

六级听力试题调整内容：（1）取消短对话；（2）取消短文听写；（3）听力篇章调整为2篇（原3篇）；（4）新增讲座/讲话（3篇）。其他测试内容不变。调整后六级听力部分的试题结构如表2-3所示。

表 2-3 调整后六级听力部分试题表

| 测试内容 | 测试题型 | 题量 | 分值比例 |
|---|---|---|---|
| 长对话2篇 | 选择题（单选） | 7题 | 7%（每题1分） |
| 听力篇2篇 | 选择题（单选） | 8题 | 8%（每题1分） |
| 讲座/讲话3篇 | 选择题（单选） | 10题 | 20%（每题2分） |

从调整后的分值可以看出：除了取消掉短对话和复合式听写以外，最大的变化就是增加了讲座和讲话，这暗示着四、六级命题委员会要加强大学生，尤其是硕士研究生在国外利用英语的新知识学习能力。增加讲座测试的意义在于让学生能应对英语国家的大学课堂，能听懂真正的外国教授的英文授课，这种题型的设计更加接近托福考试中的lecture，其出题点在于 ：

（1）段首段尾句：任何一个篇章第一句话往往是重点。

（2）设问句：一般疑问听升调，特殊疑问听特殊疑问词（5w+1h）。

（3）总结性质的词汇：in brief，in particular，in short，all in all，generally speaking，conclude，conclusion，in a word，so，you see，in fact，we can say，ok，anyway。

（4）重复性质的信息：指实词重复。

（5）首段转折：在第一段中出现but，however，yet，instead，today 后往往是正确答案。

（6）转折对比处：passage中出现转折对比的词汇，往往被转折对比的后面为正确答案。Although，though，even though，despite，in spite of，however，but，yet，well，not...but...，instead，on the other hand，unexpected，unexpectedly，unfortunately，fortunately。

（7）因果关系：重因轻果 because，cause，for，as，since，be due to，lead to，result from，result in，as a result。

（8）定义处：something can be defined as something，that is so called，we call it... the definition of ... Is...

（9）强调处：语气强硬的词汇，形容词、副词最高级。

（10）特殊修辞：排比处、举例处、比喻处。

## 三、大学英语听力教学改革与对策

“听”作为人类言语交际方式之一，在信息剧增、国际交往日益频繁的今天具有更重要的意义，因此，如何提高听力水平始终为人们所关注。为了适应我国社会发展和国际交流的需要，教育部明确提出英语听力教学的基本思路：将原来的以阅读理解为主转变到以听说为主，全面提高综合能力上来；将单纯依靠课本、粉笔、黑板、老师讲、学生听的教学模式转变为计算机（网络）、教学软件、课堂教学三位一体、综合运用的个性化、主动式学习模式。

近年来，以不同教学理论为依据的各种教学法百家争鸣，如建构主义理论、输入输出理论、互动认知理论等，为大学英语教学改革提供了充分的理论指导，并卓有成效。具体的理论介绍本节不再赘述，该书有独立章节介绍各种不同理论对大学英语听力教学改革的指导意义。

在这里我们就具体的改革方式提几点建议。

### （一）教学手段的改革

英语听力教学与电子技术的发展是息息相关的。从最初有声资料和录音机的出现，到现在电视、录像设备的普及，都对英语听力教学产生了深远的影响。今天，电子计算机技术的发展、进步和完善普及，带动了各学科的教学改革，而英语听力教学至今一直沿袭数十年一成不变的传统教学模式，随着多媒体语言实验室的出现和普及，听力教学改革已迫在眉睫。

多媒体语言教学系统可以使我们彻底摆脱传统听力教学中教师放磁带，学生听录音的模式。传统听力教学中，更多要求学生集中注意力听，而忽视了其他感官的参与，尤其眼神交流的极度缺乏，造成学生注意力难于集中，往往有开小差的现象。多媒体可以使学生多感官参与听力学习中，多感官接受刺激，同时，又有不同媒体的相互转换，这些都有助于延长学生注意力的集中时间。在一个多媒体英语听力课上，教师可以不给学生分配同样的听力任务，学生可以根据各自需要，选择适合自己的听力或音像材料，这不仅有助于发挥学生的主观能动性，而且实现了听力教学中的因材施教的效果。

### （二）教学内容的改革

英语听力理解训练内容广泛，涉及交流中的方方面面，但由于教学时数的限制，教材内容的选取必然具有典型性和针对性。除了教学大纲上规定的大学英语听力教程的学习外，教师还应适应日新月异的科技发展，努力提高教学水平，大量收集听力方面的资料，如英语新闻、英语故事、英语电影对白等，选取精华，不断充实更新教学内容。传统听力教学中，多数学校选用华东师范大学 1983 年版“Step by Step”《英语听力入门》或北京外国语大学“sten to this”（《英语初级听力》《英英语中级听力》《英英语高级听力》1992 年版）。两套经典教材的确各有特色，但显然已不适合在多媒体语言实验室中使用。目前音像市场流行的“American Album”“Dirct English”的确具有较强的互动性，学习者可以在其中扮演角色，亦可在学习中实际操作，容易引起他们的兴趣和吸引其注意力。但这些新教材似乎不太适合课堂教学，因此，教材是目前多媒体英语听力教学中亟待解决的问题。

另一方面，由于课堂训练内容有限，而听力学习又是日积月累的过程，所以教师还应鼓励学生在课后自觉收听收看英语节目，以激发学生对英语听力的学习兴趣，最终使学生听力理解水平上一个新台阶。传统的听力教学中，学生一般只能接触大量声音资料，即使有时有音像资料，选择性也比较小。学生接触的多媒体资料不足，最终造成了视与听的脱节，往往顾了听，就顾不上图像；或者看了图像，什么也没听懂，一个能听懂 VOA 录音资料的学生，有时甚至看不懂简单原声节目。运用多媒体进行听力教学，从一开始就可以选择一些简单易懂的视听节目（比如，中央台的 Outlook），以给学生足够的视听训练。具有一定基础的学生可以录播 CCTV-4 每晚七点 World Wild Watch 节目，同时可以利用刻录机将 CNN、CNBC、woddnet 等外语电台节目刻录成光盘以便选用。

### （三）教学方法的改革

教师首先应该做到熟练掌握这些新旧理论，取其精华，结合自己的实际教学对象和教学内容，灵活运用各类教学法，发挥其优点以此来促进大学英语听力教学的发展。

### （四）考核方式的改革

英语听力教学改革的另一个方面是考核。考核的方法和内容都将产生变化。首先是真正实现了无纸化考试，在多媒体语言实验室里每个学生一个显示器，学生可以在显示器中看到书面试卷，再做出相应应答；其次是试题库的运用，运用主控台，可以给不同学生不同试卷内容，避免考试作弊现象的发生；再次，考核不再仅仅是做做选择和听写，必然会有一些“视”的内容，以此对学生英语听力能力进行综合、全面测试。总之，随着多媒体语言实验室的普及应用，必须改革英语听力教学方法，同时发挥传统听力教学的经验，搞好英语听力教学。

### （五）建立完善评估系统

由于长久以来的英语授课方式和考试体制的影响，因此，在以学生为主体的教学方式中，一味强调以学生为中心，任由学生去安排设计自己的学习方式和学习进度也是不可行的。给学生制订目标，施加适当的压力，提出一定的要求并引导学生去完成它，更能使学生有所收获，因此，完善的评估系统也是必不可少的，它既是教师获取教学反馈信息、改进教学管理、保证教学质量的重要依据，又是学生调整学习策略、改进学习方法、提高学习效率的有效手段。《大学英语课程教学要求》中明确将教学评估分为过程性评估和终结性评估两种。过程性评估包括学生自我评估，学生相互间的评估，教师对学生的评估，教务部门对学生的评估等。各校通过课堂活动和课外活动的记录、网上自学记录、学习档案记录、访谈和座谈等形式对学生学习过程进行观察、评估和监督，促进学生有效学习。这种过程性评估在实行以学生自主学习为特点的多媒体教学中尤为重要。终结性评估则是指期末课程考试和能力水平考试，作为一种定量测试手段，这种考试应以评价学生综合应用英语的能力为主。但是，这种考试不应以学生所获得的读写译考试成绩来代替或平衡听说成绩。对于目标要求的评估，无论采用何种形式，都要充分考核学生实际使用语言进行交际的能力，尤其是实用型口语和书面语的表达能力（陈压美，2006）。

## 四、英语教学中的关系

英语教学是一项复杂的系统工程，其中涉及教师、学生、家长、管理者等各方面的人，英语教学的研究涉及语言学、应用语言学、心理语言学、教育学等多种学科的内容。这一系统工程中包含着多种相互作用的组成部分和构成要素，它们之间相互影响，相互作用，具有密切的错综复杂的关系，其中有些关系是基本的，渗透到英语教学的各个环节。如何认识与处理这些关系，涉及与语言教学相关学科的研究成果，需要我们对此做出正确地、全面地考查。

### （一）英语与汉语之间的关系

汉语是中国人的母语，少年儿童在开始学习英语时已经能够比较好地使用汉语进行交际；也就是说，他们已经掌握了一定量的汉语词汇和基本语法，具备了使用汉语进行听说和读写的能力。而英语是他们作为一门外语来学习的目标语。在谈到母语和目标语之间的关系时，人们经常谈的是“迁移”（transfer）的问题。迁移本来是一个心理学术语，指学习过程中学习者已有的知识或技能会对新知识或技能的获得产生影响。20世纪50年代，语言教学研究吸纳了迁移理论，认为母语迁移会影响英语学习。在英语学习中，迁移指“学习英语时学习者的第一语言对正在学习语言的影响”（Crystd，1996）。迁移是英语学习者经常采用的一种学习策略，它指学习者利用已知的语言知识，去理解新的语言，这种现象在英语学习的初级阶段出现得最为频繁，因为学习者对英语的语法规则还不熟悉，此时只有汉语可以依赖，汉语的内容就很容易被迁移到英语之中。如果母语对目标语的学习起到正面的影响，这种现象被称为正迁移。反之，如果母语对于目标语的学习起到负面的影响，则被称为负迁移。在迁移现象的研究中，有三种主要的理论，包括对比分析假说（contrastive analysis hypothesis）、标记理论（marked theory）和认知理论（cognitive theory）（王文宇，1999）。对比分析学派认为母语和目标语的差异会导致负迁移的发生。Weinreich（1953）指出“两种语言（母语和目标语）相似引起正迁移；两种语言相异引起负迁移”。Lado（1957：2）也指出，“学生在接触一门英语时会发现该语言的有些特征相当容易掌握，而另外一些特征则极其困难。其中，与其母语相似的成分简单，而相异的成分困难”。除了母语和目标语的异同之外，在考查语言的迁移问题时，还要考虑母语在什么阶段、什么条件下影响目标语的学习。Ellis（1996）指出，有两个重要的非语言因素对母语知识何时会干扰第二语言习得的过程起着决定性作用：一是环境，二是学习阶段。从学习阶段来看，在初学阶段，学习者由于缺乏足够的目标语知识，在表达中往往更多地依赖母语，因此这一阶段有可能较多地出现母语知识的负迁移。中国学生在学习英语的过程中，语言迁移表现在语音、词汇和语法等各个层次上。与汉语和英语的关系这一问题相关的还有语言的社会功能问题。一个民族的母语是其民族的特征之一，母语教学对于培养学生的爱国主义情感具有重要的意义。如果因为英语学习而忽视了母语的学习，那会导致严重的后果。

### （二）语言知识与语言技能之间的关系

语言知识是人们对某种语言的理性认识；语言能力是人们运用语言知识的实际能力，语言知识包括语音、词汇、语法、语篇等方面的具体知识，语言知识是综合英语运用能力的有机组成部分，是发展语言技能的重要基础。使学生掌握一定的英语基础知识也是英语教学的基本目标之一。语言是交际的工具，而语言首先是有声的，正是通过人的发音器官发出的声音，才能达到交际的目的。儿童学习母语，都是从掌握语言有声的方面开始，学习一门外语，也同样应该从语音入手。在英语中，语音和语法、构词法、拼写都有关系。很好的掌握语音，不但有利于听说技能的获得，而且也有助于语法和词汇的学习。

语言技能（language skills）指运用语言的能力，包括听、说、读、写四个方面，其中说和写被称为产出性技能（productive skills），而读和听被称为接受性技能（receptive skills）。听是分辨和理解话语的能力，即听并理解口语语言的含义；说是应用口语表达思想，输出信息的能力；读是辨认和理解书面语言，即辨认文字符号并将文字符号转换为有意义的信息输入的能力；写是运用书面语表达思想，输出信息的能力。听、说、读、写是学习和运用语言必备的四项基本语言技能，是学生进行交际的重要形式，是他们形成综合语言运用能力，获取信息和处理信息的重要基础和手段。

语言知识和语言技能是语言能力的组成部分，是语言学习的目标。两者之间相互影响，相互促进。首先，语言知识是发展语言技能的基础，不具备一定的语音知识，不掌握足够的词汇，不了解英语的语法，就不可能发展任何的语言技能；而语言知识的学习往往可以通过听、说、读、写活动的过程来感知、体验和获得。

### （三）中外文化之间的关系

语言与文化密不可分，语言具有丰富的文化内涵，英语学习中有许多跨文化交际的因素，这些因素在很大程度上影响英语的学习和使用。因此，《英语课程标准》把“文化意识”作为综合运用能力的一个组成部分，具体规定了各个级别对文化意识的具体要求。

文化是指所学语言国家的历史地理、风土人情、传统习俗、生活方式、文学艺术、行为规范、价值观念等。它不仅包括城市、组织、学校等物质的东西，而且包括思想、习惯、家庭模式、语言等非物质的东西。语言具有丰富的文化内涵，不具备文化内涵的语言基本是不存在的。在一种语言中，从单词到语篇都可以体现文化的内涵。

首先在单词的层面上，英汉两种语言具有很大的差异。有些词汇只存在于汉语之中，在英语中没有对应的词，例如，“馒头”“节气”等；还有些词只存在于英语中，在汉语中则没有相对应的词，例如，cowboy 和 hippie 等。另外在英汉两种语言中，某些词语看起来似乎指同一事物或概念，其实不然。

在短语、成语、谚语这个层面上，英汉两种语言也体现出很大的文化差异。尤其是成语的问题更为复杂，《汉英词典》的主编之一王佐良教授在“一部词典的编后感”一文中写道：“把‘布衣蔬食’，直接译为 wear cotton clothes and eat vegetable food，在今天就会引起误解。‘布衣蔬食’在中国标志着生活简朴，但在英、美并非如此。现在，蔬食远非穷人所专用，已是西方医生给饮食过量的百万富翁们开的药方了。”谚语是民间流传的至理名言，往往能反映一个民族的地理、历史、社会制度、社会观点和态度，例如，“要知朝中事，乡间问老农”“衙门自古朝南开，有理没钱莫进来”都带有明显的中国文化内涵，而“An apple a day keeps the doctor away”和“You can’t teach an old dog new tricks”则具有明显的英语文化内涵。

英汉两种语言的文化差异还反映在日常谈话之中。在中国两个熟人相见，经常用“上哪去啊？”打招呼，直译成英语就是Where are you going.？用这句英语来打招呼，大部分讲英语的人听了会不高兴，他们的反映很可能是：It’s none of your business！人们在分手时通常说Good-bye，Bye-bye之类的话，而按照中国的习惯，在说“再见”之前，往往还要有一番客套语，例如，“走好”“慢走”等，这些说法不能直接翻译成英语，否则听起来会让人感到很别扭。在英语国家，人们常常用名字直接称呼别人，例如，Tom，Michael，Linda等，即使年龄悬殊的人之间也可以这样称呼，但是在中国就不能这样做，汉语中的称谓要比英语复杂得多。听到别人赞扬，美国人和中国人的回答也大不相同，美国人一般表示接受赞扬，而中国人则一般表示受之有愧。

英汉两种语言文化的差异也可以导致文化迁移现象的产生。与语言迁移类似，文化迁移也有正负迁移之区别。刘正光和何素秀（2000）指出：“以往关于英语学习中的迁移理论在对待母语以及母语文化的干扰问题时，对负干扰研究得较多、较透彻，同时，对负迁移的作用也有夸大之嫌。

### （四）教师与学生之间的关系

教师与学生都是英语教学活动的实践者，正确地处理好两者之间的关系，对于英语学习的成败起着重要的作用。如果把英语教学比作一场戏剧，那么教师就是导演，学生就是演员。两者之间要密切地协调配合，教学质量才能有保证。

# 第三章 大学英语教学原则及影响教学的因素

大学阶段是学生系统地掌握英语知识并提高英语实践技能的重要阶段。为了更好的提高学生的英语学习效率和水平，大学英语教学的改革一直没有停止。

## 第一节 大学英语教学的原则

大学英语教学会随着教学地点、对象等各方面因素的变化而发生变化，但是只要是大学英语教学就会拥有一些共性。通过对这些共性的分析便可以总结出大学英语教学普遍适用的原则。

### 一、交际性原则

语言是交际的重要工具，人们学习语言的主要目的不是掌握语言的语法和词汇，而是利用这些语言进行交流和思想的表达。海姆斯（Hymes，1972）指出，交际是在特定语境中说话者和听话者、作者和读者之间的意义转换（negotiation of meaning）。根据海姆斯对于交际的定义可以得出以下几点认识。

（1）交际有两种形式：书面语和口语。

（2）交际必须在一定的语境中发生。

（3）必须要至少两个人的参与才能构成交际活动。

（4）交际是参与者之间的互动。

根据以上内容可知，交际就是利用语言在不同的环境中进行得体的交流。大学阶段是学生将自己所学的英语知识系统化，并逐渐将理论知识转化为实践能力的重要时期。在此阶段，教师必须在教学中充分遵循交际性原则，使学生将自己所学的英语知识运用到各种交际实践中，进而锻炼其交际能力，提高其交际技能。想要达到这一目的，教师就要在教学中做到以下几点。

#### （一）认识课程本质

英语教学不仅是一门知识课程，还是一门重要的技能培养型课程。对于大学阶段而言，技能的培养显得尤为突出。教授、学习和使用是大学英语教学的基本过程，其中使用是大学英语教学的核心。大学英语教学的核心不是学生能够掌握多少知识，而是看其是否能够利用交际工具培养自身的交际技能。大学英语的学习与学习游泳、打篮球等类似，只有通过不断地实践才能得到质的提升。只有认清了大学英语教学的这一重要本质才能更好的学习英语，培养英语技能。

#### （二）设计情境

英语交际必须要在一定的语言环境下进行，在交际性原则下必须要为学习者创造适当的情境。情境的设计要包括以下几个方面，即时间、地点、参与者（身份、年龄等）以及交际方式（口头形式还是书面形式）、谈论的主题等。

以上这些因素都对交际具有重要影响，交际双方的身份、年龄、教育背景等都会对交际内容产生影响。一个具有较高社会地位的人在交际中的语言比较礼貌、正式，那些中下阶层的人的话语则比较口语化。同样的一句话在不同的情境中可能会产生两种截然不同的效果。例如，“Can you tell me the time？”这句话可能是向别人询问时间，也可能是因为迟到而受到责备。此时不同的情境对于感情和思想的表达具有重要影响。因此，在大学英语教学中应以交际性为原则，为学生设计一些情境，且这些情境的设计应尽可能与学生的实际生活相联系，使学生在英语学习中有一种身临其境之感。为学生创造情境不仅可以提高学生的学习兴趣，还可以很好的做到学以致用。

### （三）精讲多练

大学英语教学主要就是教师的讲和学生的练，在大学阶段，学生已经具备了一定的英语基础知识，因此教师在讲解时可以选择一些重点内容，突出讲解重点知识，不必面面俱到。英语作为一种培养型技能，其掌握必须要经过大量实践获得。因此，教师的讲解应该以简明扼要且重点突出为宜。讲解的目的是为了更好的指导学生进行实践。学生要在教师讲解重要知识的指导下开展交际实践，只有通过不断地练习实践学生才能提高英语交际能力。教师理论性知识的讲解要以指导学生实践为原则，而学生的实践活动应尽量多样化。

## 二、以学生为中心原则

学生是教学活动的主体和内在因素，教师要想充分激发学生的主观能动性，提高教学质量，就必须要以学生为中心。所谓的以学生为中心，指的是在教学过程中从学生的实际情况出发设计和组织教学活动，进而培养学生的交际能力。在英语教学中，教师的指导作用不容忽视，但是充分调动学生的积极性才是教学质量有效提高的保证。以学生为中心需要教师在教学中为学生的学习创造条件。教师的教必须建立在学生学的基础上，教师的教要以学生的学为依据。教师在教学中的所有活动都必须考虑学生的心理和需要，根据学生的反映来调节自己的教学活动。要做到以学生为中心，教师应在以下几个方面突出学生的中心地位。

### （一）教材分析

以学生为中心原则要求教师在对教材进行分析时，要充分理解和把握教学内容，并利用自己的教学经验对教材进行筛选，选出一些适合大学生实际情况的学习目标和学习任务。教师可以对教材内容进行最优化处理，使其更加符合学生的学习经验和心理诉求。

### （二）备课

备课是教师教学的重要环节，教师可以通过备课了解学生。教师可以通过学生在课堂上的表现、测试成绩等了解其学习状况，这些情况的了解都有利于教师根据学生的学习水平、接受能力、学习风格以及学习态度等来设计教学实践活动。教师在备课中应尽量设计一些开放性较强的任务，这样可以促使所有学生都参与进来，使学生真正成为学习的主体。

### （三）教学活动

教师要根据学生的特点、知识结构、学习兴趣等内容进行形式多样的活动设计。学生的性格不同，性格开朗外向的学生往往善于表现自己，因此其对教学活动的参与度就高。而那些性格比较内向的学生不善言谈，羞于表达自己，因此对于教学活动的参与度则低。这样的情况就要求教师在尊重学生差异性的基础上设计一些能够使所有学生都可以参与的教学活动。教学活动设计必须要能够激发学生的参与积极性，且能够保证学生的全面参与。

### （四）教学方法和教学手段

以学生为中心原则要求教师的教学方法和教学手段必须多元化。不同的教学手段具有不同的效果和作用，教师应合理利用这些教学手段，将其作用最优化。直观的教具可以刺激学生的感官，学生通过视觉、听觉等加强了对知识的记忆。形象化的教学手段，如幻灯片、投影、模型等都可以将知识直观的展示出来，使学生在一种轻松愉快的氛围中学习语言。除此之外，教师还应对学生在学习过程中的表现做出适当且及时的评价，使学生能够改正自己的缺点，弥补自己的不足。

## 三、兴趣性原则

我国儒家的经典著作《论语》中有“知之者不如好之者，好之者不如乐之者”。我国古代的教育家孔子将学习分为三个境界：知学、好学、乐学。从孔子的话中可以得知兴趣的重要性。对于学习而言，兴趣是最好的老师。我国学者周娟芬认为，学习兴趣可以推动学生去探索世界、追求真理。学习兴趣是学习动机的一个重要组成部分，它可以促使学生对所学的内容抱一种积极主动的态度。鉴于兴趣对大学英语教学的影响，教师应充分激发和培养学生的英语学习兴趣。下面几点内容可以有效的帮助教师培养学生的兴趣。

### （一）尊重并了解学生

学生是学习的主体，是整个学习活动的重要参与者。到了大学阶段，学生已经形成了自己的人生观、价值观。在教学活动中教师应充分尊重学生的心理，从学生的需求出发去安排教学内容，不可以自己的经验为准绳为学生规定一些强制学习的内容和任务。大学阶段是英语学习的高级阶段，在初级阶段，学生的自制能力较差，需要在教师的监督和指导下才能顺利完成学习任务。而大学阶段的学习具有一定的自我管理能力，学生能够对自己的学习负责。因此教师在教学中应尽量放开，不要过多地干涉学生的学习，尊重并了解学生的兴趣、爱好以及学习心理。

### （二）防止死记硬背

交际实践是英语学习的高级阶段，在英语学习的初级阶段，学生仍然需要牢记一些语法知识以及词汇等内容，而这些知识的学习也有一定的规律。教师应该在教学活动中为学生介绍一些有效的英语学习策略，以便于增强学生对知识的记忆和理解。教师在教学中应科学地设计教学过程，教学过程中应尽量创设真实的情境，使学生在真实的情境中习得并内化知识。

### （三）增强交流

在大学班级中，学生都来自不同的地区，学生的性格以及习惯等都有所差异，教师作为教学活动的主要组织者应对学生一视同仁。教师应通过各种不同的活动来与学生交流，了解学生，与学生建立良好的关系。实践表明，学生对于课程的喜爱程度与教师存在着密切的关系。教师性格活泼，且富有幽默感就会影响学生，使学生愿意与教师接近，学生也会因为喜欢某个教师而喜爱上他（她）教的课程。也就是说，学生对英语的态度在很大程度上受到其对英语教师态度的影响。

## 四、输入优先原则

输入指的是学生通过听和读来获得语言材料，而相对于输入，输出则是指学生通过说和写来表达自己的思想。心理语言学研究表明，输入是输出的基础，只有足够的输入才能产生输出能力。语言输入的量越大，学生的语言输出能力也就越强。

美国语言学家克拉申（Krashen）在其语言监控假说中指出，有效的语言输入一般具有以下几个特点：（1）可理解性；（2）恰当性；（3）足够的输入量。

根据克拉申对输入特点的分析可以将输入分为五种类型。

（1）可理解性输入和不可理解性输入。可理解性输入指的是以学习者现有的知识水平可以理解的知识输入，这些知识材料的难度应略高于学习者现有的知识水平，通常用 i+1 表示，其中的 i 指语言学习者现有的知识水平，而 1 则表示略高于现有水平。所谓的不可理解性输入，指的是学习者现有的知识水平无法理解的语言材料。可理解性输入可以促进学习者知识的习得，而不可理解性输入对语言知识的习得无益，有时还会对知识的习得产生干扰。

（2）粗调输入和精调输入。粗调的输入指的是比较原始的、没有经过任何处理的语言材料。精调输入指的是经过调整后的语言输入。

（3）自然输入和非自然输入。自然输入指的是学习者通过听和读所得到的语言材料，而非自然输入指的是单词、词组和句型的背诵和记忆。

（4）外部输入和内部输入。外部输入指的是学校和社会为学生提供的语言输入，而内部输入指的是学习者自身语言练习或利用语言进行交流的活动。

（5）反馈输入和非反馈输入。反馈输入指的是教师对学生的某一学习行为或举动所做出的反映。非反馈输入则是指除反馈输入之外的语言输入。

根据以上对语言输入的分析，教师在教学中应尽量为学生创造接触英语的机会，课本上的教学内容是无法满足学生的知识需求的，因此教师应为学生提供尽可能多的课外知识。除此之外，学生在日常生活中可以接触到的英语很多，学生应注意观察，自主丰富自己的语言输入内容与形式。

# 第二节　影响大学英语教学的因素

大学英语教学与诸多因素有关。社会、政策、学校、家长等都对大学英语教学具有影响作用。

## 一、政策因素

所谓政策因素，指的是教育行政管理部门以社会、政治、经济等方面对人才的需求等制订的相关的外语教育政策。这些外语教育政策中会对英语教学提出具体化目标，这些目标可以使教学活动更加具有针对性，提高人才培养的实用性和现实性。

影响大学英语教学的政策因素可以分为以下三个方面。

（1）大学英语教学是关系到我国 21 世纪发展和人才培养的重要因素。大学英语教学对学生的整体素质、能力、知识结构等产生重要影响，且这些因素会对社会的发展产生间接的影响。

（2）国家政策不仅为大学英语教学制订相关的政策和目标，还对教师的工作进行监督和分析、评估。国家政策对于教师的工作热情和积极性具有重要影响。奖罚分明的制度能够有利于教师在自己的工作岗位上兢兢业业、刻苦钻研、勇于付出，为国家培养更多的优秀英语人才。

（3）学生的分配。政策所规定的学生获得的相关的证书等都对其以后的毕业和工作产生重要影响。

## 二、环境因素

环境因素对大学英语教学有着重要影响，大学英语教学的有效实施需要社会以及学校等各方面的积极配合，社会以及学校的外部环境、教学设施以及相关因素的完善与否对大学英语的教学质量具有举足轻重的作用。

### （一）社会环境

社会环境主要指经济发展状况、科学技术水平、人文精神、社会群体等对英语学习的态度以及社会对英语的需求程度等。社会因素是影响和制约外语教学的重要因素。外语教学中大纲的制订以及课程标准的设置都需要以符合社会对于英语人才的需求等为依据。社会环境因素对教学具有导向作用，是英语教学向前发展的动力。

### （二）学校环境

学校环境主要涉及班级的大小、教学设施、教学信息、教学资料、英语课外活动、校风班风和师生人际关系等。学校是为学生提供学习场所和学习手段的最佳环境，它对英语教学的影响更直接。学校的教学质量、管理水平以及各项硬件设施的完善与否对英语教学的成败起着关键性作用。

#### 1. 教学设备

教学设备是学校教学的重要组成部分，学校教学设备包括很多方面，教室、图书馆、实验楼、办公楼、宿舍等都属于学校的教学设备。教学设备的完善程度直接影响着英语教学活动的开展。好的教学设施，如教学楼以及图书馆等都有助于增强学生的学习意识。一些语音教室和多媒体设备可以为学生的英语口语学习提供必要的技术支持。学生可以通过在语音教室学习等提高自己的口语水平，这些设施也在一定程度上缓解了学生的学习疲劳，有助于激发其英语学习兴趣。总之，这些现代化的教学设备为英语教学提供了很好的环境。

2. 教学信息

现代化的教学设施不仅可以为学生提供一些学习的工具，还可以拓宽学生的信息渠道。学生的英语知识不仅可以通过教材和课本获得，还可以通过互联网等来获取。英语学习需要实践，只在课本中学习英语是不可能从根本上提高英语水平的，因此现代的信息网络技术为英语学习提供了很好的信息来源，使学生能够通过互联网等与外界的英语世界进行交流与学习。

## 三、教师因素

教师作为大学英语教学的重要参与主体，其在教学中的作用不容忽视。教师是学生知识的主要来源，教师专业素质的高低直接影响着学生的英语学习效率。教师在大学英语教学中不仅是知识的传授者，还是教学活动的主要组织者和管理者，因此教师需要具备较强的课堂掌控能力，能够掌控学生的活动，能够设计出一些有助于激发学生积极性的教学活动，同时又能保证教学活动有秩序地进行，最重要的是要使学生在参与教学活动的同时有所获益。

在大学阶段，教师教授的内容不仅仅是语言知识、语言技能，同时也包括语言知识背后的百科知识。英语课本中含有大量的文、史、哲以及自然科学方面的内容。因此，教师的文化素质对大学英语教学意义重大，只有教师具有较高且全面的文化素质，才能在教学中将文化知识渗透到教学活动中，使学生在语言学习的同时了解各个国家的不同文化，建立起跨文化交流的意识。

在大学英语教学过程中，学生会遇到很多问题，而有的问题只凭借学生的知识是不能解决的，此时就需要教师帮助学生解决这些问题。教师的心理素质也是影响大学英语教学的重要因素之一。作为一个合格的大学英语教师，性格应该既要外向，活泼热情、风趣幽默，同时又要沉着冷静。外向的性格特点有助于教师调节学习气氛，激发学生的学习情趣。而在教学活动中教师应该沉着谨慎，以严谨的态度对待教学。

综上所述，教师在大学英语教学中的地位至关重要，广大英语教育工作者应该不断学习，不断探索，不断完善自身素质，以使自己跟上大学英语教学改革的步伐。

## 四、学生因素

除了教师之外，大学英语教学中的另一个主体就是学生。学生作为教学活动的主要参与者，其学习观念、学习策略以及语言学习动机等都对大学英语教学的效果具有重要影响。

### （一）语言学习观念

语言学习观念指的是学生对语言学习的看法和观点。温登（Wenden）从语言学习观念的不同角度出发，将其特点总结为以下几点。

（1）稳定性。语言学习观念是学习者知识储备体系中的一个重要组成部分。

（2）可描述性。学习者可以借助提示或者回忆对自己的语言学习观念进行描述。

（3）易错性。学生的学习观念都是在各种情况下产生的，并非都是正确的。

（4）交互性。学习观念对学习中的很多因素都会产生深远影响，学习者学习策略以及学习方法的选择等都会受其影响。

学习观念是影响学生学习的最重要的内在因素之一，通过对大量的大学英语教学实践的研究表明，成功的语言学习者对于自己的学习策略和学习方法的选择、自身的知识水平等都有深刻的认识，因此能够针对不同的语言学习任务选择合适的语言学习方法和策略，以便于快速高效地完成任务。不成功的学习者则对于任务的完成等抱有一种消极的心态，这样也就不利于其学习策略的选择和任务的完成。

### （二）语言学习策略

学习策略是学生采取的技巧、方法或者刻意的行动，其目的是为了提高学习效果和易于回忆语言的形式及内容。学习策略对学生的学习成功与否具有重要作用，且对大学英语教学的效果也具有重要影响。

#### 1. 认知策略

认知策略是对知识的感知、加工、理解以及记忆时使用的方法。人脑对信息的处理遵循一定的认知规律。感知、加工、记忆和提取是信息处理的主要步骤，认知策略是一种提高学生的信息处理效率的方法。认知策略对于英语基础知识以及语言技能的获得都有重要影响。语音、词汇、语法等基础知识的获得需要首先对这些知识进行感知，然后对其进行加工，最后达到提取运用的程度。听、说、读、写等语言技能的形成必须要依赖于认知策略。技能的获得需要大量且有效的训练，在训练的同时学生需要记录要点、不断发现自己的错误并改正，而这些都离不开认知策略。

#### 2. 元认知策略

元认知是对认知的认知，是一个人对自己的思维以及学习活动的认知和监控。元认知能够帮助学生判断自己在学习过程中对哪些内容是理解的，哪些内容是不明白的。元认知策略还能使学生对自己的认知过程进行计划和评价。例如，制订自己的学习计划，如果在计划的制订过程中能够很好的运用元认知策略，就会从自己的实际情况出发，在制订目标时更加符合自己的现状，也就可以更好的提高学习效果。如果在计划制订的过程中没有很好的运用元认知策略，那么计划的制订和实施可能会遇到困难。总之，元认知策略对自身思维过程的控制和监督具有重要作用。

#### 3. 情感策略

情感策略是学生对自己的情绪、动机、态度等的调节和控制方法。情绪、动机和态度虽然不会直接影响学生的学习效率，但是这些因素可以改变学生的学习积极性，进而影响学生的学习效率。情感策略可以有效帮助学生合理调整自己的情感，在遇到困难时，能够选择积极的情感给自己鼓励，努力调节自己的不良情绪，改善自己的精神面貌，这样更加有利于改善学习效果。只有在教学中拥有比较积极的情感，学生才能在教学活动中将自己的潜能更好的发挥出来，进而促使大学英语教学效率提高。

4. 社交策略

所谓社交策略，指利用自己的英语知识来调节自己与他人之间的关系。促使交际活动顺利进行。社交策略能促使学生在交际过程中注意文化以及习俗等方面的不同，并减少错误的语言知识对顺利交际产生的阻碍。这对大学英语阶段的学生而言至关重要。掌握社交策略可以有效提高他们在学习中对于西方文化等的接受度。

### （三）语言学习动机

学习动机是指激发个体进行学习并使其行为朝着较高的学习目标努力的一种内在过程或内部心理状态。学习动机是促进学生外语学习的内在动力。对英语学习具有强烈动机的学生，其学习目的明确、耐久力强、坚持不懈，学习中遇到困难之后不气馁，成绩较好。由此可知，语言学习动机对大学英语教学的影响是内在的，只有拥有积极的学习动机，从内心想要学习英语，学生才会全身心地投入英语学习中去。

# 第四章　大学英语教学模式

随着现代教育技术的广泛运用和大学英语教学改革的不断深入，基于课堂教学的大学英语教学模式已经发生了巨大改变。传统教室中看不见的教学设备已经把教室逐渐武装起来，信息技术充斥着教与学的每一个角落，这种结合是现代教育发展的必然结果，也是大学英语教育发展的必然结果。本章我们来探讨几种比较常见的大学英语教学模式。

## 第一节　交际型教学模式

所谓交际型教学模式，即建立在课堂互动交流基础之上的教学模式，它综合运用各种教学元素，比如，教师、学生、课堂、场景等，通过师生交流、互动活动、互换角色以及范围更广的交际来进行教学。西方学者在第二外语习得研究中取得的新成果及新思想指出，语言和文化的内在关联属性决定了语言教学在一定层面上就是文化教学；同时强调语言学习的最高目标是为交际服务，以适应和满足跨文化交际的需要。因此，大学英语教学改革与转型的表现之一便是由传统的英语语言教学模式转向交际型的英语教学模式。

### 一、交际型教学模式的理论基础

20 世纪以来，英语教学模式一直是以教师为中心，以讲解分析语言知识点作为最普遍的标准教学方法。这一传统教学模式是建立在瑞士语言学家索绪尔（Ferdinand de Saussure）的“结构主义语言学”理论基础之上的。在这一理论中，语言被看成是一个完整封闭的符号系统，人们注重分析语言结构，强调语言形式，而语言的意义和其社会交际功能却完全被忽视了。

之后，美国语言学家海姆斯（D. H. Hymes）的“交际能力”理论对传统大学英语教学模式给予了极大的冲击。海姆斯提出的语言交际能力具有语法性、可行性、得体性和现实性的特征，这其中除语法性属于语言能力之外，其他三种特征均涉及语用能力，它将语言能力与语用能力结合起来。由此，人们开始逐渐认识到语言学习离不开一定的文化语境。学生不但要习得语言本身，还要习得语言所使用的规则，而这种交际中语言所使用的规则便涉及交际主体国家的文化。[1] 同时，建构主义理论强调个人的知识构建于个人与他人的交往互动中，强调个人自身经验的取得而非外部传授，这就对以往传统的教学模式提出了质疑与挑战。

美国语言学家萨丕尔(Sapir)指出，语言脱离其根植的文化无法存在。王丽梅(2009)认为，“交际的成功不仅需要学生掌握足够的语言知识，也需要学生了解目的语国家的文化背景，还要了解文化方面的可接受性和不可接受性”。文化的可接受性和不可接受性，即涉及不同文化背景的人们因不同的行为规范、思维模式、价值取向及语用迁移而造成交际中的文化接纳和冲突。对此，英语教学的最新理念是把跨文化交际能力作为英语教学的最终目的，以避免文化冲突的发生。

[1] http：//edu.people.com.cn/n1/2015/1230/c1053-27995895-2.html.

## 二、交际型教学模式的优势

交际型教学模式是一种多极主体间的认知交往活动。在语用交际活动中，师生之间、学生之间、师生或学生在不同场景之中发生着频繁而密切的联系。交际型教学模式使教学过程发挥更大的功效，比传统的讲授式教学模式具有更多的优势。主要表现在如下几个方面。

### （一）学生主动学习

交际型教学模式鼓励学生主动参与教学而不是被动接受教学。学生通过参与教学活动，能主动发现自身和教学中的问题并及时反馈，之后与教师交流解决问题。例如，学生通过团队合作、小组发言、角色扮演、课堂讨论和个人陈述等方式多方面参与教学活动，改变了课堂完全由教师控制的单一局面，学生不再只是被动听讲。这样学生在主动学习的过程中能够得到认可、鼓励和赞扬，有了成就感之后，其学习热情自然会被激发，学习兴趣和积极性就会被调动起来。

### （二）以书本理论转化为学生的交际能力为导向

大学英语教学的目的是为了实际的交流和应用。然而在传统教学模式下，教师总是抽象的强调理论联系实际，为讲清某一理论观点而举几个具体事例作为证明。这与身临其境的角色扮演、来自实际的案例分析以及学生通过彼此讨论交流，从实际中反思总结出的理论升华相差甚远。交际型教学模式注重将具体、广泛、深入的理论联系实际并转化为学生的交际能力，它以培养学生的交际能力和解决实际问题能力为目标，使大学英语教学具有应用价值。

### （三）学习效果更佳

传统教学模式下的教学信息基本是由教师到学生的单向传递。而在交际型教学模式下，这种单向交流变成了语用情景中师生之间和学生之间的多向互动。学生通过分享控制课堂教学内容及教学进程的责任，能够在与实际密切相连并兴趣盎然的场景中更加生动、真实、标准的运用语言，既实现了学即所需又体现了自我价值。这必然会从整体上提高大学英语教学的质量和学生的学习效果。

## 三、交际型教学模式中的问题及对策

### （一）教师方面的问题与对策

交际型教学模式要求英语教师要具有丰富的语言文化知识，较强的语言比较研究能力和课堂掌控力，然而教学实践反映出大学英语教学中的文化教学并不尽如人意。造成这一现状的原因，有学者认为，是由于目前中国的绝大多数英语教师仍然是由本土传统的英语教学模式培养出来的，亲身体验和深入异域文化的教师少之又少，他们对于外国文化的了解也仅凭书本影像等媒介。此外，受现行教育体制的影响，外语教师教学水平的衡量在很大程度上仍取决于学生英语四、六级考试的通过率，这使教师不得不在课堂上以要求学生掌握大量语言知识点为主要目标，而忽略文化知识的导入。

由此可知，交际型的英语教学模式要求外语教师从观念到能力都要进行改观，从根本上强化对跨文化交际教学法的准确认识。在教学实践中，教师应该对原本固有的角色进行重新认识和定位，最好能以多重角色进行课堂教学，发挥不同于以往的作用。其具体做法有如下几个方面。

（1）教师要充分发挥想象力和创造力，密切结合实际场景，合理设计课堂教学程序，科学分配教与学的时间和比例，在限定的课时内顺利完成教学任务，有效组织课堂内的多种语用交际活动。

（2）教师要最大程度地发挥组织协调作用。张雪冰（2011）认为，在课堂上组织什么样的活动，运用什么样的方法展开，达到什么样的教学目的等，这些都要求教师精心组织。可以说，课堂内活动能否按教学计划进行，学生反映是否积极，能否融入教学并成为教学主体之一，在很大程度上取决于教师的组织能力。因此，教师要按照教学内容和教学目的使课堂教学紧凑有序，达到最佳的教学效果和水平状态，为挖掘学生交际能力提供前提和保障。

（3）教师最好成为具有创新意义的合作者。小组辩论、讨论、扮演角色等与实际密切相连、形式新颖多样的课堂活动，可以激发学生学习英语的兴趣。在学生实践上述活动的同时，教师也要广泛、积极地参加学生的活动，不仅仅只是起鼓动、指导和旁观的作用。

（4）改变课堂上单一的讲授方式。为给学生在英语学习过程中指点迷津、扫清障碍，教师不能只靠讲授这一途径，而要为学生创造各种条件，激发学生的内在学习动因，使他们通过语言的实际应用来学习语言，解决实际问题和锻炼交际能力。

### （二）学生方面的问题与对策

根据对非英语专业学生英语学习的动机及课下自学状况的调查，结果发现：89%的学生是为了通过四、六级考试。同时，大部分学生表示不会在课余时间练习英语和学习英语国家文化知识。另外，有学者对大学生跨文化交际能力的自我评估也做了调查，结果显示很多学生对自己的跨文化交际能力持否定态度，一部分原因归结于怕犯错误，另一部分原因是在交际中的内向自卑心理造成的。上述两个调查反映出学生的英语学习中存在两个问题：其一是学习英语的动机单一且具有功利性，学生本身的动力不足并且自觉性差，使得英语文化教学的阻碍加大；其二是学生在面对英语交流时态度并不积极乐观，自身情感的焦虑和自卑心理阻碍了他们进行跨文化交流。

针对上述问题，要想真正实现跨文化交际模式下的英语教学，就必须让学生了解外语学习的真正目的是提高其文化素养，并掌握一种跨文化交际技能，此外还要帮助学生建立一种积极的跨文化交际态度。目前，很多高校都采取了充分利用外籍教师来达到跨文化交流的目的，这一方法的弊端是学生在与外籍教师交流时仍有一定程度的隔阂，最好的方法是创造条件使学生与本校留学生交流，这样的收效会更大。

### （三）教材方面的问题与对策

在一定程度上可以说，大学英语教材的文化含量直接决定着课堂上文化导入的多少与深浅。从跨文化外语教学的视角出发，有学者对高等教育英语教材做了调研，结果发现教材内容和练习设计均缺乏与跨文化情景的结合，远离跨文化交际实践的需要。[1]针对这一现状，现今英语教材如何改革以及如何利用便成为高等外语教学界比较关注的问题。其建议有如下几点。

（1）教材要确保其内容能呈现跨文化交际的特性，引入多元文化内涵，注重学生跨文化交际意识和实践能力的培养。[2]

（2）外语教师和外语教研小组可定期组织编撰有关文化和跨文化类的电子报刊，在校园内面向所有学生发行或发放至学校 BBS 论坛，以帮助学生扩充跨文化交际知识。

（3）鼓励教师自编讲义授课。需要明确的一点是，靠教材的改革来推动英语教学改革仅是一个起点，如何创造性地利用和补充教材才是重点。

总之，目前的交际型教学模式仍处于探索、实践和发展阶段，以上所考虑的问题和面临的改革都只是其中的一个方面。外语教学的目标是帮助学生获得语言交际技能和自主学习能力。交际型英语教学模式基于这一目标，通过课堂内外多角度的多元文化导入，在教学实践的过程中十分重视学生的情感因素，培养学生的文化敏感性和感知力，最终使学生拥有一种辩证的文化意识和对待文化差异的独立判断能力，成功实现跨文化交流。

## 第二节　“输入—输出”教学模式

“输入—输出”教学模式的提出是为了培养适应国际经济发展和对外交流需要的跨世纪英语人才，教学过程更符合英语学习的客观规律和学科特点，完善科学的教学大纲，培养学生学习英语的能力和建构英语思维的技能。

### 一、“输入—输出”教学模式的理论基础

“输入—输出”教学模式是以克拉申（Krashen）的“输入假设”和斯温（Swain）的“输出假设”，即语言同化与建构理论以及语言习得理论为理论基础的。

#### （一）“输入假设”和“输出假设”

美国著名的应用语言学家克拉申认为，可理解输入是第二语言习得的唯一途径，并提出理想语言输入应当符合 i+1 公式。这一公式的含义为：i 为现有水平，1 为略高于 i 的水平。教学的主要任务是提供充足的可理解输入，其中包括学生已经掌握的语言知识 i，又包括新的语言知识 1。而 i 和 i+1 之间的差距是学生学习的动力所在。语言输入材料的难度要稍高于学生现有的水平 i 即 i+1，学生为了懂得新输入的语言材料，会求助于以前的知识经验或利用语境、上下文等进行判断。通过努力，学生理解了语言输入中“难以理解的成分”，从而在语言习得上取得进步。

斯温提出了“可理解输出”假设。他认为语言学习过程中应强调语言输出的重要性。

[1] 孙茜，刘宇，张梅，殷倩．跨文化交际型大学英语模式下的教学问题浅析 [J]. 时代教育，2012（11）.

[2] 同上。

输出不仅可以提高语言的流利性，而且还具有使学生集中注意力、进行假设验证和自觉反思等调整自己学习策略的功能，从而提高使用语言的准确性。说和听同属一个语篇层次，写和读同属另一个语篇层次，其中说和写是输出形式，其特点可用“生产性”来表述。他认为，说和写的语言产出性运用有助于学生检验语句结构和词语使用，促进语言运用的自动化，有效的达到语言习得的目的。

## （二）语言同化与建构理论

### 1.语言同化理论

所谓“同化”，即接纳、吸收和合并为自身的一部分。同化理论的核心是相互作用观。奥苏伯尔（D.P.AuSubel）的同化理论强调，新知识的获得主要依赖认知结构中原有的适当观念。新旧观念相互作用的结果导致有潜在意义的观念转化为实际的心理意义，与此同时，原有认知结构也发生变化，这种变化既有质变又有量变。奥苏伯尔强调必须通过新旧知识的相互作用、导致新旧知识意义的同化，意义学习才能实现。这种新旧知识相互作用的结果就是新旧意义的同化，进而形成更为高度整合的认知结构。

### 2.语言建构理论

熊英（2004）认为，社会建构主义教育理论的要义，就是知识是由个人建构的，而不是从外部注入的。这种建构发生在与他人交往的环境中，是社会互动的结果。社会建构主义对语言教学具有特殊意义。因为对别的学科来说，语言只是一个学习的工具，但对语言学习来说，语言不仅是工具也是学习的目的。作为学习工具，语言习得本身就是一种社会建构过程，它既有建构的特征，又有社会的属性。但作为学习的目的，学习语言就是建构个人知识，因为知识的基础就是语言，知识的心理与外部表征都是以语言为媒体。所以，语言学习不仅仅是学习语言，更重要的是发现它的社会交往价值。[1] 因此，有效的教育实践是建立在学生主动理解的基础上，教师作为中介者应为学生提供富有个人意义的学习经验和学习机会，由学生自己建构知识，并由此学会学习，学会独立思考和独立解决问题，从而为终身教育打下基础。

## （三）语言习得理论

美国语言学家克拉申在20世纪70年代提出了“语言习得”理论。该理论认为，人们掌握一种语言的方式主要有两种：一种是“习得”，另外一种是“学习”。所谓“习得”是指学生通过与外界的交际实践，无意识地吸收到该种语言，并在无意识的情况下正确、流利地使用该语言。而“学习”是指有意识地研究且以理智的方式来理解某种语言（一般指第二语言）的过程。克拉申的监控假说认为，通过“习得”掌握某种语言的人，能够轻松流利地使用该语言进行交流；而通过“学习”掌握某种语言的人，只能运用该语言的规则进行语言的监控。

[1] 张雪冰．大学英语交际教学模式初探［J］．才智．2011（18）．

## 二、“输入—输出”教学模式的教学策略为了提高课堂教学效率和质量

在英语教学模式改革中，必须根据所确定的教学原则，采取相应的教学策略，优化课堂教学过程。

（1）教师指导学生学会学习，体验“习得”。在培养学生英语思维能力的过程中，教的同时还要对学生进行指导，即教师在教授知识的同时，要指导学生学会学习，体验“习得”，强调给学生的信息输入，引导学生操练语言输出，培养学生英语思维的能力。例如，①教师在课前有效指导预习，保证课堂效率。②教师在讲课时把几个单元的课文当作一个整体，讲解时进行重新组合排列，使学生感受整体的语言情境，要求学生讨论、对话、叙述、表演，在创造的语言情境中掌握语法。③课后。教师可以要求学生听原声带，复现、体会课堂所学知识，还可以要求学生上网查询相关资料，完成课后的书面写作。④学生可以将文章写在作业本上，也可以写成电子稿通过网络发给教师。教师针对文章进行批改和指导，也可以让学生互相批改，还可以通过使用软件批改文章。

（2）引导学生在课堂上完成知识联网，丰富和完善学生的英语认知网络。学生层次不同，教师要有不同的方法帮助他们联网。比如，A层次的学生以自学为主，如讨论式、质疑式学习；对于B层次的学生，教师要有计划地帮助他们“滚雪球”，逐步积累，要特别注意“温故而知新”。这样的方式给每个学生都创造了参与的机会，学生的讨论、对话、表演要大量运用以往学过的词汇、句型，于是新旧知识自然相联，达到积累、巩固的目的。

（3）课外学习的管理策略。教师可以推荐一些外文原版名著，让学生自读，并且鼓励学生与外国学生结交“笔友”。此外，还可以加强英语学习与现实生活的联系，经常摘录一些英文杂志的内容给学生阅读，鼓励学生收看英文电视节目，努力使学生的学习与获取日常生活中的各种信息结合起来。

## 三、“输入—输出”教学模式中的问题

凡事都具有两面性，“输入—输出”教学模式与传统教学模式相比有一定的优势，但也有自身的问题。

（1）在实际操作上，语言的输入与输出仍存在不均衡状态。很多学生在学习的过程中依然存在问题：只是停留在对知识点掌握的层面。比如，只是单纯地去记忆语法、单词、句型，不能很好的把所学到的知识变成技能。熊英（2004）认为，造成这种现状的原因有两个。

①从深度上讲，学生所掌握的知识点不够，没有达到量的累积，也就很难达到质的飞跃。

②从广度上讲，缺乏从知识点向技能转换的环节。换句话说，学生做到完成听、读这两个输入环节，但听和读的量仍然不够，并且对于说、写这两个输出环节把握得不够，无法顺利地完成说、写的转换。

为解决这一问题，最有效的办法就是让学生在听、读两个先行环节中大量汲取知识，

同时以说、写为主体，逐渐提高交际能力。

（2）“输入—输出”教学模式的应用，有可能造成学生两极分化的现象。这就要求教师必须关注差等生的学习，积极采取措施帮助他们，避免让这部分学生掉队。

“输入—输出”教学模式是在大规模实施计算机辅助外语教学的初级阶段下提出的，它既是一种大胆假设也是一次勇敢尝试，而对于该模式下教学活动的具体设计和操作更是接下来有待细化和研究的重要问题。总之，任何一种教学模式都有其自身的优点和不足，只有吸取各家之长才能找到适合自己的教学模式。

## 第三节　分级教学模式

大学英语分级教学模式，本着因材施教，提高教学效果的原则，根据学生个体实际英语水平及其接受英语知识的潜能，将学生划分为不同层次，在此基础上确定不同的培养目标，制订不同的教学目标、教学方案、教学计划、学生管理制度等，采用不同的教学方法进行教学活动，在讲课、辅导、练习、测验和评估等方面充分体现出层次性。总之，分级教学的最终目的是让学生在各自不同的起点上分别得到进步和发展。

### 一、分级教学模式的理论基础

分级教学以克拉申 i+1 语言输入假设理论、学习迁移理论和布卢姆的掌握学习理论为理论基础，下面具体讲述这三个理论方面的内容。

#### （一）克拉申 i+1 语言输入假设理论

美国著名的应用语言学家克拉申提出的“输入假设”理论为大学英语分级教学提供了理论支持。i+1 语言输入假设理论与分级教学的相关性有如下几个方面。

（1）从课程理论角度来看，i+1 理论注重学习的结果和目标的达到，集中反映了循序渐进的观点，即强调学习的步骤、方法和过程。i+1 理论不仅注重知识的获得，而且特别强调学生如何获得知识，即侧重学生获得知识的途径，这正是大学英语分级教学的精髓和理论基础。

（2）从教学实践来看，分级教学就是针对学生不同的语言技能、认知风格、动机、态度和性格等个体差异施行不同的教学目标、教学要求、教学方法和教学评价。这与 i+1 理论的内涵是一致的。

#### （二）学习迁移理论

所谓学习迁移，即一种学习中习得的经验对其他学习的影响。其实质是原有的知识在新的学习情境中的运用，但凡一种学习对另一种学习能够起促进作用的，都称为正迁移；但凡一种学习对另一种学习起干扰或抑制作用的，都称作负迁移。众多理论学家针对学习迁移的问题提出了不同的看法，从而形成了各种各样的学习迁移理论，其中的“认知结构说”从心理学角度阐明了我国大学英语分级教学的必要性。

（1）认知结构迁移理论的内容。认知结构迁移理论是奥苏伯尔根据他的有意义接受学习理论发展而来的。奥苏伯尔认为，认知结构就是学生头脑内的知识结构。认知结构变量就是学生需要应用他原有知识来同化新知识时，他原有认知结构的内容方面的特征和组织方面的特征。奥苏伯尔提出了影响新的学习与保持的三个认知结构变量，通过操纵与改变这三个认知结构变量可以进行新的学习与迁移。[1]

（2）认知结构迁移理论对大学英语分级教学的启示。奥苏伯尔的认知迁移理论从心理学角度为我国大学英语分级教学提供了理论依据。学生对原有知识的理解、巩固度和对知识的可辨别性越高，就能使认知结构具有系统、清晰和稳定的特点，利于学习的正迁移。因此，把对原有知识掌握水平相当的学生安排在一起组织教学，合理安排适合学生学习能力的教学内容，能够促进学习的正迁移，使学生的学习得以顺利进行，教学才会取得好的效果。

### （三）布鲁姆的掌握学习理论

美国心理学家布鲁姆（B.S.Bloom）在掌握学习理论中指出，许多学生在学习中未能取得优异成绩，其原因不是学生智慧欠缺，而是由于没有设施完备的教学条件和合理的帮助造成的。如果提供适当、合理的学习条件，绝大部分学生在学习速度、学习能力、进一步学习动机等方面都会变得十分相似。实施分级教学确保我们采用多样化、个性化的教学手段，最大限度地挖掘学生的潜能。由此可以看出，现代心理学研究结果也为分级教学提供了理论依据。

## 二、分级教学模式的原则

教学原则是根据教育目的和教学过程的客观规律制订的，是教学中必须遵循的基本要求和指导思想。分级教学是“循序渐进的原则”和“因材施教的原则”在教学中的具体运用，是顺利完成教学任务的重要保证。

### （一）循序渐进原则

循序渐进原则是由宋朝朱熹总结得出的，在《朱子大全·读书之要》中记载了他的读书方法，在于“循序而渐进，熟读而精思”“未得乎前，则不敢求其后，未通乎此，则不敢志乎彼”。循序渐进的原则是指教师在传授各门学科的基础知识时，既要按照各门学科知识体系的内在规律和顺序进行系统的教学，同时又要采取相应年龄阶段的学生能够接受的形式进行教学。分级教学使教师得以在学生英语知识体系的基础上进行教学，采取适合他们的教学方法。教师的教学方法得当，才能使学生在学习上循序渐进，逐步提高语言知识和技能。

### （二）因材施教原则

因材施教原则是指教师要从学生的实际出发，有的放矢地进行教育。孔子是因材施教的首创者，他指出“柴也愚，参也鲁，师也辟。由也喭”，而在具体教学中因材而教之。朱熹概括为：孔子教人，各因其材，由此产生了因材施教的说法。由于教育、环境、学生本身的实践等方面的不同，学生之间必然存在差异性，因此我们在教学的时候必须充分考虑这种差异性，一定要具体情况具体分析。随着大学教育的普及，越来越多

[1] 熊英．“输入—输出”大学英语教学模式研究．苏州大学硕士学位论文，2004.

的学生有机会进入高等院校继续学习，但一个不能忽视的事实是学生的英语水平参差不齐。如果把英语水平高低悬殊的学生安排在同一班级，教师难以根据学生的特点和个性进行因材施教，很容易出现成绩好的学生“吃不饱”，成绩差的学生“吃不消”的尴尬教学局面，结果是“教师白费力，学生不受益”。而分级教学从学生的实际情况出发，承认个体差异，为每个学生的充分发展提供了条件。

## 三、分级教学模式的实施

分级教学模式的实施，可以从以下几个方面着手。

（1）合理、科学的分级。分级教学是按照不同的级别制订不同的教学目标，不要求所有的学生达到同一目标。因此，级别设置的科学与否，是分级教学能否最终实现教学效果的前提。[1] 为了做到统一考核分级的科学性，我们需要有科学的分级试题和分级标准。分级试题应根据《大学英语课程教学要求》规定的各级词汇量为基础，设题要有层次，基本要求题和较高要求题都涉及，同时逐年积累多套成熟的分级试题。分级标准应采取个人意愿与统一考核分级相结合、实际水平与考试结果相结合的原则。另外，为了调动学生的积极学习情感，将学生分为 A、B 级两级班比较合理。利用周末的课时给 B 级班中基础较差的学生补课，由此可缓解基础差的学生的心理压力，不少 B 级班学生中的差生增强了学好英语的信心，到了期末能和 A 级班的学生在同一起跑线上竞争。

（2）提高分级的区分度。很多高校分级分数线的设定都根据高考成绩和摸底考试的分数，但每次分级后，有些学生往往因为一分之差没有进入 A 级班，这一分的差距的确难以说明英语水平的高低。因此，为了提高区分度，可以让学生自己参与分级，实行双向选择。其具体方法是依然参考高考和摸底测试的成绩，同时公布各个级别的不同起点、听说读写各方面的学习要求和最终目标，学生可以根据自己的学习兴趣申请对应级别，由学校最终审定。学生最清楚自己的英语水平和学习兴趣，他们由被动选班变为自主择级，必然能增强学习英语的积极性和自觉性。

（3）贯彻好升降级调整机制。升降调整机制是指根据选拔和自愿的原则，在一定范围内定期调整学生的级别，使学生的级别随学习的兴趣、成绩以及能力的变化而变化。落后者降档，能给予适当的压力；进步者升级，能给予一定的激励，有助于提高学生学习的积极性和主动性。

（4）制订科学的评价标准。为了检测教学效果，在分级教学模式下，各级别一般采用不同难度的试卷，这就很容易造成一种不良现象：英语水平高的学生最终英语成绩竟然低于部分水平低的学生。针对这一现象，可以在分级教学的考核管理上增加平时表现在总评成绩中的比重，加强试卷命题的科学性，最后利用形成性评价与总结性评价相结合的方式来确定最终成绩。此外，还可以根据各级别试卷的难度引入加权算法，设定一个科学的系数，整体调整 A 级班或者 B 级班学生的分数。

（5）尽量避免负面影响。作为改革中的新事物，分级教学在组织和管理方面存在着一些固有的缺陷，如学生容易产生心理波动、集体归属感不强、组织管理的操作过程过

[1] 熊英．大学英语教学模式研究 [M]．苏州：苏州大学硕士学位论文，2004.

于复杂、学生考勤难以控制等，这些问题必然会影响分级教学的效果。因此，教育管理者需要制订相应的制度规范，大力发扬分级教学的优势，尽量避免其带来的负面影响。

## 四、分级教学模式的优点

分级教学是我国大学英语教学改革的一项重大举措，其实施的优点有如下几个方面。

（1）有利于贯彻落实《大学英语课程教学基本要求》，培养学生实际使用英语进行交际的能力，使他们在涉外交际的日常活动中能进行简单的口头和书面的信息交流，以适应我国经济发展和国际交流的需要。

（2）能够满足不同层次英语水平学生的求知需要，为他们搭建更好的展示自己英语才华的平台，充分发挥他们各自的优势，顺利完成大学英语基础阶段的学习，全面提高他们运用语言的能力。

（3）分级教学从根本上改变了重“教”轻“学”的现象，充分体现了“以学为本”的教学新理念，从而使大学英语教学从耗时低效进入省时高效的新时期，标志着我国大学英语教学从传统的教学模式向现代教学模式的转变。

## 五、分级教学下的学习焦虑问题

分级教学打破了传统以专业为基础的行政班级教学模式，导致学生之间陌生感和交流障碍激增；同时分级教学的升降级制度又会使部分学生激发更大的学习动力或者承受更大的心理压力。由此可见，分级教学所引入的竞争机制使各个层次学生出现了或多或少、或长期或短期的心理压力和焦虑情绪。

### （一）学习焦虑的表现

学习焦虑是一种特定情景下的焦虑，是学生因英语学习过程的独特性而产生的一种“与课堂语言学习相关的自我意识、信仰、情感和行为的情结”。根据霍维茨（Horwitz）等（1986）对外语学习焦虑的研究，外语学习焦虑大体表现为以下三种形式。

（1）交际畏惧。交际畏惧是指学生对真实的或预期的交际活动所产生的恐惧或焦虑心理，典型的行为模式是交际回避和退缩。

（2）考试焦虑。考试焦虑主要源于对考试失败的恐惧，是学生因担心在考试中发挥不好可能带来的种种不良后果而导致的恐惧心理。

（3）负评价恐惧。负评价恐惧更多地表现为一种预期心理，它是学生因他人可能会对自己做出负面评价而产生的畏惧感和沮丧心理。

### （二）学习焦虑的根源

分级教学是对传统英语教学方式的一次革命，其核心是竞争机制的引入。因此，分级教学会导致学习过程中新焦虑源的产生。

（1）学生在开始大学英语学习之前首先面临的就是分级考试，面对这样一种区分英语水平高低的考试，学生会承受一定程度的考试焦虑。

（2）对于很多学生而言，分级教学会使原本在其他课程和自己水平相当甚至不如自己的学生进入更高级别的英语班级学习，以往只在一个自然班级内部存在的某一门学科学习水平的差异会因分级教学而扩大到整个学院乃至整个学校，他们会因此而承受着“自己不如别人”甚至“别人可能会看不起自己”的负评价恐惧心理压力。

（3）分级教学模式下，学生除了要面临伴随期末考试而来的升级或者降级的压力，还要去适应流动的班级同学、不同的授课教师以及不同教学风格的变化。

（4）分级教学会使一些学生提前修满学分并根据个人兴趣选修一些课程，从而在更高层次上提高自己的英语水平，这一机制的调整会在学生之间造成心理上的不平衡。

（5）课堂活动形式、教师的教学观念和方法、师生之间的交流、教师纠正错误的方式等外部因素同样会导致学生语言学习焦虑的产生。

（6）学生自尊心的强弱、对竞争的适应力、对学习过程中模糊现象的宽容度等因素会引起学生在语言学习过程中产生焦虑心理。

### （三）学习焦虑对分级教学的启示

焦虑是外语学习过程中不可避免的一种情感因素。在大学英语分级教学过程中，教学管理人员和教师要针对不同层次学生焦虑的具体原因，采取措施最大限度地降低学生的焦虑情绪。

（1）在分级教学之初，教师首先应该让学生充分了解与认识对于实施大学英语分级教学的必要性以及已经取得的教学效果。当学生对这种教学模式有了充分的了解之后，就不会对这种新的教学模式产生排斥心理。

（2）教学管理人员在实施分级教学时要坚持“两头小，中间大”的原则。“两头小”是指分入较高级和较低级班级的学生的比例要小。“中间大”是指进入中间级别班级的学生比例最大。

（3）在分级教学过程中，授课教师对学生焦虑心理的关注、理解与及时疏导将有利于减少焦虑，提高教学效果的作用。构建融洽的师生关系、增进师生间的情感交流和相互理解是降低学生英语学习焦虑的有效途径。

总而言之，教学管理者在分级教学中的各种减压措施，都有利于学生降低并逐渐克服分级教学后的焦虑心理，从而更加充分地发挥分级教学的优势。

## 第四节　网络教学模式

随着计算机网络技术在大学英语教学中应用的不断深入和扩展，网络教学模式在具体操作过程中积累了各种经验和教训，而这些都促进了对网络外语教学理论和实践的深入探讨和研究，从而有助于解决当前实践中的问题，也为今后的发展指明了方向。

### 一、网络教学模式的定义

要明确网络教学模式的定义，首先要搞清楚模式和教学模式的定义。模式是依据一定的理论基础表征现实活动和过程的一种模型或形式，代表某种对象活动结构或过程的范型（钟志贤，2006），因而既有某种对象活动结构或过程即所谓的表象，也有内涵（理论基础），其实质是理论和实践所构成的某种概括模型。而所谓的教学模式，是指在学习环境设计理论与实践框架指导下，为达成一定的教学目标而构建的教学活动结构和教学方式（钟志贤，2006）。根据以上两个概念，张红玲（2010）等对网络教学模式做了如下定义：网络教学模式是在一定教学思想和教学理论指导下、依托计算机网络技术、为达成一定的教学目标而构建起来的较为稳定的教学结构框架和教学方式。

## 二、网络教学模式的理论基础

任何教学模式的建构都必须依据一定的教学理念和理论，教学理念和教学理论是网络教学模式的灵魂，也是构建网络教学模式的基石所在。

### （一）语言监控理论

随着网络技术和资源辅助英语学习的趋向越来越明显，研究者们纷纷从不同角度来研究和探讨网络技术对外语学习辅助作用的理论基础，其中克拉申（Krashen）的第二语言习得理论中的语言监控理论是研究使用网络技术辅助外语学习必须依据的原理之一。

语言监控理论认为，在第二语言习得中，习得比学习更重要。为了能够习得语言，必须具备两个条件：一是能够理解的语言材料应该是“i+1”，即学生在现有的语言水平基础上略提高一步的输入，且输入应该能被学生所理解；二是心理障碍应该小，这样才能使输入易于吸收。克拉申认为，第二语言习得有两方面的途径：一方面是学生把注意力有意识地集中在目的语的形式特征上，也即“有意识地学习”；另一方面是学生运用下意识过程，在运用目的语进行真正的交际时，注重的是意义而不是语言形式，即“潜意识的习得”。习得是主要过程，学习只是以“监控”者的身份运用自己学到的语言对所说的话起一种监控和修正作用。克拉申的第二语言习得理论中的语言监控理论中所强调的输入语、习得、降低情感障碍的思想对于第二语言习得研究者有很大的启发。因此，把克拉申的语言监控理论运用于大学英语网络教学，探讨语言监控理论与大学英语网络教学之间的关系，以及基于此理论指导下的网络教学模式应该怎样进行是非常有必要的。

### （二）输入假设理论

克拉申认为语言习得有赖于大量的语言输入信息，因为大量的语言输入是语言习得机制发挥作用的必要条件。同时，他强调这种语言输入必须是有效的。有效的语言输入应具有以下特点：可理解性、趣味性、非语法程序安排、足够的输入量。此外。他认为语言输入全部是习得者能够很容易理解的材料也是不可取的，这将无法起到激发学生兴趣和动机的作用。

克拉申指出：“为了使语言习得者从一个阶段进入另一个更高的阶段，所提供的语言输入中必须包括一部分下一阶段的语言结构。”这样，学生可根据自己的水平通过不断努力以及吸收所接触的语言材料，逐步提高其使用目的语的技能。克拉申特别强调，语言习得是通过理解信息，即通过接收“理解性输入”而产生的。这就是说学生一定要能够取得输入的语言材料，这些材料不能过于复杂，否则学生就会把注意力集中在语言的形式上，而无法集中在语言交流的意义上。一旦学生将他们的主要注意力放在理解语言的结构和复杂的概念上，语言输入就在一定程度上失去了其真正的目的。

网络教学模式是在现阶段我国英语学生语言输入环境不足的情况下诞生的，反映了学生的需求。相对于传统课堂而言，网络技术提供的巨大资源库和与教学软件相关的各种链接极大地弥补和扩充了传统课本在内容和形式方面的不足，为学生提供了广阔的学习空间，增大了学生的语言输入能力。

### （三）建构主义教学理论

20世纪60年代，瑞士学者皮亚杰（J. Piaget）提出建构主义这一概念，它属于认知心理学派中的一个分支。对于建构主义教学观而言，其与传统教学观的根本区别，是对知识和教学主体作用的不同看法。传统观点认为，教育的目的是把前人所获得的知识传递给学生，学生是知识的被动接受者。建构主义则认为学习是以自身已有的知识和经验为基础的建构活动。每一项新的学习活动都与学生已有的知识和经验直接相关。建构主义理论倡导的学习不是由教师将知识传递给学生，而是由学生自己建构知识的过程。学习不是被动接受信息刺激，而是主动参与新信息的认识与理解的过程。

从上述理论可以看出，建构主义教学理论注重以原有的经验、心理结构为基础来建构知识，突出强调学习的主动性、社会性和情景性。杜秀莲（2011）认为，学生要成为意义的主动建构者，就要在建构意义的过程中用探索、发现等多种方法主动去搜集并分析相关的资料和信息，要把当前学习内容所反映的事物和自己业已知道的事物相联系。

总之，教学理念和教学理论是网络教学模式的灵魂，也是构建网络教学模式的基石所在。但历史发展的实践过程和逻辑论证都表明，没有哪一种教学理念或理论是完全正确的，每种理论都有其优点和不足，因而都有其适用的领域。因此，我们在确定网络教学模式的理论指导之前，首先要正确理解各种思想理论的优点和不足以及适用的教学环境，然后根据自身的教学条件做出合理的选择。

## 三、网络教学模式的分类

基于不同的分类标准出现了不同的网络教学模式分类。每一种分类都有其依据和特点，这里以网络外语教学模式的教育学基础为出发点，参考我国教育技术专家祝智庭教授提出的信息技术环境下教学模式类型，探讨网络外语教学的模式分类。

### （一）网络自主接受模式

网络自主接受模式一般由三种要素构成：

（1）学生个体；

（2）学习内容：指网络课件，通过网络传输的、由计算机作为媒介呈现的图文声像等语言材料内容；

（3）学习指导者：指计算机和教师。

网络自主接受模式所传递的主要是客观类的知识和技能，训练主要以选择、填空、拖动配对等具有明确答案的形式为主。通过设定计算机的识别和反馈程序，可以自动批改和矫正学生的错误并提供解答。另外，还可以设定计算机程序使之自动探测学生的学习背景和学习风格等，然后提供适合的学习材料和学习路径等，这里我们可以把计算机称为智能导师。因为它实际扮演了教师的角色。而对于学生在学习过程中遇到的各种问题，尤其是一些个性化的难题，以及人际情感沟通方面的需要，则需要教师通过网络交流工具如学习论坛来帮助学生解决问题。

### （二）网络自主探索模式

网络自主探索模式的一般构成要素有：

（1）学生个人；

（2）任务 / 问题；

（3）参考资源；

（4）教学指导者。

在这一模式中，学习的主要目标是提升学生的语言应用能力，以完成某一具体完整的语言任务或针对某些问题阐明自己的观点作为学习的主要内容。在整个学习过程中，一方面学生可以参阅网络资源或图书列表，另一方面教师会通过电子邮件、论坛等交流工具检查并督促学生的进度，指导学生解决遇到的问题，并给予必要的评价和总结。

### （三）网络集体传递模式

网络集体传递模式的一般构成要素是：（1）学生群体；（2）学习资源；（3）教学指导者。这一模式一般有两种教学过程，其一是完全虚拟的网络课堂。教师和全体学生在约定的时间登录属于他们的网络“班级”，教师在虚拟的网络课堂上讲解新课学习内容，并组织练习、讨论等活动，同时对于学生的提问给予必要的反馈指导。其二是自学加集体指导型。学生选择自己方便的时间自主观看教师布置的学习资源，比如，一些多媒体课件。然后教师通过网络实时教学系统为学生提供集体指导、讲解和答疑。

### （四）网络协作探究模式

网络协作探究模式的一般构成要素包括以下几个方面。

（1）学生小组。在小组中，学生扮演的角色是进行小组自主分工、制订协作计划、定期自查、完成计划、总结发言并提交作品。

（2）任务 / 项目。这是网络协作探究模式的核心要素，主要教学理念是让学生通过使用目标语言合作完成较为复杂的项目或任务，提高自身的语言综合应用能力和团队协作能力。

（3）参考资源。

（4）教学指导者。这里的教学指导者即教师，在项目或任务的完成过程中教师给以必要的引导。

这种教学模式的宗旨就是构建一个虚拟的真实任务情境，帮助学生在这个情境中通过使用目标语言来提高外语水平。任务 / 项目的选择视学生的兴趣和语言程度而定，如果学生小组的语言应用水平比较低，那么在设计任务、项目时也要与学生的语言能力水平相适应，不能差之太远。[1]

[1] 熊英．大学英语教学模式研究 [M]．苏州大学硕士学位论文，2004.

# 第五章　大学英语教学策略

## 第一节　英语教学策略的概念

英语教学策略分别包括教英语的策略和学英语的策略。但是，教的策略是要以学的策略为出发点的。因此，我们首先探讨以下英语学习策略的含义。该术语在中英文文献中出现的频率很高，foreign language learning strategies; learning strategies in foreign language learning; learning strategies in second language acquisition; learner strategies in language learning 等。必须指出的是我们关注的重心是学生学习英语的策略，而不是一般的学习策略，以上的这些术语不能把语言学习策略和一般学习策略区分开来。

什么是英语学习策略？“英语学习策略是英语学习者为了使英语学习取得更好的效果而采取的各种策略，它包括学习者为了更好的完成某个学习活动或学习任务而采取的微观策略，以及学习者对自己的学习目标、学习过程、学习结果进行计划、控制、评价等而采取的宏观策略。”以下是外国几种有代表意义的关于语言学习策略的定义：

Stem（1983）学习策略“使语言学习者采用的学习路径总的倾向或总体特征，而学习技巧是可观察的学习行为的具体形式”。

Weinsteinand Mayer（1986）学习策略“使学习者在学习过程中为了促进其信息处理过程而采取的行为或形成的思想”。

Chamot（1987）学习策略是学习者为了优化学习过程、加强语言知识和信息知识的记忆而采取的技巧、路子或其他有意识的行为。

Rubin（1987）学习策略是学习者自己构造并直接作用于学习过程、旨在促进学习者语言系统发展的策略。

Oxford（1989）语言学习策略是“学习者为了学习更成功、更有目的、更愉快而采取的行为或行动”。

可见，我们很难找出一个大家都可以接受的定义，只能通过描述学习策略的特征和总结学习策略的内容来从整体上理解学习策略的具体含义。具体来说，我们认为应该从三个方面来把握学习策略。

第一，学习者策略是学习者为了学习第二语言或调控第二语言的学习而采取的语言学习行为。这些行为有的是可以观察到的，有的是外界不能观察到的。但是学习者自己能够描述这些外界观察的隐性行为。

第二，学习者策略包括学习者对自己的策略使用情况的认识，即策略意识。比如，在什么时候采取哪些策略，哪些策略比其他策略更有效。

第三，学习者策略是语言学习本身的认识，如语言学习者应该遵循的原则、语言学习的难点、重点等。因此，学习策略既是学习行为也是一种意识；它既包括总的特征和发展趋势，也包括具体的方法、措施、手段和技巧。总的特征对学习产生间接影响，具体计划对学习产生直接作用。对学习者策略的了解，并参与学习策略的研究，体现了英语教学领域对教学体系的反思和教育目标的深层思考。教育目标不仅仅是学生学什么，更重要的是如何学。学校培养的不应该是考试的巨人，实际生活中的矮子，而应该是善于独立思考、富于创新意识和能力的学习者。因此，对学习者策略研究主要有三方面的意义。首先，可以大面积地改进学生的学习方法，提高学习效果和质量，减轻学习负担。其次，促进学习潜能和智力发育较慢的学习者的学习，减少他们的学习困难。最后，促进教师的教学，教师通过理解学生的学习策略，调节自己的教学策略和教学方法，从而提高教学的效果。

## 第二节　英语教学策略的运用

### 一、实验的一般教学策略

实验对学习策略的探讨是基于这样的认识：教师的“教”要以学生的“学”为出发点。如果不对学生的学习策略有所认识，教师的教学行为就容易导致盲目性。何谓教学策略？袁振国主编的《当代教育学》认为：教学策略，是指在教学目标确定以后，根据一定的教学任务和学生的特征，有针对性地选择与组织相关的教学内容、教学组织形式、教学方法和技术，形成的具有效率意义的特定教学方案。教学策略具有综合性、可操作性和灵活性等基本特征。它包括如何选择和组织各种教学材料和教学方法，如何运用各种教学设备和手段，如何确定师生之间的行为程序等。教学策略是以提高教学效率为目的的。教学策略又可以分为普遍性策略和具体策略。普遍性教学策略指适用于听、说、读、写和翻译等各类课型的教学策略。教师传道、授业和解惑的主要场所是课堂，要进行有效的课堂教学，离不开教师对课堂教学的精心组织和合理安排，以确保课堂教学顺利进行；教师在课堂上通过开放性、发散性、理解性等系列问题来检查学生的复习情况和课堂上对新知识的接受情况；学生在学习过程中出现问题的时候，教师要采用各种方式鼓励和引导启发学生，激发他们的学习热情，使他们积极参加课堂活动，增强自信心；最终要对学生学习中存在的问题、任务的完成情况、目标的达成度和策略的使用情况等做出评估。因此，普遍性教学策略应该包括：组织策略、提问策略、激励策略和评估策略等。具体性教学策略是指用于培养学生听、说、读、写和翻译等能力的各种教学行为所使用的策略，将在以后的章节中分别给予详细的描述。贯穿于所有课型的一般教学策略包括：组织策略、激励策略、提问策略和评价策略。

#### （一）组织策略

课堂组织是成功完成教学任务的主要任务之一。“离开了教师对课堂活动的有效组织，教学就不可能在有序的状况下正常地进行。掌握必要的课堂组织的技能和方法去安排课堂活动，处理课堂问题，这一系列教学行为的手段构成了课堂教学中的组织策略。它涉及教师的角色、课堂活动的组织和控制、教学模式和方法的选择等。”

#### （二）激励策略

激励策略是动机成功的前提，是直接推动学习的一种内部动机，“它包括学习意向的选择，学习者积极参与，兴趣的保持和能力的持久等。激发学生的热情，学生积极参加课堂活动是有效教学的保证。激励策略就是激发学生学习兴趣，保持学生参与学习活动的方式方法”。

激励的方法很多，包括环节、教师的榜样、奖励和惩罚等。

### （三）提问策略

提问策略是常见的课堂交互活动。问题的提出，教师对学生回答的评估，以及对回答过程的控制，决定提问的成功与否。

有关问题的分类有很多，“如开放性问题和封闭性问题；浅层问题和深层问题；聚合问题和发散问题；信息问题、理解问题与评价问题；陈述性问题和推理问题等。这些问题对学生的认知水平和英语语言能力等方面的要求各不相同，问题有难有易，等等待时间各有长短，反馈方式各式各样，所有因素都会不同程度地影响教学质量。”要做到有效提问，必须重视提问策略。提问策略可分为计划策略、问题设计策略、控制策略、评估策略。

“计划策略用来指导教师备课过程中对问题的准备，帮助教师确定提问题的目的、提问的内容和问题的组织，对学生在回答中可能遇到的问题进行预测和准备适当的解答方案。”

“问题设计策略指帮助、教授有效发问的方式和技巧，包括：如何对问题进行简化、调节、追问、激发思维和增加挑战性等，使问题清楚易懂，符合学生的特点，有利于学生思维培养。”

控制策略是保证提问过程顺利进行的方法技巧，常见的有：排序、等待、提问、指向、全方位注意、提问不主动学生的诱导等。

评估策略是教授所采取的评价学生回答的方法，常见的有表扬、引用、身体语言、鼓励等。“课堂评估是一种有效的教学监控策略。它通过对学生学习过程的监控来提高课堂教学的效率。评估采用目标参照的方式，对学生的表现进行不记名评定，目的是通过课堂评估组织学生对任务完成情况、学习中存在的问题、策略的使用等进行反思，从而有效调节自己的学习方式、完善自己的学习计划，教师也从对学生的评估中获得相应的反馈信息，借以提高课堂教学的质量。课堂评估是课堂教学不可或缺的一部分，应该纳入正常的课堂教学中。评估以学生自评为主，教师指导为辅，将评估与听说读写的教学相结合。评估策略的作用很大程度上与课堂教学的内容有关，与学生的具体情况有关。”

## 二、实验策略开发

实验策略的开发首先应区分教学目标和学习目标的差异，鼓励学习者提出自己的目标。对不同的学习者提出不同的目标。原有的教学设计往往强调所有的学习者都完成相同的目标，而超媒体学习环境能够适应不同的学习目标。其次，重视内容与方法的相互依赖性。教学内容如概念、规则、事实等必须采用一定的方法结合起来考虑，互相匹配。遏制浅尝辄止、囫囵吞枣式学习的诱惑，抓住材料重点，进行深层学习。再次，利用各种机会对学习者进行指导监控，鼓励培养学习者学会如何学习作为教学达成的学习目标之一。利用教育机制把握各种教育时机以取得最佳教育效果。倡导互助合作式的、有意义的学习环境下利用真凭实据的问题。最后，着眼设计学习环境而不是选择教学策略。应该十分明确的是，我们不仅仅为了选择教学策略，而是为了创设学习者积极学习的现实环境。

格拉兵戈等人 1993 年在《学习环境设计指南》中提出了若干值得思考的主张：

（1）扩展学生对自己学习的责任感，包括允许学生自己决定自己想要学习什么；让学生能够管理好自己的学习活动；让学生在学习时能够互相帮助；创设非威胁性的学习气氛；帮助学生发展元认知意识。

（2）使学习富有意义，包括最大限度地利用现有知识；在现实情境中使教学有固着点；提供内容学习的多种方式。

（3）促进积极的知识建构，包括利用活动促进高层次思维；鼓励审视不同的观点；鼓励创造性、灵活的解决问题；提供学生呈现学习过程与结果的机制。

## 三、具体教学策略

具体用来培养学生听说读写能力的教学行为称作具体教学策略。下面就将分别介绍一些关于听说读写技能的具体的教学策略。

### （一）听说教学策略

听说教学策略指有助于培养学生听说能力的课堂操作模式和技巧。听说读写是英语教学中需要培养的学生基本能力，之所以是以从听到说到读到写这样一个顺序排列，是有科学理论根据的，是外语教学必须遵循的客观规律。任何一门语言的掌握，如果背离这个原则，学习效果都不理想。因此，英语教学实验给予儿童听说能力的培养以优先权，提出听说领先，读写跟上的教学原则，可见，听说教学在实验中的重要性。听说教学有哪些教学策略？根据实验的教学原则，实验指出，应该遵循听力教学自身的规律，掌握以下教学策略。

（1）建立听的训练体系，扩大听的输入渠道。“在美国语文教学中，教师提倡在教室中划出一处利于开展活动的角落，称为语文中心，几乎每位学生都可以在活动中心学习并逐步增强语文能力。”在活动中心，学生们联系、复习或者扩展各种技巧。一般语文教师都喜欢在活动中展开游戏教学，他们称之为游戏百科，每个游戏百科的部分都设计有五个活动中心，每个活动中心的指导步骤都包括写给学生看的相关活动的咨询，而且这些指导步骤以图示方式贴在活动中心的展示板上。活动中心的优点是有效的利用学习时间培养口语和听力能力。因此，对儿童倾听能力和习惯的培养是实验早期的重要目标之一。

（2）大信息量的、以理解内容为目的的语言输入是决定儿童早期语言学习成功的关键。在听力教学中尤其要注意语言信息量是否满足了儿童求知欲和语言认知的需要。

（3）情境教学，视听结合。实验强调，儿童听力的培养应该借助事物、动作、图画等直观手段，创设情景，帮助儿童获得图像式背景知识，有利于提高其理解力和强化刺激以加深记忆，同时也重视无视觉辅助的听力能力训练。视觉手段的使用对初学者的听力极其有帮助，应该多采用视频材料，少一些音频材料。必须指出，所谓视听结合，不可理解为一边看文字材料，一边听内容。这种方法只有在形式操练中有一定的效果，但对听力能力的培养收效甚微，不宜采纳。

（4）激发学生参与听说的动机。任何活动的开展都离不开动机。制造实际的交际需要是刺激学生动机的方法。

（5）听的具体教学策略。①呈现阶段的听。在我们的课堂教学中，有相当一部分课的呈现是以口头进行的，这意味着学生从听入手学习。在这一阶段的教学中，要注意以下几方面：合上书本，静听口述，创设情景，使呈现的内容易内化、交际化；以旧引新，扩大信息输入量，增加听的机会。②练习阶段的听。这一阶段要重视听的准确性，为尝试性的语言输出做准备。从听到回答相关问题、听后做动作或表演等。③输出阶段的听。这一阶段要求学生对内容的意义有全面的了解，并且将它们内化成实际的语言使用能力。这一阶段的特征是材料的控制性减少，交际的内容增多，听的回答和说的回答密切练习，常见于角色扮演、问题讨论等形式之中。

### （二）说的教学要领

通过对说的一般特点、交际本质和心理语言过程的分析，我们可更加明确说明教学的根本目的，即培养学生连贯自如地表达思想、进行口语交际能力；我们也能从科学的角度认识和设计说的教学途径与方法。

（1）重视输入，在听的基础上发展说的能力。培养说的能力应以充分的听为基础，这样，学生可以在频繁的语言接触中逐步内化规则，吸收扩大词汇，从而提高口头表达能力。

（2）从内容入手，组织交际活动。强调从内容入手，是让学生有话可说。通过训练，让学生做到有话能说，并善于表达，愿意表达。从内容入手，组织交际活动，需要向生活取材，为学生创造说的机会，激发学生说话的动机。教师利用生活的内容和需要组织交际活动，可以最有效的促进学生口语能力的发展。

开展以内容为中心的练习要求教师选好话题，以便把学生的注意力吸引到内容表达上来。努力创设说的生活情境，激发主动表达的兴趣，“练”“演”结合，为从练习到使用创造切实的过渡。

（3）正确处理准确与流畅的关系。正确处理错误包括正确认识和正确纠正错误两方面的内容。一方面，教师要带头多说外语，要鼓励学生大胆开口，并积极反馈，谨慎纠错；使学生明白错误在所难免，越怕错越容易错的道理，消除心理障碍，使学生乐于开口。另一方面，教师要正确对待学生在表达中发生的错误。外语学习的目标是成功交际，而不是完美交际。因此，对待学生的错误时，首先要弄清楚学生为什么会犯这样的错误，这些错误有哪些特点？应该怎样克服？要分清楚错误的轻重缓急，经常性错误和偶发性错误等。不同的错误要用不同的方式对待。纠正错误不能以挫伤学生的积极性，打断交际活动为代价；不要过分注重学生的错误而忽视学生的正确表达。

### （三）阅读教学策略

近年来由于有些学生对英语阅读的重要性重视不够，其不具备自主学习的能力，对学习策略知之甚少，因此，进行学习者思想准备阶段是非常必要的。首先，要改变英语阅读教学中重讲轻读，重知识教学轻能力培养的现象，让学生真正成为课堂阅读的主人。

阅读是一个复杂的过程，包括词的解码，对词的追踪理解和对词的意义建构，从单个词汇到句子和段落篇章的整体理解。对学生英语阅读能力的培养，就是要求他们获得以下几方面能力。

第一，对原文字面理解的同时，明白原文中所使用的词、词组、段落在它们特定的上下文中的含义。

第二，以原文为依据，对作者字里行间暗示的意义进行推断的能力。

第三，以读者的知识为依据对阅读材料进行推断性理解的能力，利用自己知识和所学的内容积极建构自己的知识体系的能力。

因此，影响学生阅读能力的重要因素有：学生的个人经历；学生的目的语基础能力；学生对社会、文化政治、经济历史的基础知识等。因此，我们在英语阅读教学的过程中必须对阅读能力有正确的认识，对学生的阅读基础真正了解，并在教学中充分重视这些要素的存在和所起的作用。那么，具体来讲，如何在英语教学中运用阅读教学的规律，培养学生的阅读能力？

（1）阅读教学目标化，主动合作。在阅读前要有明确的教学目标，在课堂上内化为学生的主体活动并适当地调整各种教学条件的运用和教学进程，使教学过程充分体现知识能力并重、因材施教、主动发展，合作教学的特点，最大限度地发挥学生的主体作用和教师的主导作用。

（2）重视目标准备活动，积极排除学生阅读过程中可能产生的障碍，放松学生的阅读心理。

（3）教学程序目标内化。课堂的基本程序是：定向引路→初读研讨→基本尝试练习→挑疑变式练习→重读解疑→小结强化。定向引路指教师根据具体教学目标，通过提出自学提纲、谈话等手段，为学生阅读教材、思考问题提出线索，指明自学方向；暗示阅读教材的重点和难点，引起学生探究的兴趣，从知识的新旧联系、内在联系上找到用功的着力点，并提出自学应注意的问题。

### （四）写作教学策略

写作是一个找到最有效的语言进行思想感情交流的连续过程。写作的客体不是一人一事一物，而是宇宙的万事万物。大至天文地理、人文历史，小至一草一木，无一不是写作所要反映的客观事物。写作者的语言知识越丰富，写作时就能越方便；生活知识积累越深厚，写作时就越顺利。因此，要能挥洒自如、下笔成章，词汇学、修辞学、语法学、语言学、一般写作原理、各种写作技巧等，所有这一切写作者都不能不学。写作要有复杂的技能。写作能力的构成不是单一的，而是各种能力的综合体。这种能力的综合体包括智能和技能。前者指思维能力和心理活动能力，后者指熟悉、掌握和运用各种技巧的能力。所以，写作过程中作者必须充分调动思维能力、生活积累、语言知识、写作技巧等多方面的储备。写作技能常常被认为是英语教学听说读写四项技能中最难培养和训练的。可以说，它是语言能力形成的更高阶段，但是，它又是基本的语言活动之一，是通过文字表达思想，进行交际的活动。因此写作既是英语教学的目的之一，又是英语教学的手段。英语教学实验给予写作教学高度的重视。而且，写出来的语言必须符合语言规范、逻辑性强、条理清楚等高标准。因此，写作能力的培养是一项较复杂、系统且持久的教学任务。

## 第三节　英语教学组织策略

人们习惯把外语教学质量不高归咎于教师，说什么教师的语言水平有限，教师的教学理论缺乏，不思进取，沿用传统教学模式等。诚然，教师对教学质量负有直接责任，但不应是全部责任，负责管理的教育行政部门、教育科研部门以及学校一级的领导班子都应承担相应责任，因为他们是教育的决策人，怎么导向教育、使用什么教材、怎么评估考核等都是他们说了算，即便是征求了一线教师的意见，最后还是他们拍板。所以，这里应谈一谈英语教学的组织策略。

### 一、课堂组织的原则与策略

#### （一）课堂组织原则

1. 选择适当的交互模式

课堂内的交互活动是教学活动的载体。交互模式决定着学生参与的程度。常见的交互模式有四种：全班集体活动（lock step），同伴活动（pair work），小组活动（group work）和个人活动（individual work）。为使更多的学生参与课堂活动，一般应以同伴活动或小组活动为主要活动模式，并在活动中经常变动伙伴。

2. 指令交代适当

指令是对学生活动的指导。指令必须简短、清楚，适当配以演示。交代指令前必须保证学生都已将注意力集中到教师的身上。在混乱状态下，或当学生正忙着手中之事时，或当学生私自交谈时，不宜发指令。 在交代活动的指令时应做到以下几点。

（1）新旧知识的连接；

（2）交代活动的方式；

（3）交代活动的目的；

（4）交代活动的操作步骤；

（5）交代反馈的要求；

（6）对指令的理解；

（7）交代活动时间；

（8）让学生清楚活动如何开始；

（9）监控学生活动；

（10）终止指令要清楚，同时教师要对学生的活动做出适当的评价。评价要以有利于学生建立自信、发现问题并且明确改进的方式进行；

（11）最后，要留给学生提问的时间。

## （二）课堂组织策略

课堂组织是课堂教学的生命，课堂教学的成功离不开组织策略的有效使用。课堂活动由三部分组成：教学、管理和评价，这就要求教师不仅要具有驾驭教材的能力，还要有控制课堂的能力，即组织课堂和管理学生的能力，其中管理制约着教学和评价的有效进行，具有促进和维持的功能。

### 1.课堂教学策略

课堂教学策略的产生主要有两个途径：一是专家学者的研究成果为教师理解和接受，在此基础上形成具体的教学策略；二是教师的教学工作经验经过提炼和升华，普遍化为一定的教学策略。在英语教学实践中都应注意以下几种教学策略。

（1）先学后教策略。“先学”是指在教师简明扼要地出示学习目标、提出自学要求、进行学前指导后，学生带着思考题在规定时间内自学指定内容，完成检测性练习。这种“先学”不仅体现在课前，还体现在课中和课后。“后教”是一种基于“先学”的有针对性的教，它不是“教师讲、学生听”，而是师生之间的边教边学，生生之间的互教互学。“先学后教”是对传统课堂的一个历史性改革与突破，它强调给予学生自主学习的时间、空间、方法，使课堂教学更有目的性和针对性，更加突出学生学习的自主性、能动性，能最大限度提高课堂教学效率和学生自主学习能力。

（2）学案导学策略。“学案”就是教师按照《课程标准》的要求，在一定的教学理论和学习理论的指导下，通过认真钻研教材和分析学情，以学生的学为出发点，把所要学习的目标、要求、重难点、学习方法和探究方法等要素融入学习过程中而编写的一个有助于引导和学生自主探究学习的方案。其实质就是教师通过“学案”来帮助学生掌握教材内容，搭建教与学的桥梁。它不仅仅是一份具有很强设计性的学习材料和案例的呈现，也是培养学生学习思维，提高学生自主学习和建构知识能力的一种重要媒介。“学案”不同于我们传统的“教案”，它相对于“教案”具有其自身的特点。与教案相比，“学案”是为学生准备的，针对的是学生怎样学，在整个学习过程中学生是主角，为学生的自主探究学习提供必要的指导。而“教案”是为教师准备的，是以教师为中心，针对的是教师怎样教，为教师上好课做必要的准备。可见，“学案”与“教案”虽只有一字之差，但却有诸多不同。然而，两者也具有一定的关系，那就是“学案”是建立在“教案”基础上的，针对学生的自主探究学习而研发的一种学习方案，它不仅让学生了解本课的学习目标、重难点，指导预习，让学生能做好充分的准备，还可以用在整个课堂教学中，是一份很好的预习、学习、复习资料。“导学”就是指学生在教师及学案的指导下，自主学习，建构知识结构的过程。它一方面能对课本的知识内容制订出确切的要求，告诉学生哪些内容是应该记住的，哪些内容是难以理解的，直接标出必记的内容，对于难以明白的教给学生学习方法，这便是“导学”。“学案导学”是一种新型的教学策略，它旨在通过学生的自主学习，培养学生自主探究学习的能力。这样的导学以学生为本，使学生更有信心在有限的课堂时间参与交流合作、分享成果，为学生架起从“学会”到“会学”的桥梁。这种导学策略很重要，它能起到事半功倍的作用。

（3）精讲多练策略。传统的英语课堂教学，教材中有什么教师就讲什么，他们试图以教代学，造成的结果是虽然学生掌握了一定的语法与词汇，但听说等交际能力却很薄弱。英语是一门实践课，而不是理论知识课，英语教师不仅是语言知识的传授者，更是语言技能的培训者。而语言能力的培养只“听”不“练”是不行的。所以，教师应该试着学会放手，给学生留出足够的时间，即在讲明要点之后，多让学生反复操练。不管是听说课，还是阅读、写作或其他课程，都尽量给学生创造运用英语进行操练的机会。总之，在新课程背景下教师要转变观念，要少讲、精讲，力求少而精。

（4）形成认知结构的策略。知识教学的策略设计、选择和创造的思路主要来源于对人的认知规律的认识。在这方面，心理学领域关于认知发展规律和认知结构特征的研究，为教学策略的设计和实践提供了丰富的材料。以此为基础，教师应该理解，教学中所要形成的知识的认知结构的本质，在于建立知识之间内在的联系，这也是学习者感受知识意义的源泉。

（5）促进信息加工的教学策略。教学过程中学生的认知过程可以看作对信息的加工过程。如果将知识教学过程视作输入、储存、监控等积极的信息加工过程，那么就可以提出一些促进学生学习过程的教学策略，如陈述性知识的教学策略、程序性知识的教学策略、图式样例的学习和开放式训练策略等。

（6）小组合作学习策略。小组合作学习是以异质学习小组为基本形式，系统利用教学动态因素之间的互动，促进学生的学习，以团体成绩为评价标准，共同达成教学目标的教学活动。它强调每个学生的“参与”与“互动”，这种小组合作互动学习为提高课堂效率提供了有力保障。与教师讲、学生听为主的全班课堂教学相比，小组合作学习避免了在班额过大、学生过多的班级中相当一部分学生由于没有参与的机会而不得不“旁观”与“旁听”这种局面。小组活动能营造一种互动的课堂效果和交互的情感气氛，使学生觉得更能发挥自主性，有更多更好的机会说他们想说的话。它能最大限度地调动所有学生尤其是学困生的学习积极性，让他们也积极参与到课堂活动中来。

（7）媒体手段运用策略。教师应该充分利用学校的设施，例如，多媒体和网络，改变传统的授课模式。传统的授课模式比较呆板，不直观，而多媒体不仅形象、生动，并且能够系统地描述事物的发生过程，视听相兼，动静结合。比如，教师在教授复数形式时，可以设计如下课件：首先在屏幕上出现一棵苹果树，然后教师问：“What’s this？”屏幕上出现“It’s an apple tree.”接着树上掉下一只苹果在地上，屏幕显示“all apple”，一阵风吹过，地上又落了几只苹果，屏幕上“an apple”中的“an”渐渐淡去，而“apple”后面渐渐出现不同色彩的“s”。这样，复数形式如何变换一目了然，也加深了学生的印象。另外，网络资源的丰富性可以帮助教师随时找到需要的资料，比如，一段幽默英语小短剧，一个英语flash，或是一场别开生面的英语晚会，这样就增加了英语课堂的信息量。教师还可以利用网络同全国各地兄弟院校的教师多交流，达到教学信息资源和设备资源共享的局面。

（8）因材施教策略。受教育者因为先天禀赋和后天经历、阅历的不同构成了人与人之间的学习差异。只有坚持因材施教，才能保证对人的尊严和存在价值的尊重，才能适应受教育者的具体情况，真正让每一位受教育者得到公平的教育机会。课堂教学中，教师要根据不同认知风格的学生在学习信息的表征和加工组织方面所具有的不同优势与特点，既适应其特点，扬长避短，也要有意识地加以引导和调整。教师还要针对不同学习动机倾向的学生所具有的焦虑程度的差异以及他们对能力和自尊的理解的差异，有效的激发和培养学生的学习动机。

（9）教学模式的选择性策略。“选择”是教学策略的基本思想，教学模式正是基于这一思想形成的。教学模式是为实现特定的教学目标而对教学的各方面因素进行的选择性组合。因此，教学模式就是教学策略体系，选择教学模式也是对教学策略的选择。教学模式种类繁多，可划分为社会相互作用模式、信息处理模式、个人发展模式和行为主义模式等。教师必须掌握多种教学模式，然后根据具体的教学情境，选择最适当的教学模式。为此，教师需要掌握各种教学模式的理论依据、模式所包含的教学策略、模式的基本程序，并要了解不同模式的适应条件及其局限性。只有这样，才可能做出适当的选择。

### 2. 课堂管理策略

课堂，是学生学习的主要场所，是教学活动进行的主渠道。课堂管理是教学的重要组成部分之一，教学效率的高低离不开课堂管理的好坏。所谓课堂管理就是指教师通过协调课堂内的各种人际关系从而有效的实现预定教学目标的过程。课堂管理是开展教学活动的基石，是有效教学的重要组成部分。课堂教学效率的高低，取决于教师、学生和课堂情境三大要素的相互协调。有效的课堂管理，要创设愉快的气氛，协调好各种人际关系，使整个教学过程对师生双方的心理及行为产生良性的影响，使教学活动顺利进行。课堂管理始终制约着教学和评价的有效进行，具有促进和维持的功能。促进功能是指教师在课堂里创设对教学起促进作用的组织良好的学习环境，满足课堂内个人和集体的合理需要，激励学生潜能的释放以促进学生的学习。有效的课堂管理促进师生及学生之间的对话和信息交流，从而促成学生知识经验的获得、心智的开启、能力的发展，以及教师课堂教育教学质量的提高。维持功能是指在课堂教学中持久地维持良好稳定的内部环境。良好的课堂环境有助于外在控制向内在控制转化，为学生形成自律心理机制创造条件，使学生的心理活动始终保持在课业上，以保证教学任务顺利完成。课堂管理是教师通过协调课堂内的各种人际关系，从而有效的实现预定教学目标的过程。教学和课堂管理是相互作用、相互影响的。课堂管理的目标是争取更多的时间帮助学生自我管理以取得最佳的学习效果。通常实现有效课堂管理目标的策略有以下几种。

（1）适时而教，合理分配时间策略。所谓适时，主要表现在五个方面：一是发展上的适时，即能够按照学生身心发展阶段适时给予学习的机会，既不过早也不过晚；二是起点行为的适时，即开始学习某一特定知识单元时，正是学生具备特定的起点知识、技能和态度的时候；三是及时，即在最适当的时间把握时机，并以最合理的方式及时引导学生获取最佳学习效果；四是进度上的适时；五是管理上的适时，即在适当时机对学生进行指导、辅导和管理。课堂的时间是固定的，如何在这个有限的时间，让学生拥有更多的学习时间，得到更多的语言操练，是教师一直在探讨的问题。教师在课堂上既要保证授课的时间，又要考虑学生消化的状况，只有处理好二者的关系，才能确保教学目标的完成。许多研究表明，学生课堂学习时间的质量与他们的成绩呈明显的正相关。因此，英语教师要合理的安排教学活动，留给学生更多合作学习和自主探究的时间与空间，使学生投入有价值的学习活动中，从而提高教学效率和质量。

（2）教学互动，保持教学流畅策略。教学过程是教师和学生之间的双边活动过程。教和学，正是在师生双方统一协调活动的基础上实现的。教决定着学，学影响着教，教学相长，相互促进。如果只有教师的主导作用，而无学生的主动性、积极性，是不会取得教学时间利用效率的提高的，反之亦然。为此，教师教学时要注意这样几点：第一，精心做好课前准备，包括设计教案，准备教具等；第二，按时上课，不迟到、早退，不占用教学时间批评学生；第三，适当安排学生讨论，并注意效果，防止学生处于失控状态；第四，精心提问，紧扣关键问题；第五，要讲究言语艺术，语词精练，重在引导。英语教学的流畅性是指不断的注意英语教学意义的连续性，在从一个活动转向另一活动时，使用尽量少的时间，并且给学生一个提示的信号，引起学生的注意。学生注意力分散和教师上课的不连续性有很大的关系，因此，教师在教学活动各环节的过渡上，要给学生一个明确的指令，让学生明白接下来要做什么，并且要求全班学生统一行动。

（3）规范课堂活动策略。形成课堂活动规范能帮助教师有效组织和管理课堂活动。教师是课堂活动和管理的实施者，所以在制订课堂规则时既要保证教学内容的完成，又要让学生积极投入教学活动中来。要让学生在理解和接受这些课堂规则的基础上，形成良好的课堂活动行为规范，使教师在组织活动时能指挥自如，确保师生配合默契，以使学生取得最佳的学习效果。

### 3. 课堂评价策略

课堂评价是教育评价的重要组成部分。“教育评价”（educational evaluation）这一概念，由美国俄亥俄州立大学教育科学研究所教授泰勒（R. W. Tyler）等于 1930 年首次提出。教育评价是根据教学目标的要求，通过系统地采集和分析信息，对教学活动的社会价值进行判断的过程。现代教育评价认为，教育评价以教育活动满足社会与个体需要的程度作为价值判断的准则，对教育活动现实的或潜在的价值做出判断。教育评价是一个过程，评价不是一次性活动，而是一个连续性的、动态过程。广义地说，所有构成教学活动的基本因素都应当是教学评价的对象，教师、学生、教学内容、教学手段和教学环境等都属于教学评价的范围。由于教师和学生是整个教学过程中最活跃、最积极的因素，因此，在教学评价中，重点是对教师和学生的评价。英语课堂教学改革明确要求教师在教学过程中应与学生积极互动、共同发展，要处理好传授知识与培养能力的关系，注重培养学生的独立性和自主性。教师应尊重学生的人格，关注个性差异，满足不同学生的学习需要，创设能引导学生主动参与的教学环境，激发学生的学习积极性，使每一个学生都能得到充分发展。这一要求构成了一个课堂教学全新的平台，对课堂教学也要采取相应的评价策略。

（1）关注学生学习行为的策略。一堂好课应以学生的发展来衡量，要求做到知识与能力同时发展，认知与情感和谐发展。所以，在新课程的背景下，英语课应该十分明确地凸现学生主体，以考查学生在课堂上的学习状态为主。一要看学生参与状态。既要看参与的广度，又要看参与的深度。就广度而言，看学生是否参与到课堂教学中来，是否参与了课堂教学的各个环节；就深度而言，看学生是被动地学，还是积极主动地探究。二要看学生的交往状态。在课堂上，学生的交往状态是完成各项语言活动的重要途径。三要看学生的思维状态。在课堂上，学生是否敢于提出问题、发表见解，综合运用语言知识和技能进行交流，获得信息，完成任务。四要看学生的情感状态。在课堂上，学生是否积极主动地参与活动，有没有适度的紧张感、愉悦感及自我控制和调节学习情绪的能力。这四个方面是相辅相成的，只有四大状态协调统一，才可能对课堂教学效果做出准确的评价。

（2）关注教师教学行为的策略。要上好一堂课，新课程理念很重要，因为理念决定教师在课堂教学中的具体行为。我们看一堂课是否成功，除了看学生的学习状态，还要看教师的教学行为。一看教学目标是否做到知识与技能、过程与方法、情感态度与价值观三个方面的内在统一，是否因材施教，按照多元智能理论制订不同层次的教学要求；二看教学内容是否体现基础性、现代性与综合性的统一；三看教学方法是否运用恰当，选择方法时是否以自主、合作、探究为标准；四看教学过程是否留给学生发挥主体性的空间与时间。

(3)关注教师教学技能的策略。一堂好课，还应该有教师“高超的教学技能”相衬托。教师高超的教学技能能使学生学得轻松、快乐、扎实、有效。这种高超的教学技能来源于教师的基本素养、刻苦的磨炼和对教育事业不懈的追求。具体表现为：媒体的恰当使用、课堂的驾驭能力、语言规范、教态自然、板书端正等。

## 二、课堂提问的原则与策略

### （一）课堂提问原则

课堂教学提问，可以体现学生的主体地位，激发学习和探索的兴趣，变“要我学”为“我要学”；可以开阔思路，启发思维，创设研究、探索情景，帮助学生学习重点，突破难点；可以发挥教师的主导作用，及时根据反馈信息来艺术地调控课堂教学进程；可以活跃课堂气氛，增进师生的感情，促进课堂教学的和谐发展。提问是教师以问题的形式，通过师生的相互作用，运用知识检查学生学习的教学行为方式。它能引起学生的注意和兴趣，巩固知识，纠正错误，促进思维的发展。低水平的提问会挫伤学生的积极性，而高质量的提问可以培养和提高学生的认知水平和解决问题的能力，培养学生的自主学习能力，调动学生的学习积极性，激发他们进一步学习的动机。因此，教师在提问时要遵循一定的原则，才能起到应有的效果。

1. 兴趣性原则

学生的学习兴趣是学习的内在动力，如果教师提问能激发学生的学习动机和兴趣，他们就有学习的原动力，这是启发教学的关键所在。为此教师要从教材和学生的心理特点出发，提出启发性和具有挑战性的问题。同时教师要善于抓住提问的最佳时间，激发和保持学生的兴趣。一堂课开始时，学生此时的思维还处于平静期，教师可以多提一些事实性或展示性问题（display question），这类问题大都是信息再现性的，有明确答案，不同回答者的答案大体相同，这样有助于激发他们的学习积极性和学习兴趣；当学生的思维处于高度活跃的时候，可以多提推理性、开放性或参考性问题（referential question），这类提问要求学生根据材料发挥自己的想象，做出创造性的回答，没有固定答案，这就有助于学生分析和理解所学知识的内容，进一步强化学习兴趣，并使学生保持积极的思维状态；学生的思维一旦转入低潮，那就要提一些强调性、巩固性的问题，重新激发学生的学习兴趣和积极性，防止其厌学行为的出现。

2. 适时性原则

课前提问能有效的吸引学生的注意力，立即营造出“紧张”的教学气氛。课前提问内容都带有复习性质，兼有导入新课的作用。课中提问需要教师审时度势，抓住机遇，是教师教学机智的体现。

课中提问最主要的作用在于一步步启发学生获得新知识。此外，课中提问还可以起到随时集中学生注意力的作用。

课末提问能有效的消除学生听课后的精神疲乏，促使学生兴奋，其提问内容都具有巩固授课内容性质，有画龙点睛、查漏补缺、强化要点的作用。

3. 启发性原则

教学是一个由浅入深、不断提高的过程。教师的提问要有启发性。这类提问重在价值和意义，能启发学生的思考和求知欲，刺激绝大部分学生参与到活动中来，促进学生思维的发展，调动学生思维的积极性，引发学生自主探究，在探究中培养创造力，发展思维能力。根据课型与类别的不同可采用书面提问、连锁提问和换向提问等来启发学生思维。当学生的回答过于简短时，教师应追问，鼓励其解释、扩展和说明，从而不断地启发学生的思维。对于知识的难点、模糊点，进行有针对性的提问、点拨，以便有的放矢地帮助学生突破难点，帮助学生改变孤立的、片面的和形而上学的认识，从而形成辩证的、全面的认知结构。

4. 整体性原则

提问是为了调动全体学生积极的思维活动，既要提问主动的学生也要提问不主动的学生，不应置大多数学生不顾而形成“一对一”的回答场面。有的教师习惯于“点名字—提问题—答问题”的方式，这样造成其他学生知道提问与己无关，就会不动脑思考，以致达不到提问的整体性效果。因而，教师应该多采用“先提出问题、后点名字”的方式，使全班同学都能够得到思维的锻炼。同时在提问之后要给学生留有足够的准备时间，以供其思考，否则会造成学生思考时间不足，回答问题的质量就不高，语言输出的机会就少。

5. 科学性原则

课堂提问的问题必须符合学生的认知特点，适合学生已有的认知水平，运用学生能够明白的词汇，而且问题的答案要准确、清楚，切忌模棱两可、含糊不清。例如，低年级的学生对语法知识的学习还都比较浅显，如果教师在课堂讲课文中的例句时，提问主谓一致的原则是什么，那么学生就会茫然，因为这已经超出学生的认知范围，因而，类似这种提问就不符合科学性原则。教师在授课中，必须考虑大多数学生的实际水平，选择一个"最佳的智能培养高度"进行设问，使大多数学生通过努力思索后能够回答，即在学生"跳一跳能够得着"的高度上，以充分调动学生思维的积极性。

6.针对性和趣味性原则

课堂提问必须符合教学目标的需要，紧紧围绕课堂教学中心来进行。教师在授课前要精心设计提问内容与形式，充分考虑提问内容的难易程度、学生的年龄特征、性格、知识基础与水平能力。

对于一些学生熟悉的内容，提问要注意变换角度，使学生听后有新鲜感；对于更新颖的内容，要根据教学内容灵活采取问题方式，多运用疏导性提问、铺垫性提问等形式，使学生易于理解。

对于一般性的问题，应该引导学生独立完整地做出回答；对于难度较大的问题，提出后经学生思考后尝试着回答。当学生回答不完整时再由教师补充。

7.层次性和互动性原则

层次性原则要求教师紧扣教学重点、难点和关键，分析教学内容的内在联系、逻辑顺序和学生已有的知识和能力，按照由浅入深和由感性到理性的认识规律，由易到难，循序渐进地设计一系列问题。像知识回忆、概念定义之类的低层次的机械记忆问题，答案都局限在课本知识的范围内，对学习一般的学生可以提这类问题。而对于高层次的认知问题，例如，分析应用、综合理解、总结评价类的问题，必须通过分析、比较、评价、应用、扩展、重组或总结等方法，改变已知信息的形式或组织结构，经过高级认知思维方可得出答案，对于这类问题的提问比较适合那些善于思考、程度较好的学生。

传统的课堂提问遵循着"教师提问、学生回答"的固有模式，学生的课堂行为受制于教师的指令，十分被动也会造成课堂气氛沉闷、压抑。因而，教师在提问时要有民主作风，让学生有插话和提问或发表不同意见的机会。提问时态度要亲切慈祥，以消除学生的紧张心理。教师要认真听取学生的回答，并做出激励性评价，要善于运用夸张的语气和鼓励的言辞去激发学生求知的欲望；要倡导学生向同学和老师提出问题，积极参与课堂活动，形成师生、生生互动的良好氛围。

## （二）课堂提问策略

课堂提问是教师在课堂教学中，通过创设问题情境，设置疑问，引导和促进学生学习的教学行为方式。课堂提问是否有效取决于提问的策略是否运用得当，在提问的不同阶段即准备问题、提出问题、组织答案和提供反馈等，都应运用不同的策略。因此，课堂提问策略可分为四部分：提问计划策略、问题设计策略、提问控制策略和提问评估策略。

1.提问计划策略

教师在备课的时候对于提问的问题要做到提前准备，即便是经验丰富的老教师也要尽量这样去做，因为即兴提问，虽然比较灵活，但是往往会出现语言组织方面的问题，或是顺序安排缺乏逻辑性的问题，很难达到预定的教学目标。

2.问题设计策略

要教学生学会提出问题，教师就必须善于设计问题。教师在教学提问过程中设计和展示的问题的质量和水平，直接影响学生提问能力的发展。因此教师在开展“学问”教学的过程中，要注意讲究问题设计的策略，并将这种策略渗透到日常教学过程中去，有意识地引导学生掌握这些策略。因而，教师要尽力给予学生有趣的、具有挑战性和创造性的问题帮助学生理解课文，在设计问题时要注意以下几个方面：

（1）结合实际，讲究趣味性；

（2）由浅入深，体现层次性；

（3）突出主体，发展思维性；

（4）提问类型，注重启发性。

### 3. 提问控制策略

控制策略是指在提问过程中有意识地调整提问的方式，对教学的内容和进度起着控制的作用。教师在提问时，应面对所有的学生，让所有的学生感觉到教师是在面对自己说话，从而集中精力于课堂活动之中。学生的性格各不相同，有的学生容易走神，有的学生比较腼腆，有的则可能爱做小动作。教师可以提问腼腆的同学，锻炼他们的勇气，唤回走神同学的注意力，同时也鼓励学生提出问题，有效控制小组活动，使教学得以顺利进行。当学生不能回答提问时，教师要了解学生的具体情况，适当给予提示和启发，帮助学生寻找问题的答案。另外，教师在提问时，要合理控制提问等待时间，给学生留有足够思考时间，同时应经常变换提问的方式、问题的种类、提名的顺序，使全体学生思维处于高度活跃和积极的状态，保持注意力。

### 4. 提问激励策略

生活有多广，问题的范围就有多广。社会生活是复杂多样的，而学生生活的范围却是有限的、相对狭小的。因此在设计问题的过程中，教师要注意考查问题的性质和范围，分析它们与学生生活的关系，尽量选择他们生活范围中的问题，或他们向往的生活中的问题，以激发他们的好奇心和求知欲。当然他们生活范围以外的问题，也并非就不可选择，但一定要考虑它们与学生已有生活的联系，并注意问题的呈现形式与方法，要用学生容易接受的方式来展示问题，调动学生探索和研究的积极性。同时，教师要注意自己对问题态度的表达方式和学生集体对问题态度的引导，要努力创造一种宽容、协调、支持的学习氛围，让有问者敢问、愿问。

### 5. 提问评估策略

评估策略是提问有效进行的保证，可以及时对学生的提问或回答给出应有的评价。为了使提问真正发挥应有的作用，学生回答问题后，教师一定要对学生的答案进行及时、恰当的反馈，学生也需要对自己的答问究竟是值得称赞还是要有所改进，甚至应当纠正等进行了解。教师对学生的答问评估常可以采用表扬、鼓励、引用以及使用非言语行为（如面部表情、身体语言等）来完成。教师的评价用语不能公式化，对学生答问的不同表现选用不同等级的评价用语，把对学生活动的真实感受传达给学生，使评价用语形成一个等级系列并成为课堂教学真实交流的一个组成部分。

# 第六章 大学英语知识教学

## 第一节 英语语音教学

语言的综合运用能力包括语言知识和语言技能两个部分，而英语教学的任务也就相应的落实在语言知识的传授和语言技能的培养两个方面。语言知识包括语音、词汇和语法三个方面，语言知识教学是英语教学的重要组成部分。在本节将集中讨论英语语音的教学。

自 19 世纪末英语国际音标问世以来，人们开始重视英语语音教学。在语言学界，对语言学习和语言教学认识的改变引起各方面的变化，其中包括语音教学。20 世纪 80 年代中期以来，随着二语（外语）教学与研究及其相关学科的发展，英语语音教学在教学观念和教学方法上也发生了很大的变化。

### 一、英语语音教学的意义

语音是语言教学的基础，离开语音，词汇和语法教学就无从谈起。语音能力与听、说、读、写等语言能力的培养有着紧密联系，对正确传递及接收信息起着重要作用。现代语言学把语音和语音系统作为首要的研究对象，因为语音在语言的两种形式（口语和书面语）中处于优先的地位。主要原因有三个，第一，口语（speech）的出现早于书面语（writing）。世界上有不少部落的语言并没有书面文字，但他们的口头语言之发达程度并不亚于有书写文字的语言。第二，说话（speaking）优先于书写（writing）。婴儿在学习母语的过程中，根本不需要学书写就可以学会说话。盲人可以从小学会说话而不需要书写。在人类一般的社交生活中，很多时候都是靠口语完成交际的。在看到别人书写的文字之前，往往先听到他讲的话。第三，不少语言（尤其是地方方言）的口语中有很多常用的词汇和概念，却没有相应的书面词汇能够表达。第四，书面语所无法解决的一些问题（如模棱两可等问题），口头语却能解决。因此，语音在语言的研究和学习中具有重要的地位。

语言是由声音和意义两个系统组成的统一体。在所有的语言中，语音或音段总是有意义的，而且少量的音能组合成大量的意义单位，这是人类语言区别于动物嘶鸣吼叫的最基本特征。例如，/ai/ 这个音可以被用来表示：（1）英语字母 I/i 的名称；（2）第一人称代词“我”；（3）英语单词 eye（眼睛）；（4）可以与许多辅音组合，表示英文单词中的一个音段，如 /bai/，/rais/，/sai/，/gai/，/hai/，/main/，/mait/，/pai/,/fait/，/sait/，/hait/，/hrait/，/kait/，/spai/，/dai/，/lait/，/in' vait/，/wait/。因此，语音不是孤立的，任何有意义的语音都代表着至少一个与之相对应的词，尤其是英语这样的字母语言。许多词汇的不同读音都表示不同的意思，如果把 use 读成 /ju:z/ 是动词，如果读成 /ju:s/ 就是名词。因此它在 I use a pen 中要读成 /ju:z/，在 make use of 这个短语中要读成 /ju:s/。同理 contact（联系，接触）读成 / 'kɔntækt/ 是名词，读成 //kɔn' tækt / 是动词。

由此可以看出，语音是整个语言系统的基础，如果不抓好语音基础训练，学生就无法辨析最小的语音单位，就不能正确地模仿和朗读单词，也就无法掌握正确的语音语调。这样学习英语，最终的结果只能是哑巴英语，不但费时费力，而且没有任何用处。其次，如果不掌握或不具备足够的语音知识，学生就无法顺利进入词汇的学习，因为许多单词的拼写规则以及与语法有关的词汇变化规则都与语音规则有着紧密的联系。

另外，从交际本身来看，语音教学也具有重要的意义。口头交际是人类交际的重要形式，与书面交际相比，口头交际具有方便、直接及反馈快的特点。口头交际的顺利完成依赖于诸多因素，例如，交际双方对所用语言的掌握，对交流内容的了解以及良好的心态和环境等，其中，对语言的掌握最为重要。口头交际是通过口语来完成的，而语音是口语的基础。准确、自然和清晰的语音能够确保对方准确容易地理解自己所表达的意思，加速信息的交流，进而实现交际的目的。而且，正确的语音也是一个人综合素质的体现，语音流畅，悦耳动人，既有助于人们之间的交往；也能给人留下深刻而且良好的印象。因此，语音教学是基础英语教学的重要组成部分。

## 二、英语语音教学的内容和特征

早期的英语语音教学注重音素（phoneme）和单词的发音。20 世纪 80 年代后，随着交际法的发展，语音教学重点从音段音位（segmental features）转向超音段音位（suprasegmental features）（Pennington & Richards，1986）。音段音位指音素，如元音和辅音；超音段音位指节奏、重音、语流和语调（Cruttendens，2001：301～3）。我国教育部制订的《全日制义务教育普通高级中学英语课程标准（实验稿）》（2001：51）（以下简称《课标》）和《普通高中英语课程标准（实验）》（2003：64）（以下简称《高中课标》）已明确将音段音位和超音段音位作为中小学英语语音教学内容。有人主张将超音段音位作为教学重点（Jenkins，2000； Levis，2005），也有人赞成将音段音位和超音段音位结合起来教学（Murphy，1991；Keys，1999）。

英语语音教学往往是整个英语教学的起点，“语音关是教学的第一关”（胡春洞 1990：47）。对于英语学习者来说，学习英语语音往往也是学习英语的开始。因此，语音教学具有特殊性，其重要特征主要表现在以下几个方面。

第一，语音语调是口语的基础，语音语调学得怎么样，将直接影响学习者今后的口语能力。

第二，语音与词汇学习有着直接的联系，特别是单词的读音，与单词的拼写有着直接的联系。而词汇的学习又是整个英语学习的关键。

第三，语音语调是语言的外在表现。衡量一个人的英语水平如何，语音语调是关键因素之一。尤其在公共、公关场合的讲话，如果语音语调不好，容易受到公众自然、下意识、习惯性地排斥。因此，语音学得不好，容易使学习者在今后漫长的英语学习中不断萌发自卑感和消极情绪，不利于英语学习。反之，语音学好了，有利于学习者获得成就感，从而为今后的英语学习增强信心。

第四，语音语调风格一旦形成就很难重塑，正如乡音难改一样。而学习者的语音语调风格似乎又最容易定型。正如Nunan所说："对于许多中等语言水平以上的学习者来说，语音语调似乎最容易发生石化（fossilized）现象。

对上述英语语音学习特征的认识，无论从教师还是从学生的角度来说都十分重要。教师有必要在自己充分认识的基础上，使每一个学生清楚地认识到这些语音学习的特征，特别是第四条特征，这对学生的英语学习来说至关重要。如Stern所说："事实已经证明，对语音语调的重要性的认识本身，就能起到鼓励学习者努力改善其语音语调的作用。"

## 三、英语语音的模式选择

英语有很多变体，诸如英国英语、美国英语、澳大利亚英语等。究竟为学生选择哪种英语口音作为标准？英语语音方面的权威著作Gimson's Pronunciation of English第六版的修订者克拉特登斯（Cruttendens，2001：297）认为，教师首先要为学生选择学习的语音模式（英音、美音等），选择标准是这种模式应是大范围流通的、被广泛理解的、教科书中大量使用的并且有丰富的语音资源。要满足这些标准，英国语音（RP）就是恰当的模式。如果选择了RP模式，等等到学生的发音已经牢固建立后，再让他们接触美音（GA）。克拉特登斯的观点与《课标》的理念一致。

进入20世纪以来，基于美国在世界政治、经济和文化上的影响力，美国英语在全世界的影响越来越大。美国英语越来越风行，美音也成为我国众多英语学习者模仿的对象。周榕、陈国华（2008）的研究表明，虽然所调查的英语专业学生偏好美国英语，但他们的实际英语口音则是2/3为RP、1/3为GA的混合体，表现出更多的英国口音的特点。这是因为我国中小学教材的语音资料大部分是英音，教师们大部分也以英音为主。可见，英音在我国仍然占主导地位。因此，RP仍然是我国中小学英语语音教学的首选模式。特别是在小学和初中阶段，让学生基本掌握RP发音，进入高中后，就可接触其他英语口音了。

## 四、英语语音教学原则和实践

### （一）单音教学和语流教学相结合原则

为了训练学生语音的准确性，进行一定的单个音素训练是有必要的。但是单个语音总是发生在一定的语音环境之中，而且单个的语音也会在不同的环境有所变化，会出现省音、同化、连读、失去爆破、节奏等现象。另外，语音的教学内容还包括重音、语调等，而这些必须要在词汇、短语和句子层面上体现出来，因此，单音教学要和语流教学相结合，把单个的发音与单词、短语，甚至句子的读音结合起来。如孤立地发 /iː/ 的音时，老师会强调它是长元音，发音时开口度要小，以区别于二号元音 /i/。如果把孤立发音与单词发音相结合，学生就会发现，/i:/ 在 /ri:d/ 中的发音并不像单独发音时那么强烈，也没有那么长。在单词单音教学中，要突出每一个音的练习，但在语流教学中，除了注意连读外，还要注意不完全爆破。如an，old，doctor三个单词的发音练习与an old doctor的语流发音练习就不相同。老师可以组织比较多的例子如an ol(d) car，an ol(d) do(c)tor，las(t) night等让学生练习并体会。

### （二）大声朗读与朗读艺术化原则

朗读作为一种传统教学方法，在母语和外语教学中占有重要的地位。高霞等（2006a，2006b）的研究表明朗读涉及语言能力的各个层面——语音语调、词汇、句法处理能力、句子及篇章的理解能力，如使用恰当，朗读可以用来测试外语学习者的语言能力。因此，应将朗读作为一种重要的教学手段，用来提高学生的英语语音能力。虽然教师们常使用朗读这一方法，学生也会经常朗读，但从学生的英语语音水平和相关研究反映出的中国学习者在朗读中出现的各种语音错误可以看出，课堂中的朗读多是机械地操练。虽然在课堂上适当的带读、跟读等是必要的，但如果总是采用这种方式，学生容易感到乏味。首先，学生要养成大声朗读单词和课文的习惯，要求做到单词发音基本准确。更为重要的是要教会学生如何朗读。在所学的单元课文中，教学生如何划意群、何时停顿、如何用适当的语调表达语境中的含义等，然后由教师绘声绘色地朗读给学生听，或听课文录音，要求学生模仿练习。也可以在班上举行朗读竞赛，激发学生的学习热情。如果课文内容是故事，可以请学生进行角色扮演，应特别强调语音语调要适合各个角色的特点。

纪玉华和许其潮（2001）倡导的朗读艺术课可以为教师们所借鉴。他们认为教师应将音际关系（指省读、连读、失爆和同化）和音韵规律（指重音、节奏、停顿和语调）的讲解和练习作为重点。让学生在英文歌词上标注重音、节奏、语调、省音、同化和连读等，然后朗读英文歌词，最后跟着唱，这种活动不但可以营造气氛，还可以提高学习兴趣，学生随着歌曲可以改进语音语调。另外，也可以在课堂上穿插讲故事、诗朗诵、演讲、演话剧等学生喜闻乐见的活动，形式要灵活多样、生动活泼。纪玉华（2007）编写的《英语发音与朗读教程》还着重介绍了各类体裁作品的朗读技巧。

### （三）大量输入原则和一贯性原则

大量输入真实的视听材料对英语语音的学习至关重要。多让学生听和看各种英语真实材料，如英语歌曲、故事和英语动画片等，有条件的家庭可以让他们接触英语本族语者，以此来培养学生的英语语音意识。语音的学习也受教师语音水平的影响，英语教师的语音能力很重要，因为他们的语音常常成为学生模仿的对象。因此，英语教师不仅要具有标准发音，而且要善于运用适当的语音语调传递信息。学生只有在良好的英语语音环境下，才能提高语音意识并习得漂亮的语音。

语音教学是一项长期的任务，需要根据学生所处的具体语言学习阶段，确定具体的语音教学任务，语音教学应该贯穿于整个英语学习的过程中。很多教师认为语音教学是初级阶段的事，这种错误的看法导致他们在教给学生简单的语音知识后就弃之不管，使学生缺少实践所学语音知识的机会，结果是学生虽然在词汇和语法上有了很大的进步，听说能力却停滞不前。

### （四）演绎法和归纳法相结合的原则

由于学生具有一定的理解和归纳能力，在语音教学中可以将演绎法和归纳法结合起来。请看下面关于句重音的一个教学课例：

（1）下面是一个关于污染的讲座。首先要求学生在每个短语或意群最重要的词（或音节）上点一个黑点。意群已经用斜线（/）分开。

"Let's continue our discussion of pollution./Yesterday we defined pollution./Today we'll talk about the impact of pollution/.…its far-reaching effects./Many people think that pollution is just a problem for scientists/but it's not just a problem for scientists./It's a problem that affects everyone./Because it affects human lives,/it's a health problem./Because it affects property,/it's an economic problem./ and because it affects our appreciation of nature, /it's an aesthetic problem."

（2）然后听原文录音，检查自己的标注是否与原文录音一致。

（3）接着学生们根据录音模仿，尤其是句重读音节。

（4）小组讨论句重音的特点。想一想句重音还有可能会在哪些语境下发生。

（5）学生汇报他们发现的结果，然后由教师来总结。

在这个课例中，教师首先让学生接触语篇，让学生判断句子重音；然后根据这个段落的句子重音来发现和归纳句重音的特点，这属于归纳法；最后，教师的总结，属于演绎法。

### （五）适当使用英汉语音对比的原则

语音是语言的基本物质外壳和表达手段。要充分了解某种语言的本质，首先要懂得那种语言的语音特点。同样，如果要充分了解两种语言之间的异同，也必须对这两种语言的语音特点进行比较。英语和汉语是非亲属语言，前者属于印欧语系，后者属于汉藏语系，两者差异较大。对于这样两种语言的语音是否可以进行比较呢？答案是肯定的。因为人类的语言尽管千差万别，但语音都有共同的物理属性和生理属性，人类表达喜怒哀乐的方式也基本相同，在言语交际中人们也往往力图用最简便和省力的方式进行表达。因此，有许多语音现象，如语音的弱化、省音、同化、异化等在人类语言中都普遍存在，在英语和汉语中自然也不例外。这些条件构成英汉语音对比的可能性，同时，它们也是进行英汉语音对比的基础。

英汉语音有一些相似之处，如英汉语都有元音和辅音，有些音的发音相似，但两种语言中大部分音发音不同。有些音英语有，而汉语没有，如双元音。英语双元音的发音是从前一音向后一音滑动，前长后短，前重后轻，动程比汉语宽，舌位变化大。中国学生在发双元音 /aI//aʊ//eI//ou/ 时，通常会受汉语复韵母 ai，ao，ei，ou 的影响，后一个元音会发得更加响亮。汉语中没有的音如齿音 / θ / 和 /ð/，中国学生常把 / θ / 发成唇音或 /s/ 或 /f/，把 /ð/ 发成 /d/ 或 /z/。另外，英语和汉语在单元音、辅音和超音段音位方面的不同，也需要学生了解，避免受母语的干扰。在教学中可以采用显性教学法，如展示发音部位剖面图，让学生直观了解英语音素的发音部位和发音方法，以及与汉语相似音的区别；还可进行单音训练或使用最小对立体的对比练习（如 /p/ 和 /b/，/t/ 和 /d/，/ɪ/ 和 /i:/），尽量做到发音到位、准确，对错误发音及时纠正。英语和汉语中的超音段音位也有很大的差别。教师先比较两种语言中重音、停顿、语调等差异，接着做句子语音练习，然后进行篇章练习，即在诗歌、戏剧和故事中让学生大声地进行朗读练习，以避免机械、单调和无意义。

### （六）利用教育技术手段的原则

任何时代的教育都存在一个传统手段和现代手段相结合的问题。关键是，要提高继续教育工作的效率和规模，就必须尽可能充分发挥教育技术手段的作用。例如，计算机、网络、多媒体教育技术等手段已广泛运用于英语教学中，在教学中使用这些技术作为英语语音教学的辅助手段，可以起到显著的效果。

### （七）趣味性原则

教育家第斯多惠说：“教学成功的艺术就在于使学生对你所教的东西感到有趣。”兴趣是学生学习的先决条件，学生只有对学习英语感兴趣，学习才会成功。而只有学习成功，学生才能长时间保持学习兴趣，才能养成永久的英语学习情趣。这就要求教师能在一节课开始的几分钟时间内为学生营造激发学生想听、想说、想做、想学的语言情境和氛围，使学生全身心地、积极主动地进入学习状态。激发学生学习的兴趣和欲望的方法很多。如教师可以从学生关注的话题和学生的生活经验出发设计导入活动，使学生直观的了解该语言现象所使用的场合，并与自己所熟悉的环境相结合，从而缩短运用英语与学生生活之间的距离，使学生产生用英语表达的欲望。

## 第二节　英语词汇教学

词汇是语言及人类相互交流的最基本的单位。英国著名语言学家 D. A. Wilkins 曾经说过：“没有语法，人们不能表达很多东西；没有词汇，人们则无法表达任何东西。”可见词汇在语言学习中的重要性。

英语词汇难掌握，原因之一是它的数目大。一般五至六岁操英语的本族语儿童已掌握了 2000 ～ 3000 个产生性词汇，成人本族语者大概有词汇 17000 个（Richards, 1976; Coulden, Nation, & Read, 1990. In: Hedge, 2002: 111）。因此，如何学好外语词汇是一个具有挑战性的问题。

### 一、词汇和词汇教学

### （一）词汇

词是语音、意义和语法特点三者统一的整体；词语又是语句的基本结构单位。因为通常说的一句话总是由一个个单词构成的。如 I went to the cinema yesterday evening. 这句话的每一个词都具有一定的语音形式、词汇意义和语法意义。如 went 一词的发音为 /went/，表示“去”的意思，是动词 go 的过去式，在这个句子中起谓语作用。

词的总和构成语言的词汇。英语全部的词汇有 100 多万。英语词汇由母语词和外来词组成。母语词是英语中的核心词汇或基本词汇。这些词汇表示全民族人民活动共同的和基本的概念和情景。它们是语言中使用得最多、生活中最需要的、意义最明确、生命力最强的基本词的总和。如：

有关自然现象的词：wind，sun，rain，snow

有关劳动工具的词：axe，hoe，hammer，spade

有关植物的词：tree，grass，flower，branch

有关动物的词：dog，cat，horse，cow

有关矿物的词：gold，silver，copper，iron

有关颜色的词：red，yellow，green，purple

有关动作的词：go，come，run，leave

除了上述词之外，核心词汇还包括助动词、介词、代词和数词等。核心词汇在语言中所占的比率不大，但在日常交际中的使用频率却相当高。

英语教学离不开词汇教学，因词汇是英语语言三要素之一。语言若离开了词汇，就无所谓语言，正像建筑一座大厦，没有建筑材料，有再好的地基和图纸也无从谈起。因此，词汇是语言的建筑材料，是基础。不掌握大量的词汇，阅读、翻译、听说、书写都无法顺利进行。

语言的基本材料是词汇，没有语言材料，就很难组织好语音和语法教学。学习和掌握词汇的过程是一个十分复杂的心理认识过程，对词汇的掌握可从广度和深度去研究。所谓广度就是平常说的词汇量，也就是学习者所知的词汇总量，测试较多的是消极词汇或被动词汇（或接受性词汇）量的大小。测试某一学习者的词汇量（广度）可使用内申设计的词汇水平测试，即“Vocabulary Levels Test”或称 VLT（Nation，2007：13 ～ 19）。但词汇的广度只能在一个方面反映学习者对词汇的掌握。还可以从词汇的深度去研究学习者掌握词汇的状况，即学习者是否掌握了所有的词汇知识。那么，掌握了一个词意味着什么？怎样才算掌握了一个词？根据理查兹的观点，掌握了一个词应包括它的出现频率（是否常用），它的搭配（能跟它使用的词），在不同情况下使用的得体性，它的使用方式（可在什么句型中使用），它的不同形式（如 able，unable，ability enable 等），与它有联系的词汇（人们提到 food 你会联系到多少词汇）和它的语言特征（如各种意义）。词汇广度和深度都为语言教学中的词汇教学提出了不同的要求。为了了解外语（二语）学习者如何学习词汇，学者们进行了不少研究，提出了很多理论，也用实证探究词汇的习得方法。

## （二）英语词汇教学的意义

词汇是语言的三大要素之一。词汇是语言的建筑材料。没有词汇，就没有语言。词汇教学是英语语言教学的一个重要基础。词汇学习是英语学习的一个最重要、最基本的方面。学生掌握的词汇量直接制约或影响其语言技能的培养和发展。一般来说，如果学生或学习者掌握的英语词汇越多，那么他运用英语的能力就越强。

根据学生掌握英语词汇的程度，可以把词汇分为接受性词汇或领会词汇（Receptive vocabulary）和产出性词汇或活用词汇（Productive vocabulary）。接受性词汇指的是学生能听懂，见到之后能认识，但是在说和写的时候不会使用的词汇；产出性词汇指的是学生完全学会和掌握的，并能熟练使用的词汇。词汇教学和学习的主要任务是扩大产出性词汇的数量，增加接受性词汇的数量，并促进接受性词汇不断向产出性词汇转化。

## （三）英语词汇教学的内容

词汇教学首先应考虑的是词汇教学的内容，一般来说词汇教学包括四方面的内容：

### 1. 词汇意义

由于母语与目的语之间的差别，从语义角度上讲，一些词汇的含义就其内涵、外延而言在两种语言中肯定会有不同之处。词汇教学的首要任务就是让学生清楚所学单词的含义。

一个单词的含义往往离不开语境，尤其是在课文中，受上下文的制约。教学中应通过各种手段使学生了解语义和语境之间的关系。例如，

（1）It’s hard for a short-sighted person to pick up a needle from the ground.

（2）Our school car will pick you up at the station this afternoon.

（3）She picked up Spanish when she was living in Mexico.

（4）She is picking up wonderfully since she came out of the hospital.

（5）After a slow summer season，business began to pick up.

从以上例句可知，pick up 在不同的语境中使用，有着不同的意义。教师在这个方面要有意识地引导学生，不要让学生以为一个单词或词组只有一种含义，否则一旦发生变化，学生会感到困惑，难以理解。

一些单词的语义差别对非本族人来说非常令人感到迷惑，澄清这些概念同样是词汇教学的任务之一。如 fight，struggle，battle，campaign，war，combat 这一组词，都有战斗的意思，然而却不尽相同，对于非本族人来说理解起来会有一定的难度，教师在教学过程中要注意对同义词、近义词的辨析，及时给学生答疑解惑。

### 2. 词汇场合

词汇使用场合包括词汇的搭配、习语、短语、语域、风格等，不同的单词所使用的场合也不同。例如，通常都会用 hot 形容热，这是在书面语中的用法，如果在口语中，意思就完全不一样了，比如，说 That is a hot guy，在这里 hot 是形容一个人身材或是长相很吸引人。

### 3. 词汇信息

词汇信息包括词类、词的前缀与后缀、词的发音和拼写等。这是词的最基本信息，也是学习者应该掌握的最基本内容。例如，“de-”“dis-”“en-”“re-”是比较常见的前缀，而类似“-able”“-acity”“-ment”“-ing”之类的都是比较常用的后缀。

### 4. 词汇用法

词汇用法指各类词的不同用法，如名词的可数与否，动词的及物与否，及物动词的扩展模式，应接什么样的宾语，不定式还是动名词，能否接从句，能否接复合宾语等。例如，allow，permit，consider，suggest 等这类动词后只能接动名词而不能接不定式。又如，有些是固定搭配，不能混用，“go to school”“go to bed”都是可以的，但“go to home”却是错误的。

掌握一个单词，并不是单纯地认识，还要能够灵活地运用。因而要想真正地认识一个单词，不仅要了解单词的词义，还要掌握单词的使用场合、词汇信息以及词汇用法。

## 二、英语词汇教学的技巧和方法

### （一）因人而异进行词汇教学

对不同程度的英语学习者应采取不同的方法进行词汇教学。

在成人初学阶段，直接的词汇教学是十分有用的。这些技能包括用第一语言解释单词，用同义词、图画帮助教学等。在这一阶段教师可以提供一些词的记忆方法，但应注意训练学习者创造自己的记忆法。因为研究表明，学习者用自己想出来的记忆技巧所记的生词比他人提供的技巧要有效得多。

在中级水平阶段，一个中心问题就是扩大那些所熟知的词的用法。这就是说通过一个词在不同语境中的用法得出这个词的隐含意义。这种活动可以运用归纳法进行。在这个过程中：学习者通过分析许多例子得出深层含义，或者用演绎法从意义到例子。在初级和中级水平阶段，应集中教授常用的 2000 个词。

在高级水平阶段，如在高中或大学，英语教师应把学生学习的重点放在英语学术词汇上。在这一水平线上，所有的学习者能够熟练运用和有效的记忆单词。在这一阶段，直接教授新词是毫无价值的。尽管学习者仍然需要大量的直接的生词学习，但教学的重点应放在技能的提高上。

### （二）从听说开始

对于英语初学者来说，教词汇应先从口语开始，因只有学生先掌握了发音，能听、能说，方可更快地学好书面语言。如果学生听不懂单词的发音，或说出的单词别人听不懂，记再多的单词也起不到口头交际的作用。同时，如果单词音发准了，也有助于书面语的学习。

### （三）重复

教师在教英语单词时，一定要注意重复，这是教好英语的最基本的要求。凡是前边学过的单词，在后边的课堂教学中，教师要有意识地让它们反复出现，从而加强学生的记忆力。无论在什么场合，教师都要有意识地反复使用学生已学过的单词。

### （四）词汇三维教学法

词汇三维指的是词的音、形、义。任何词的教学只有落实了音形义三个维度才算是基本掌握了这个单词。由于意义是词的意义综合体的主要方面，因此，词汇教学最重要的任务就是要揭示词汇的意义，建立音义之间的有机联系，使词汇有意义的刺激概括反映客观现实，从而表达概念，进行言语交际活动。在词汇教学中，教师要引导学生眼看、耳听、手写、口说。记忆的生理机制告诉我们，对各种感官的多种刺激，容易在大脑中建立起暂时神经联系，记忆效果也会更好些。只有将音、形、义结合起来，才能达到正确地读、书写、理解和应用的目的。对于一个具体的单词，如教“butterfly”，它的意义用汉语解释或用图画、照片一目了然，无须多说。这样，它的音、形就成了教学的重点。

### （五）利用上下文教单词

教师不要孤立地教单词，或让学生孤立地记单词，就是把一本词典上的单词全背下来，如果不用，很快就会忘掉。不能一见英语单词就直接给一个汉语意思，这不利于学生理解词义和学习单词。教师在教单词时，可根据上下文来教，使这个生词多次出现，帮助学生理解这个词的意思。如教生词 umbrella 时，可采用以下办法：

It’s raining and I want to go out. I don’t want to get wet. I haven’t a raincoat but I have an umbrella. I’ll put up my umbrella. The rain is coming down on my umbrella but it isn’t coming on me. My umbrella is protecting me, it is keeping me from getting wet. Now the rain has stopped. I’ll take my umbrella down. An umbrella is very useful when it is raining.

当然，在遇到难以理解的单词时，教师可直接说出汉语来，以免浪费过多的时间，而且学生反而难以弄懂该词的含义。

### （六）通过谜语教单词

有的教师认为利用谜语教单词不大可能，太浪费时间，这是一种误解。利用谜语教单词有几大好处：

（1）可激发学生的学习兴趣。

（2）可帮助学生提高听力和理解力。

（3）单词记得牢。如要学 lion 和 tiger 这两个词，可利用这样一个谜语：

“Is it better for a lion to eat you, or a tiger？”

答：“It’s better for him to eat the tiger.”

这是根据句法的模棱两可（syntactic ambiguity）来回答的。又如：

“What should you do if you find a tiger in your bed？”

答：“Sleep somewhere else.”

这个回答使对方感到吃惊，从而引起学生的学习兴趣。如果学习 united 和 untied 这两个单词时，可用下边的谜语：

“What word, by changing the position of one letter, become its opposite？”

答案：“united”－－－－－“untied”。

通过这个谜语，学习者一定会牢牢记住这个单词。如果学习“wholesome”这个单词时，可用下列谜语：

“What word is it from which the whole may be taken and yet some will be left？”

答案：“wholesome”。

总之，利用谜语教单词会使学生收到事半功倍的理想效果。

### （七）追根究底法

大量的英语单词都是在词根前加前缀或在其后加后缀变成派生词的。学新单词时，如果遇到派生词，就要联系词根及其他变化形式来讲解，使新词学得更饱满、更丰富、更具体，也就更容易记忆了。例如，学到“success”，就可以联系介绍或复习“successful，succeed，unsuccessful”；同样，学习“satisfied”可以联系“satisfaction，satisfactory”等词。因此，给学生讲一些词汇学知识是大有裨益的。因为学生不大可能对语音规律、构词法，词汇的组合与衔接等知识进行系统的自学。作为具有语言学知识的教师，应该把这方面的知识传授给他们，减少他们学习词汇的困难。如派生法、转换法、复合法、缩略法等构词法的介绍显然有利于学生掌握一定的构词规律，在了解词法线索的基础上扩大词汇量，以前缀anti-为例，如此多派生出来的词如antibiotic，antifreeze，anti-missile，anticatalyst，antipollution，anti-graft，anti-corruption，anti-terror，antifat，anti-establishment（非正统派），anti-landmine（扫雷）等充分说明了词缀在构词方面的潜力。再如，名词转换为动词的用法在现代英语中十分常见：The White House press secretary is once more backgrounding newsmen for the president./In order to obtain an ideal job，you have to package and market yourself./He mouthed fine words about friendship.这种转换的介绍不仅能使学生学会一种构词手法，而且可以使学生对词的多义性有所了解，从而丰富他们的英语思维。当学生掌握了一定的词汇学知识后，他们在对词汇的识别、发音、理解、记忆和使用方面都会有很大提高，英语学得好的学生往往都比较注重丰富自己的词汇知识。

## 三、词汇教学的原则和技能

### （一）词汇教学要与语境相结合，要与词汇的使用相结合

词汇是语言的基本构成成分，词汇的使用需要依赖具体的语言环境。不能脱离文章语境，孤立地讲解词汇意义。不将词汇与文章有机地结合起来，就不能让学生正确地理解该词的真正意义及用法。词汇不是孤立的，学一个词必然要涉及这个词的用法及其在句子中的位置和作用。一般的语法书都将语法分为词法和句法两个部分讲授。实际，词汇和语法之间的关系密不可分。“词汇语法”（lexico-grammar）不但是现代语言学中的一个术语，而且是语言学分析的一个层面。词汇构成句子，是句子的基本要素。认识和掌握单个词汇是学习的第一步，但不是全部。记忆更多的词汇、不断扩大自己的词汇量，这当然重要，但不能仅仅背记孤立的单词。只有把记单词与掌握它们在具体语境中的语言使用结合起来，把词汇作为有意义的交流单位，才是学习语言的有效手段。因此，教师不但要教会学生认识单词并了解单词的用法，还要让他们掌握单词在具体语境中符合英语语法的规则和语言的使用习惯。脱离了语言的语境和语言的使用，再大的词汇量也没有什么用处。那么怎么才算掌握了一个单词？把词典上列举的某一个词的所有

释义和用法全背下来，是不是就算掌握了？答案显然是否定的。以 set 为例，这个词既是英语中最简单的也是最复杂的词。说其简单，小学生也认识；说其难，大学英语教授也未必能一口气说全它的所有用法，因为这个词由于有 128 种用法而被收入吉尼斯世界纪录。这正应了一位英语界老前辈的话：生词好办，熟词难办。学习词汇的核心是掌握运用中的词汇（wonbinuse），所以应该教会学生从词汇本身及其用法入手打好基础。

### （二）使用直接法和间接法学习词汇

在英语词汇学习中，良好的学习策略有助于学生形成积极的学习态度，也能把学生的积极性转化为独立获取更多词汇的能力：在第二外语词汇习得领域，研究者把词汇学习方式分为直接学习和间接学习，或称作有意识学习和伴随学习。

直接学习是学习者做一些能将其注意力集中在词汇上的活动和练习，根据不同的任务完成相应的词汇练习。词汇直接学习要求学生不仅掌握这些词的意义，还要掌握这些词的更深层次的知识，如单词的意义、词法、句法及搭配知识，通过练习，学习者的词汇习得经历了从认知到运用的缓慢发展过程，不仅认识了这个单词，还能准确灵活地使用它。

间接的词汇教学就是通过阅读、听、说等其他教学活动，间接地扩大学习者的词汇量。要使学习者获得准确理解和使用词汇的能力，教师要教会学生在交际的过程中学习词汇，即通过间接的方法学习词汇。特别是随着学生英语水平的提高，其对词汇的猜测能力及间接学习英语词汇的能力也不断提高，比如，通过阅读、看电影等方法都能间接习得词汇。但这种学习方式只适合高频词汇的习得。

不过对于词汇的习得而言，这两种方式应是互相结合在一起，学习者应该注重和强化词汇信息的输入。当今的语言输入途径较以前多了许多。除了书本以外，还有电影、电视、电脑、网络等媒体。这些现代技术手段增强了学习者学习的主动性并有效的增强了教学内容的针对性，极大地改进了教学方式、教学手段和教学方法，对词汇学习产生积极影响。

### （三）培养学生词汇学习的策略

在语言学习的过程中，培养学生学习词汇的策略。不管是使用间接的方法还是直接的方法学习词汇，即附带学习或有意学习词汇，都要使用一定的学习策略，从这个意义上说，词汇学习策略的培养直接影响词汇学习的效果。在培养学生的词汇学习策略时要懂得策略本身并无好和不好之分；只要在一定的情景下使用恰当、能有效果都可算为好的策略（Schmitt，2002：202）。语言水平不同的学生，性别不同的学生，性格不同的学生，爱好不同的学生都有可能使用不同的词汇学习策略，只要是他们使用有效果，都应鼓励他们使用，鼓励他们在使用中总结经验，归纳自己学习词汇成功的策略。学者赫奇（Hedge，2002）在《语言课堂中的教与学》中使用对下面一段文字的理解来说明可使用五种知识来猜测文字中出现的人造的无意思的词。这五种知识为：①句法知识（猜测“barlim”）；②词素知识（从“barlim”和“barl”的关系去猜，有如从“farm farmer”的关系猜测一样）；③常识（从“desk”和“locked”猜测到“dimp”可为“drawer”

一类东西)；④社会文化知识(从教堂的结构可猜"stram"为"tower"或"steeple")；⑤题目知识(从农村的生活可猜文章可能谈及父亲的工作)。

## (四)注意搭配、习语与短语的教学

提高英语词汇教学的目的在于使学生能够在实际的交际过程中使用这些词汇，而搭配是词汇用法中的重要组成部分，尤其是对于口语和写作来说更是如此，如果学生只是了解单词的拼写、读音和意义，而不熟悉它的搭配情况，他很可能在使用的时候犯错误，从而不能正确地表达自己的思想。在这里所说的搭配是广义的概念。以往英语词汇教学中，对于搭配的关注点主要集中在一些动词短语上面，而对于形容词和名词、动词与副词、名词与介词、动词与介词等的搭配不太注意，这也是造成中国学生英语表达能力低下的一个重要原因。因此，在英语教学中要有意识地进行一些这样的训练。例如，对于初级的英语学习者来说，可以进行这样的训练：下面词中，wet，high，big，ao，watrn，happy，mol，rainy，dark，哪些词可以和weather连用。与搭配有关的还有习语和短语，它们也是英语教学的重要内容。

## (五)使用词块法学习词汇

学习词汇时不但要记住词的发音、拼写、词的派生词，而且要记住词的搭配、词可使用的句式、词的短语、词在不同短语和搭配中的不同意义。词块习得的研究为看待和学习词汇提供了一个新的角度。英语的词汇有其特点，一些词可以与某些词一起使用，一些词只能用于某种句式。词在不同的短语或句式中可有不同的意义，因此，记单词时最好结合词的搭配、词的用法、词的意义、词的短语以及词可使用的句型，就会以词块作为单位，在大脑中提取，更能按英语为本族语者的习惯去使用词汇，也较能保证词汇使用的正确性。可以以某种词块的形式来记住某些语法现象，如用the -er,the -er； the more_,the more； not so_ as_；as_ as_；-er than_等记住比较级的用法等。

## (六)注重实践

注重实践，使学生通过大量的语言实践活动掌握词汇，提高学生的词汇使用能力。词汇教学的目的在于帮助学生使用词汇。学生靠死记硬背获得了一定的词汇量，但是不能够充分地运用于对话和写作之中。在阅读中，一些学生只懂得词汇的表面意义，却不理解它在上下文中的作用和意义。因此，教师在词汇教学中，应该把词汇融入语言实践活动之中。

词汇的使用既是教学的目的，也是教学的手段。在词汇教学中，要结合词汇的教学内容，针对词汇的拼写、意义、读音、语法特点、搭配、文体等各个方面进行多种多样的单项或者综合的训练，使学生在训练的过程中自然而然地掌握词汇。这样可以有效的防止学生靠死记硬背的词汇学习方法，提高学生学习词汇的兴趣。在训练单词的选择上，要根据遗忘规律，有计划地巩固单词，增强学生对单词的记忆。课堂上教单词时，让学生对所学的单词进行重复识记，加深印象。讲解课文时，结合教材的内容有机自然地再现。课后练习中，安排相应的听写、翻译、完成句子、同义搭配、语音辨析、阅读理解等，使学生在多次复现和语言实践活动中巩固所学的单词。

## 第三节 英语语法教学

英语语法教学是一个敏感的话题。在很长的一段时间内，中国的英语教学由于受到语法翻译教学法以及自身教学环境的影响，过分强调了语法的教学，英语教学被语法知识的传授占据了大量的时间和精力，从而忽视了语言技能的培养，导致了学生的听、说、读、写能力的低下。这一问题已经引起了我国外语界的高度重视，并开始逐步纠正这一问题。但是，在纠正这一问题的过程中，也很容易走向另一个极端：轻视语法教学，单纯强调通过自然习得获得语言能力。

### 一、语法

在语法研究史上出现了三种语法：实体语法、形式语法和教学语法。这里探讨的内容是语法教学，这里的语法是指教学语法。所谓教学语法就是以教授语言为目的的语法（戴炜栋、陈莉萍，2005）。学者们针对语法的含义表达了他们各自的观点：

“语法可以粗略定义为一种语言为了构成更长的意义单位，控制和组合词或词组的方式。”

“语法是对构成句子的规则的描述，包括形式所表达的意义。”

库克认为语法包括：规定语法（prescriptive grammar）、传统语法（traditional grammar）、结构语法（structural grammar）、语法能力（grammatical competence）、交际能力（communicative competence）和语用能力（pragmatic competence）（Cook，2000：15）。

拉森•弗里曼（Larsen-Freeman，2005：13～19）批驳了一些传统的语法观，她将语法的性质归纳为：①语法是一种技能（grammaring）而不是一种知识；②语法不仅指形式正确，而且指使用得体；③语法不仅与规则有关，语法是有道理的（rational）；④语法不是任意的（arbitrary）；⑤语法不是一个正确答案，它是有选择的；⑥语法不仅包括词法和句法，还应包括语篇语法。

利奇和斯瓦特维克（Leech & Svartvik，1975）在《*A Communicative Grammar of English*》一书中对语法的变体形式进行了探讨，他们认为语法涉及不同的变体形式，如英语或美语、书面语或口语、正式或非正式、礼貌或熟悉等。表达某个概念或对象时，可有多种变体选择，如“children”（中性），“offspring”（正式）和“kids”（非正式）。

厄（Ur）和桑布雷（Thornbury）的定义强调的是形式与意义的统一。根据库克和利奇与斯瓦特维克对语法的看法，可以看到语法的概念得到延伸。因此，语法包括词法、句法和语篇语法及变体形式，涉及形式、意义和使用的统一。

### 二、英语语法教学的意义

语法是语言使用的规则，是对于语言中的规则性和不规则性所做的概括描述。对语言实践具有积极的指导作用，掌握和运用语法知识对于提高学生的综合语言运用能力具有重要的意义。但是，关于语法在英语教学中的作用或地位，一直是一个争论的焦点，支持语法教学与反对语法教学的都大有人在，在不同的历史阶段表现出不同的主流认识，经历了一个从尊崇到摒弃再到理性的过程。语言知识由语音、语法、词汇等构成，也是构成语篇的最基本单位。因此，语法知识在语言知识中占有很重要的地位，在谈论语法之前，我们先了解一下什么是语言。“语言”一个最直接的定义便是，语言是言语交际的一种方式。因为口头与文字的交际方式都是一种有目的的行为，所以语言是工具性的；因为语言是一种社会符号，语言交际只能在所有使用者对非语言提示、动机、社会文化角色等相关要素都具有相同的理解之后才能有效进行，因此语言又是社会性的、约定性的。语言的学习与使用取决于生物、认知、心理和环境等各种因素。简言之，语言比任何动物交际系统都复杂得多，是语言把人与动物区分开来。

在外语教学的早期，语法翻译教学法在18和19两个世纪长期占据主导地位，语言教学以语法教学为主，学习材料以书面语言为主。外语学习策略研究比较容易的一部分内容，基本不需要有意识地进行学习。相反，对外语学习者来说，却相当困难，需要有意识地进行学习，但是有些内容又难以用语言条理地表达出来，矛盾由此产生。所以，无论在哪个年龄阶段上开始学习，外语（甚至在一定程度上第二语言）水平不可能达到母语水平，拿外语学习者的语言水平来和母语者的语言水平进行比较，是无意义的。

但是，随着第二语言习得研究的不断深入和进展，尤其是进入21世纪以来，人们开始对第二语言或者外语教学中语法教学的作用进行重新的思考与定位。语法是语言的三要素之一，其最大的特点是具有抽象性、概括性和稳固性，一条规则往往涉及一整类词、词组或句子结构。语法是许多时代的产物，它同基本词汇一起构成语言的基础，有很大的稳固性，变化极其缓慢（王德春：160）。例如，1984年在美国加利福尼亚大学所做的一项调查表明，该校的一些外国学生，没有接受过语法教学，虽然已经在美国居住七年以上，口语表达也非常流利，但是他们的书面表达能力却非常低。在所调查的学生中，有60%的学生的作文从结构和逻辑上看是可以接受的，只有20%的学生的作文完全可以接受。后来对这些学生专门补教语法，但结果显示，进步很小，原因是他们已经养成了不良的语言习惯。

西方的外语教学，轻视语法教学的状况持续了几十年，对此，Celce Murcia评论道：“引人注意和令人信服的证据表明，没有语法的教学，无论是以理解为基础的，还是以交际为基础的，只能导致蹩脚的、不合语法的洋泾浜式的外语。学生很难超越这个阶段，取得任何进步。”目前人们普遍接受的一种观点是，在英语教学理论和实践中既重视语法，又不忽视语言的使用。大学教学的任务一是给予学生更多的广普知识和专业知识，二是培养学生观察和分析能力，提高他们的专业研究能力，而后者更为重要。将这一思想贯穿于每一堂课是教师的责任，语法课更是如此。目前，网络自主学习正方兴未艾，然而有实验表明，语法学习不适宜网络自学，如唐国星（2011）的实验结果表明，语法教学采用传统教学方法更好。英语界已经逐步形成了一种共识，改变以往对语法或尊或贬的偏激倾向，有必要对语法的作用进行再认识。

对于学习者来说，通过大量接触语言材料，通过对这些材料的模仿，他们可以产生许多的句子，但是由于他们语言能力的局限性，有许多句子意义表达不清楚，例如，（Thom bury）：

Last Monday night I was boring in my house.

After speaking a lot time with him I thought that him attracted me.

We took a wrong plane and when I slaw it was very later because the plane took up.

Five years ago I would want to go to India but in that time any body of my friends didn' t want to go.

这些句子可以利用语法知识进行调整，使它们的意义表达清楚、明确。

语法有助于解决语言学习的“石化现象”。一个具有强烈的动机和很高语言学习能力的学习者完全可以不用经过正规的学习就可以达到很高的语言水平。但是，他很可能会遇到两个问题：一是某些错误的语言习惯会固定下来，难以纠正；二是到了一定的语言水平之后就很难提高。这就是所谓的语言学习过程中的“石化现象”。在这种情况下，学习语法有助于它们解决这一问题。

英语语法教学对于中国的学生来说是非常必要的，但是，在最近几年，英语教学中的语法教学从过去的倍受推崇已经跌至有史以来的最低谷。整个语法的建构也极其缓慢，是个相对封闭的体系，语言的稳定性和传承性是由语法来保证。语法是保证表意的必需手段之一，Halliday 就指出“没有语法，你就无法研究语言。语法恰是我们称之为语言的中心。它具有组织和表达意义的绝对根本的作用”（转引自赖瑜）。新颁布的英语课程标准也明确指出：“此次英语课程改革的重点就是要改革英语教学过分重视语法和词汇知识的讲解与传授、忽视对学生实际语言运用能力的培养的倾向……”许多教师对此理解不够准确，甚至错误地认为，英语教学的重点主要是培养学生的口语表达能力，于是产生了许多“淡化语法教学”的提法。许多教师忽视语法教学在英语教学中的作用，认为语法教学可有可无，甚至认为在英语教学中专门教授语法是错误的。有的老师即使意识到语法教学的重要性，也不敢理直气壮地讲授语法。这一现象将会对我国的英语教学产生许多不利的影响，因为对于中国的英语学习者来说，语法的教学是非常重要的。

## 三、英语语法教学原则

我们认为语法教学是非常有必要的，但并不是说一定要专门的给学生开设语法课程，而是把语法教学融入整个的英语教学之中。结合上述的语法教学理论，我们认为英语语法理论应该遵循以下原则。

（1）对语法教学采取正确的态度。对待语法教学应该注意避免两种走极端的不良倾向，一种是过分强调语法的作用，把语法教学和英语教学等同起来，认为学习英语就是学习语法，学好了语法就等于学好了英语。语法教材是根据教学对象的特点，为提高人们对语言的领悟能力而编写的。语言的领悟能力的培养既要合乎学者的学习规律，也要合乎语言结构的特点。在这种错误思想指导下，有些教师把绝大部分时间和精力都花在了语法知识的传授、分析和联系上，把活生生的语言变成了干巴巴的语言点。对于学生在操练、使用语言的过程中所出现的错误，只是单纯地从语法角度去分析，一味地靠讲解语法规则去纠正语言错误。另一种错误的倾向是忽视语法对语言运用的指导作用。单纯以语言习得的理论为依据，片面强调自然语言习得的能力，因而在教学活动中一味要求学生硬性模仿。英语教学的理论和实践证明，上述两种倾向都具有片面性，都会对英语教学带来一定的负面影响。问题的关键不在于是否应该进行语法教学，而是如何教，如何使学生把学到的语法知识运用于交际活动之中。

（2）语法教学要循序渐进，根据学习者不同的认知水平采用相应的措施。不同年龄阶段的认知发展水平是不一样的，学习语法的能力和特征也存在一定差别，因此，语法教学要考虑学生的年龄特征。此外，我们在进行语法教学设计时，应该对处在不同年龄阶段的学生确立不同的教学要求，确定不同的教学内容，采取不同的教学措施。语法与语法理论之间的关系，实际就是自然规律与理论之间的关系。针对不同的使用目的，语法理论往往会侧重某一特定方面，比如，以实用为目的的教学语法，为人机对话服务的语料库语法等。例如，对小学生、初中生、高中生和大学生，就要区别对待，因人而异。一般而言，对于小学生，在其接触的语言材料少、缺少感性认识的情况下，供他们学习的语言材料的句子结构应该比较简单，句子长度不宜过长，教学过程中应该少讲语法理论，多讲生活中、学习中运用语法的实例；要避免过多的语法讲解。对于中学生来说，他们已经接触了大量的语言材料，这时就要在进一步接触语言材料的基础上，通过语法的讲解，把感性认识上升到理性认识上，系统地掌握英语的语法知识。所学习的句子在结构上应该复杂一些，长度上要更长一些；要以语法理论知识的教学为先导，使学生增强在进行社会交际时运用语法理论来指导自己言语活动的自觉性。对于到了高级学习阶段的大学生来说，他们已经具备了一定的语法基础，初步掌握了语法的系统，单靠对语法知识的补充和复习，对于他们交际能力的提高没有多少帮助，这时就要采取新的办法，更加强调语言的运用，在运用的过程中强化已有的语法知识。

（3）归纳法和演绎法相互结合。许国璋先生说过：“语法是制约句子里词与词的关系的准则。一种语言的语法是该语言里这些制约规则的总和，它使词在规则的制约下组成为语言社团所接受的句子。”归纳法就是先让学生接触具体的语法现象，然后通过大量的例子总结出语法规则。具体做法是教师给出一些例词或例句，引导学生进行观察、对比和分析。通过大量练习，学生就逐渐认识到规律。如通过 one apple，two apples；one box，two boxes；one foot，two feet；one goose，two geese 等可以使学生认识到名词复数的概念和使用方法。归纳法从具体到抽象，符合学生的认识规律，能充分调动学生的主观能动性，有利于培养学生的分析观察能力。另外，让学生在语言环境中学习语法，有利于调动学习的积极性。但是，使用方法不当则容易造成事倍功半的结果。

演绎法是一种由抽象到具体，由一般到个别的方法。教师先讲授语法概念、结构，使学生对语法结构先有一个清楚的了解。然后，再通过例句进行验证、说明。演绎法是一个“认识—实践—再认识”的过程，演绎法简便易行，节省时间。成年人因其高度发展的认识能力，比较适合用演绎法教授语法知识。演绎法的优点是简便易行，节省时间，简洁、省时、省力，易于为中国学生所接受，但是容易出现以教师为中心的填鸭式的教学方式，容易造成课堂气氛沉闷，不利于调动学生学习的积极性。

归纳法和演绎法各有利弊，归纳法更加适合于低年级的学生，因为低年级学生的思维中具体形象成分仍然起着重要作用，他们的思维属于经验型的，而归纳法正是由具体到抽象的方法，适合低年级学生的思维力方式。同时归纳法也适用于那些比较容易总结规律的语法项目。演绎法对高年级学生比较适用，高年级学生思维由经验型水平向理论型水平转化，具有更高的抽象概括性及辩证逻辑思维和更大的组织性。同时演绎法适用那些比较难归纳、变化规则多的语法项目。合理的方法是把两者结合起来，互相取长补短。

（4）注意语法教学层次性和系统性的统一，要注意所呈现的语法知识的条理性。一个语法项目往往包括许多的内容，也有很多例外，我们不可能一次性地一股脑地全部教给学生。讲解语法要注意层次性，做到由简单到复杂，由一般到特殊，由表及里，由浅入深，循序渐进，合理安排语法教学的顺序。在注意层次性的同时，也要注意语法教学的系统性。系统论告诉我们，一个严密合理的系统，其整体功能大于部分之和。没有对整体的综合感知，对于部分的认识必然是孤立的、片面的。而现在的大部分教材中的语法现象的出现往往是分散的，如果教师碰到什么就讲什么，不注意引导学生归纳同一语法现象，那就会导致学生对所学结构模糊不清而最终影响语言运用的准确性。韩礼德认为，语法是一个大众化的、人们对世界的经验和体验的理论，而语法学是一个科学的理论；语法总是在变化、演变，而语法学则多少是人为建构的。语法可以用来描述人们日常生活中的各种体验，体现各种社会关系，促进知识与行为的结合和互动；语法学则是用来解释语法和语法现象的科学理论。因此，在语法教学中，教师要善于对学习者已经接触过的某一类语法现象进行归纳，由点到面，建立系统，使学生能够从总体上把握语法结构。在归纳的时候，可以把语法与语篇结合起来，向学生提供一些短文，这些短文中集中体现要掌握的语法结构。例如，下面一篇短文就集中使用了一般将来时：

**I CAN’ T WAIT FOR SPRING TO COME！**

I’ m tired of winter. I’ m tired of the snow. I’ m tired of cold weather, and I’ m sick and tired of winter coats and boots！ Just think...in a few more weeks lt won’ t be winter any more. It’ ll be spring. The weather won’ t be cold. It’ ll be won’ t snow any more. It’ ll be sunny. I won’ t have to stay indoors any more. I’ ll go outside and play with my friends. We’ ll ride bicycles and play baseball again.

In a few more weeks our neighborhood won’ t look sad and gray any mole. The flowers will bloom, and the trees will become green again. My family will spend inole time outdoors. My father will work in the yard. He’ ll cut the grass and paint the fence. My mother will work in the yard, too. She’ ll buy new flowers and plant them in the garden. On weekends we won’ t just sit in the living room and watch TV. We' ll go for walks in the park, and we' ll have picnics on Sunday afternoons.

I can' t wait for spring to come！ Hurry, spring！

（取自于 *Molinsky & Bliss*）

而下面一篇短文则集中使用了一般过去式：

NOTHING TO EAT FOR DINNER

Joan had to work overtime at the office today. She got home late, and she was hungry. When she opened the refrigerator. She was very upset. There was nothing to eat for dinner. Joan sat down and wrote a shopping list. She needed a head of lettuce, a bunch of bananas, a quart of milk, a dozen eggs, two pounds of tomatoes, a pound of butter, two bunches of carrots, and a loaf of bread.

Joan rushed out of the house and drove to the supermarket. When she got there, she was very disappointed. There wasn' t any lettuce. There weren' t any bananas. There wasn' t any butter. There weren' t any eggs. There weren' t any tomatoes. There wasn' t any butter. There weren' t any carrots, and there wasn' t any bread.

Joan was tired and upset. In fact, she was so tired and upset that she lost her appetite, drove home, didn' t have dinner, and went to bed.

（取自于 *Molinsky & Bliss*）

使用这样的短文不仅可以总结语法结构，而且可以把语法置于具体的语境之中，有利于实现形式、意义和语用的统一。另外，在教学过程中也要善于比较和鉴别，对英语中结构上有联系的语法现象进行归纳，帮助学生系统地掌握语法知识。学习者的语法知识和交际技能之间存在差异。传统的外语教学强调向学生传授语法知识，在一定程度上把语法结构作为外语教学的终极目标。

（5）体现多样性和灵活性的原则，采取丰富多彩的语法教学活动，提高学生学习语法的兴趣。在外语教学的过程中，我们不仅要认识语法教学的重要性，也要认识改变传统语法教学方法的迫切性。教师必须摆脱传统教学思想束缚，不断吸收新的教学思想，处理好语法教学和语言技能培养之间的关系。首先，我们在前面介绍了不同的语法教学模式。各种模式都有其可取之处，也都具有一定的局限性。这就要求教师把握这些模式的实质，取百家之所长，根据学生的情况和具体的教学目标选择合适的教学模式。其次，在确定教学模式之后，语法教学活动也要丰富多彩。应该根据教学对象、教学内容和教学目的把语法教学与技能、情感态度和学习策略的培养结合起来，把语法讲解和语法运用结合起来，采用笔头、口头等形式将语法练习有机、灵活地融于各种交际活动和课堂任务之中。语言被定义为用于人类交际的任意声音符号系统。那么，一种语言的建构系统——语法也就一定是系统的。任何一种语言的语法结构必定自成系统，而且每个语法现象又是构成这一系统的一个小系统，这种思想在语法教学中极为重要。传统的语法教学以教师为中心，一般的做法是，教师首先根据教材的内容讲授某个语法知识，接着进行相关的语法知识训练。这样的教学方式往往乏味单调，不容易激发学生的学习兴趣。教师可以根据某个单元的语法知识、语言情景，结合学生的实际水平，设计出丰富多彩的活动情景，如对话、文字游戏，甚至可以有意识地出现一些错误，让学生加以辨别分析。对学生提出的问题也可以不直接做出回答，首先让学生进行讨论，然后再进行归纳，从而形成以学生为中心的课堂教学。在提供语言材料时，教师可以提供一些融知识性和趣味性于一体的句子或者短文，使学生在学习语法的同时，获得知识，提高兴趣。

其实，语法教学的趣味性是一个关键的问题。英语教师要注意提高语法教学的趣味性，在练中学语法，归纳法与演绎法相结合讲语法，利用图、表等解释语法，使语法课突出重点，精讲易懂。同时，语言是活的语言，是不断发展变化的，英语教师还要注意语法的变化发展情况。许多学生对学习语法没有兴趣，其中一个重要原因就是教师的教学方法单一，忽略了语法教学与听说读写技能培养的结合，就是为了教语法而教语法，因此语法教学一定要多样化、灵活化。教授语法时要重视学生的参与性，教学形式和教学活动多样化，以此来激发学生的学习兴趣和积极性。语法规则的呈现要体现多样性和灵活性的原则，把语法本身的规则、条例通过模拟的情景、实际学习或在生活中的体现表达出来，这样就不会使语法教学枯燥、单调。

# 第七章　大学英语听力教学

英语教学的目标首先在于提高学生的口语交际能力，在交际的过程中，交际的参与者首先需要听懂别人在说什么。Rivers 指出“讲话自身不能构成交际，除非讲话内容被另一个人所理解”，“因此，如果要达到交际这一（教学）目的，教授口语的理解就是头等重要的事情”。听的能力对于外语学习者来说，不仅仅是一种目的，而且是一种重要的学习手段。Krashen 认为，人们习得语言的唯一方法是理解信息，或接收可理解输入。这儿所说的信息或输入主要指口头语言。许多学者对于听在英语学习中的作用也非常重视，Richards，Plattand Platt 指出：“在教会话之前，应拿出一段时间训练听力……学生的理解技能得到充分提高之后，表达技能自然随之而来。”另外，学习者的许多英语学习的途径都离不开听，例如，听录音、听广播、听英语授课等，由此可见，听力在英语学习和口头交际过程中都是至关重要的。

听力是生活中最常见而又最容易被语言教学所忽视的一项技能。在 20 世纪 70 年代之前，有关语言教学研究的文献中很少专门探讨听力教学的问题。而随着交际教学法的推广，人们开始意识到听力是人的语言水平的重要方面，听力教学逐步引起人们的重视。各种形式的考试都把听力作为考查的一个组成部分。从 20 世纪 80 年代开始，有关听力教学以及听力技能的研究逐渐增多。Richards 认为，听力由一系列的微技能（microskills）组成，这些微技能应该成为教学与测试的重点。Rost 指出，听力的微技能包括：区分单词的语音的能力，尤其是对于音位对立（phonemiccontrasts）的识别；对不熟悉的单词推断词义的能力；对将要听到的内容的预测能力；对于内容矛盾、信息不足或者模糊的处理能力；辨认事实与观点的能力。人们对于听力教学态度的转变在很大程度上是因为 Krashen 所提出的输入输出假说。该假说认为第二语言习得有赖于大量的语言输入信息，即可理解的输入。也就是说，没有足够的语言输入，学习者是不可能有语言输出的。另外，在 20 世纪 80 和 90 年代，应用语言学的研究者开始从认知心理学中借鉴关于语言理解模式的各种新的理论，区分了“自下而上”和“自上而下”的两种处理模式，并从中意识到背景知识和图式（schema）在理解中的重要性。在自下而上的处理模式中，听是一个线性的数据处理过程，理解的程度取决于听者是否成功地对所听到的口语材料进行解码；而在自上而下的处理模式中，听者主要是主动地根据预期、推论、意图、图式知识以及原来具有的相关知识有选择地处理接受的信息，来构建意义。与此同时，会话分析以及语篇分析的研究成果也对听力教学产生了一定的影响，通过这些研究，人们对口语语篇的结构具有了一定的了解，意识到单靠把书面语篇朗读出来不能给学生提供合适的听力材料，听力教学中必须向学习者提供适合他们需要和水平的真实的口语材料，真实性因此成为选择听力材料的一个重要标准。

# 第一节 英语听力教学概述

## 一、英语听力教学的重要性

听，是一个检测听者的语言、思维等多方面综合能力的行为，听者不是被动地接收信号，而是在积极地进行预测、辨别、推断、推理等各种活动。听是语言输入的一种重要途径，而人们习得语言的规律是先听后说，先理解后表达。通过大量听的活动，学习者大量接触语言输入，并逐步内化语言规则，吸收语言，提高语言的交际能力。心理语言学家认为，外语学习过程和母语习得有很多共同之处，都应先从口语，即从说开始。因为听说是人类交际活动中最为生动、活跃和完美的一种形式。有人研究发现，听说共占人类语言交际活动（听、说、读、写）的75%，读写占25%。心理学家和多数外语语言学家都认为，在听、说、读、写教学活动中，应坚持听说为先的原则，坚持在情景中理解和掌握口语的基本技巧。听说能力与读写能力是相辅相成、不可分割并起着互相促进作用的。抓好了听说教学有助于读写能力的提高。口语交际过程也是大脑进行积极思考的过程，在这个思考过程中，已学过的外语知识都会来帮助大脑进行思考。因此，可以说，听说能力好坏决定着多种能力的提高与否。

从20世纪40年代至60年代统治美国语言教学的“听说法”和流行欧洲的“视听法”，到70年代以来盛行的以培养交际能力为主的“交际法”，无不强调听力在外语学习中的重要性。语言是交际的工具，学习语言的最终目的是为了交际，现代社会中的有声交际大大高于其他类型的交际。据美国Rankin等人统计，美国人日常生活中运用语言交流的情况为：听45%，说30%，读16%，写仅占9%。交际过程中参与交际的一方如果不能听懂另一方所说，交际便无法进行。由此可见听力在语言学习和语言交际实践中的重要性。

由于听力在当今人类社会生活中占有极其重要的地位，因此引起了国内外教育界人士的普遍重视。有资料说明，我国不少文、理、工、农、医等高等院校，尤其是重点院校十分重视学生的英语听力训练，有的甚至开设了英语听力课。许多干部英语进修班、短训班也把英语听力课作为必修课。这都说明，国内已有越来越多的人认识到英语听力的重要地位。

近年来，随着我国教育体制从应试教育向素质教育的转变，英语交际教学法正在逐步推广，广大英语教师也逐渐认识到，要根治中学英语中的“聋哑症”，必须以听说教学为突破口。从1999年起，广东省率先把听力列入英语高考的重要内容，所占比分达20%。以后，国家教育部逐步向各省、市、自治区、直辖市提供了听力部分占20%的英语试卷。因此，对学生听力理解能力的培养会受到前所未有的重视，有意识地对学生进行听力训练已是大势所趋、发展所需。听力训练对培养学生运用语言知识进行交际的能力起着重要的推动作用。

可见，在英语教学中，加强听说势在必行，刻不容缓，也是时代赋予的一项重大使命。作为一名英语教师，一定要有责任感和紧迫感，勇挑这一重担。同时也希望有关教育行政部门及领导对这个问题给予足够的重视和必要的支持。

## 二、英语听力教学的现状

听力技能的培养是一个综合能力的培养，包括学生对句子、文章的理解能力、概括能力以及逻辑思维能力，同时也培养学生的语言交际能力。但在英语听力学习中，多数学生都怕听，更谈不上运用听力技巧。于是，面对极其简单的听力题，学生仍然跟不上速度，有时会显得束手无策，致使教师在教学中很难顺利、有效的完成听力教学。概括地说，当前英语听力教学的现状如下：

### （一）教师引导缺乏适度，教学重点定位不当

有些教师把听力教学当作考试训练，不给学生做相应的引导，就直接播放教材中的听力任务。对于听力教材中的生词，也不做说明，而学生在对话题不熟悉、没有相关的背景知识做铺垫的情况下，就会在听力教学中产生挫败感，这种听前缺乏引导或引导不够的听力活动，不能让学生体验学习的成就感。

相反，有些教师把要进行听力训练的教材，在听前从生词、句型到因果关系都进行了详细的引导，学生根本不需要仔细去听，就可以选择正确的选项。这种听前过细的引导，把听力训练变成了摆设或是走过场，这样的听力也失去了听力教学的意义，所以，如何适度把握听前的引导，是教师在听力教学中需要重视的一个环节。

一些教师缺乏分析把握教材目标的能力，把听力教学的目标和重点定位在完成教材的听力练习上。有时教师觉得教材上的听力材料太难，便将听力任务中需用完整回答的问题改为单词填空，并且填空的内容多为数字或学生很容易听出来的信息。事实上，用完整句子完成所听内容的练习旨在培养学生获取、理解并处理听力材料整体信息的能力以及用语言概括表述信息的能力，而教师将练习改为让学生关注细节的做法就无法实现设定的听力目标。

### （二）教材现状不容乐观

教材对教学大纲以及练习的设计和安排有着直接的影响，它能指导教师和学生课堂上的活动，在教学活动中起到非常重要的作用。优秀的听力教材既能为培养学生语言综合运用能力提供最佳的语料和实践活动，又能开阔学生的视野，在提高学生文化素质的同时，还要具有“可教性”。然而，现在所使用的教材周期较长，很难反映快速变化的时代，做到多样性和层次性，有些教材内容相对比较陈旧，无法很好的体现最新的教学方法和教育思想，体现其开放性。

## 三、英语听力教学的特征

### （一）听的心理机制

在听、说、读、写四项技能中，听被称为“接受性技能”（Receptive skill），但是这并不意味着听就是一个被动的接受过程，实际听是一个非常主动的、积极的信息处理过程。心理语言学的研究表明，听的过程与人的记忆具有密切的关系。人的记忆分为感知记忆（sensory store）、短时记忆（short-term memory）和长时记忆（long-term memory）三种，三者各自承担着不同的任务，形成一个完整的信息记忆与处理系统。

外部信息经过感觉器官时，按输入的原样，保持一个极短的时间，这就是感知记忆。感知记忆又被称为感知登记（sensory register）或瞬时记忆（temporary memory），是指外部刺激以极短的时间一次呈现后，一定数量的信息在感觉通道内被迅速登记并保留一瞬间的记忆。感知记忆是信息加工的第一阶段。

短时记忆又称工作记忆（working memory）。是指信息一次呈现后，保持时间在一秒之内的记忆。短时记忆与感知记忆不同，感知记忆中的信息不被意识，而且是未被加工的，而短时记忆是操作性的、正在工作的、活动着的记忆。人们短时记忆某事物，是为了对该事物进行某种加工，加工过程后即被遗忘。如果有长期保持的必要，就须在这一系统中进行加工编码，然后才能被储存到长时记忆中。短时记忆中的信息既有来自感知记忆的，也有来自长时记忆的。因为当人们需要某些知识、规则时，便从长时记忆中提取，提取出的信息只有回溯到短时记忆，才能被意识到和备用。

长时记忆是指学习的材料，经过复习或复述之后，在头脑中长久保持的记忆。长时记忆是一个真正的信息库，记忆的容量似乎是无限的，它可以储存一个人关于世界的一切知识，并为他所有的活动提供必要的知识基础。信息由短时记忆转入长时记忆，需要对有关的信息进行组织加工。所谓组织加工就是将材料加以整合，把新的材料纳入已有的知识结构框架之中或者把材料作为合并单元而组合为某个新的知识框架。信息由短时记忆转入长时记忆时是如何被加工的，采用什么样的形式编码，在很大程度上依赖于材料本身的性质以及个人的个性特点。就语言材料而言，更多的是采用语义编码。例如，听到一篇短文之后，最终留在长时记忆中的是它的意义，而不是逐字逐句地加以储存。

从系统论的观点来看，感知记忆、短时记忆和长时记忆是一个统一记忆系统中的三个不同的信息加工阶段，它们之间不是彼此孤立的，而是相互影响、相互作用又相互联系的。

根据记忆的三个阶段，听的心理过程也包含三个主要的阶段（*Underwood*，1989）。

在第一阶段，声音通过人的感觉器官进入感知记忆之中，并利用听话者已有的语言知识把这些信息转化为有意义的单位。信息在感知记忆中存储的时间很短（大约 1/4 秒），听者只有很少的时间对这些意义单位进行整理。在听母语时，这一过程一般都能顺利完成，而在听外语的过程中，当听者设法将连续的语流组织成有意义的单位时，很可能会出现问题。有时听者还可能在处理完现有信息之前，新的信息又会不断地涌入，从而导致听力理解的困难。

在第二阶段，信息处理是在短时记忆中完成的，也是一个非常短暂的过程，不超过几秒。在这一阶段，听者会把所听到的词或词的组合与储存在长期记忆中的语言知识进行比较，把记忆中的信息进行重组、编码后，形成有意义的命题。听者要对连续性的语流进行切分，切分的主要线索是意义。意义体现在句法、语音、语义三个层面上。在获取意义之后，听者一般会忘掉具体的词汇。在这一阶段，处理速度是至关重要的。已有的信息必须在新的信息到来之前处理完成，这对于外语学习者来说，很容易造成处理系统的信息超载，一个初级的外语学习者往往会因为处理速度不够快而无法从信息中获取意义。随着学习者听力训练的不断增加以及语言知识的积累，对于一些经常听到的信息的处理会成为一种自动化的过程，从而留出更多的空间来处理难度较大或者不太熟悉的信息。

在第三阶段，听者会把所获取的意义转移到长时记忆之中，并与已知信息相联系，确定命题的意义，当新输入的信息与已知信息相匹配时就产生理解。在这一阶段，当形成的命题与长时记忆中的已知信息相联系时，大脑便通过积极的思维活动去分析、合成、归纳，使其成为连贯的语言材料，从而实现意义的重构。然后将重构的意义而非原有形式在长时记忆中保留。

上述过程只是描述了听的过程中信息处理的大体步骤，而实际的过程要复杂得多，因为听的过程中的信息处理并不单纯依靠语言本身。听者必须把语言置于具体的语境之中，才能理解真正的意义。在听母语的过程中，听者会自动激活他们长期以来积累的文化知识、讲话人的背景等相关的信息，而且能够根据以往的经验在一定程度上预测下一步将要听到的内容。他们知道不同类型的人（年龄、性别、性格等）会以不同的方式表达不同的内容，在不同的场合（如医院、教室、办公室、车站、机场、餐馆等）以及讨论不同的问题时使用不同的语言风格。人们谈话的方式也会受到谈话参与者之间关系的影响，父母对孩子、妻子对丈夫、领导对下属、售货员对顾客等都会影响语言风格的选择。这些知识在上述三个阶段都会起作用。

听是一个积极的过程。在听的过程中，听者并不是被动地接收信息，而是通过积极地参与调动大脑中的已有的语言知识和背景知识进行积极主动的识别、分析和综合，来理解说话者所传达的信息和意图。

### （二）听的过程特征

听话具有主观性。听话中的主观性是不以人的意志而转移的，无论我们怎样努力减少，感知和理解中的主观成分都会或多或少地存在。认识这一特征有助于认识听话的性质、听力的构成和明确听力教学中的一些问题。大部分人在听一段比如，电影对白之类的语速较快、发音地道的英语时，随时都可能碰到一连串没听过的单词，或者是听着耳熟但又反映不过来的句子。

首先，从主观性看听话的性质。我们可以把语言声音看作刺激信号，根据这一刺激信号，人们在大脑中做出不同的反映，得出不同的结果，不同的反映和结果又是人们利用语言信号以外的外部信息和内部信息的结果。暂时没听明白，或者漏掉了一些细节，这并不是最可怕的。最可怕的是许多人会因此放弃了继续听下去的念头。其实，许多母语为英语的人士都不一定可以把语速较快、发音地道的英语片段中的所有单词逐个罗列出来。因此，在语言声音信号相同的情况下，听话的不同结果纯属主观原因。根据这一认识，我们又可以把所有通过感官得到的信息统称为“外部刺激信号”，把处理外部信号所需的知识称为“内部信息”，把包括整个听觉系统在内的参与信号处理的大脑称为“交锋面”，把听话结果看作外部信号和内部信息交锋的产物。在国外生活多年的人士可以轻松地看完一场英语电影，但他们不见得能把所有对白中的单词都听懂。现在外语教学法正在经历现代科学方法论的历程。现代科学方法论，就是系统综合方法论。

系统综合方法是第二次世界大战期间发展起来的科学方法论。这个问题的解决跟其他的一样，离不开扎实的语音基础和庞大的词汇量，但它更大程度上是一个毅力和态度的问题。有不认识的单词是难免的，因此不要轻言放弃。每一段新闻广播，或是一段电影对白，都会有上下文或者情节的衔接。当时，在自然科学方面，由于科学技术日益复杂化、社会化，单纯的分析方法已不能解决问题，所以把目标转向综合社会科学。为了寻求用精密的科学方法来认识世界，也把注意力转移到事物的“结构”上来，在这种客观需要的形势下，系统论应运而生。在你认为是比较棘手的部分，记下尽量多的信息，哪怕是一个很简单的单词，在后面对白中，或许就会有某个提示性的句子或单词，让你茅塞顿开，你便可以有猜测前面漏掉部分的余地了。系统论的方法简单地说是从综合入手，而不是从分析入手；认为一切事物都存在着“结构”，是各种因素构成的集合体，这些因素是相互联系、相互作用的；一些小的系统相互构成一个较大的系统，一些较大的系统相互联系又构成一个更大的系统。人们都知道“提高听力水平要多听多练”的道理，但是常常只重视了“量”，而忽视了“质”。对听力材料浅尝辄止，表面上理解了，却似懂非懂，也不去深究，这样的听力训练并不能有效的提高基本能力。系统最显著的特征就是它的整体性。系统整体功能不是构成因素的功能的相加，而是整体大于它们的总和。系统方法把整体性原则看成是观察事物的出发点。相反，我们应该针对一些理解中出现的问题进行深入的反思并配合专门的训练。这就是对“质”的重视。此外，重视“质”还意味着要重视听力理解的准确性。

其次，从主观性看听力的构成。我们可以把外部刺激信号看成不带有任何信息，但可以指导我们在自己头脑里寻找有关信息的信号。听力学习过程是语言学习过程的一部分，所以对听力材料中语言点的学习，是不容忽视的。如果我们的头脑中并没有相应的贮存，我们便无法了解外部信号的作用。例如，没有学过外语的人就会对外语声音毫无反映。换言之，听话的结果取决于记忆结构。语言点一般包括值得重点关注的常用词和常见句式的意义、用法以及关键词或生词，或者是容易听错的地方。语言点的学习能帮助学习者注意词汇的发音、含义、用法以及句子的结构和含义等。记忆结构包括音、词、词组、句、语篇等语言知识，还包括语言在社会中使用的知识、社会文化知识和一切其他非语言知识，另外，在听话过程中建立起来的一切自动反映模式都可以贮存，并在适当的条件下自动发生作用。在听力任务结束后，配合语言点的讲解，有益于语言知识的扩展和听力技能的提高。如果只把听力练习当作听力测试，那就只会在乎结果，只会在乎测试题的对与错，这样的练习往往使听者的水平难有本质上的改变。因此，我们可以得出结论：听力是多方面能力的综合。

最后，从主观性看听力教学。认识听话的主观性、听话的性质和听力的构成对于听力教学有一定的指导意义。听力教学中的活动设计应尽可能和读、说、写相结合。语言的这些技能在本质上不是相互割裂的，实际，这些技能都是语言能力在某个情境下、某个具体的语言使用中的表现。主要有三点：①可以明确听力提高的途径，例如，多听可建立较多的自动反映模式，也可增加其他知识，但只有通过各门课的综合作用才能全面提高。英语教学中的听说读写活动，既有其独立性，又有其依存性，但是更多的情况则是几项活动互相结合，同时进行。②可以帮助我们认识非语言知识，尤其是社会文化知识，在教学中应把语言教学和文化知识学习结合起来，将这些技能相互结合运用在听力活动中，有利于学习者语言能力的全面发展。③可以使我们明确听力课堂教学中应如何具体要求和如何检查实际效果，例如，我们应当让学生把注意力集中在语义理解上，以提高听力的效果。在听力训练中，采用会话、听写、听后复述等方式，不仅可以集中听的注意力，并带动其他技能的发展，而且可以创造真实的语言环境，有利于培养实际的交际能力，从而收到事半功倍之效。

## 四、英语听力教学的内容和目标

### （一）听力教学的内容

听力教学的内容一般应包括以下几点：听力知识、语音训练、听力技巧、听力理解和逻辑推理训练等。

#### 1. 听力知识

听力知识包括语音知识、策略知识、文化知识、语用知识等。语音知识不仅是语音教学的内容，而且是听力教学的内容，因为听力的首要任务就是语音解码。因此，学生有必要掌握发音、重读、连读、意群和语调知识。对于听力理解，策略知识、文化知识、语用知识同样必不可少。缺乏一定的策略知识，就难以根据不同的听力任务选择适当的听力方式。缺乏对目的语国家的文化知识的了解，听的时候就会产生歧义，无法理解听到的内容。缺乏相关的语用知识，也难以真正理解对方说话的内涵，进而影响交际的质量。

#### 2. 听力技能

（1）基本听力技能。根据学生的特点以及不同教学阶段，听力教学技能的目标是不同的。听力技能主要包括：

辨音能力：辨音能力是听力理解的最基本能力，包括音位辨别、重弱辨别、意群辨别、语调辨别、音质辨别等。

交际信息辨别能力：实施有效交际的关键之一是培养交际信息辨别能力，包括辨别新信息指示语、例证指示语、话题终止指示语、语轮转换指示语等。

大意理解能力：大意理解能力通常包括理解谈话或独白的主题和意图等。

细节理解能力：细节理解能力指获取听力内容中具体信息的能力。

词义猜测能力：指借助各种技巧猜测谈话中所使用的生词、难词等未知表达方式的能力。

推理判断能力：指对谈话人之间的关系、说话人的意图、情绪、态度和言外行为等非言语直接传达的信息，通过推理判断其深层含意，进而理解说话人的意图、谈话人之间的关系、说话者的情感态度等的能力。

预测下文能力：预测指对谈话下文所要出现内容的猜测和估计，从而确定事物的发展顺序或逻辑关系。

评价能力：对所听内容进行评价，表达自己的观点的能力。

记笔记：根据听力要求选择适当的笔记记录方式。适当的记录方式有利于听力信息的获取。

选择注意力：根据听力的目的和重点选择听力中的信息焦点。

（2）听力技巧。听力技巧包括听大意、听细节、听具体信息、听隐含之意、猜词义等。听力教学包含训练这些技巧的各种听力活动。在听力考试中，掌握正确的听力技巧，不仅可以事半功倍，还可以提高答题的正确率。

3. 语音训练

语音训练包括对听音、意群、重读等的训练。训练的程序应从词到句，再到文。对于造成听力困难或容易混淆的语音应专项训练，例如，bed—bad，chip—cheap，pin—pen，ship—sheep，sit—seat 等。语音训练是为了增强学生的语音辨别能力，为提高听力理解打下坚实的基础。

4. 听力理解

听力技巧的培养是为理解服务的，除了语音和技巧的训练之外，听力教学更多的应是通过各种活动，训练学生对句子和语篇的理解能力，使学生的理解由“字面”到“隐含”再到“应用”，理解步步加深。

5. 逻辑推理训练

在听力教学中，学生除了训练语音，还要训练逻辑推理能力，并提高自己的语法知识，因为语法和逻辑知识是正确理解和判断的必要条件。例如，当听到 /hi：z red ðɜ bʊk/ 这一串语音信息时，正确的理解是 He's read the book，而不会理解为 He is red the book。其实这依靠的就是逻辑推理能力。另外学习语言是需要语感的，在听力教学中，就是对信息有一定的预测能力，当能预知将要听到的信息范围时，头脑中该范围的知识储备无意中被“激活”，那么听力理解的效果就会好一些。比如，在一段听力材料中，有四句话是关于 John 的，可以运用逻辑推理能力和必备的语法知识推断 John 的职业。

a. John was in the bus on his way to school.

b. He was worried about controlling the math class.

c. The teacher should not have asked him to do it.

d. It was not a proper part of the janitor's job.

事实上，在听这段材料时，判断是随时发生改变的。当听到第一个句子时，一般会认为 John 是个学生。但从第二句话所描述的职责来看，John 应该是教师。可是第三个句子的出现又推翻了这一判断，使又回到了最初的理解，即 John 是一名学生。直到最后一句话的出现才知道 John 原来是学校的勤杂工。

## （二）听力教学的目标

听力教学的主要目的是培养学生在现实生活中进行真实交际的能力，能够借助听力完成现实生活中的各种任务，同时促进自己的学习和发展。随着学生认知能力的进一步发展，对学生听力能力的要求逐渐提高。听力教学的目标在不同的学习阶段要求也不相同。依据《英语课程标准》，听力教学的目标有以下几个要求。

（1）二级要求。能在图片、图像、手势的帮助下，听懂简单的话语或录音材料；能听懂简单的配图小故事；能听懂课堂活动中简单的提问；能听懂常用指令和要求并做出适当反映。

（2）五级要求。能根据语调和重音理解说话者的意图；能听懂有关熟悉话题的谈话，并能从中提取信息和观点；能借助语境克服生词障碍、理解大意；能听懂接近正常语速的故事和记叙文，理解故事的因果关系；能在听的过程中用适当方式做出反映；能针对所听语段的内容记录简单信息。

（3）八级要求。能识别不同语气所表达的不同态度；能听懂有关熟悉话题的讨论和谈话并记住要点；能抓住简单语段中的观点；能基本听懂广播、电视英语新闻的主题或大意；能听懂委婉的建议、劝告等。

随着学习的深入，《大学英语课程教学要求》针对听力目标划分了三个层次：

（1）一般要求：能听懂英语授课；能听懂日常英语谈话和一般性题材的讲座；能听懂语速较慢（每分钟 130 ～ 150 词）的英语广播和电视节目，能掌握其中心大意，抓住要点；能运用基本的听力技巧。

（2）较高要求：能听懂英语谈话和讲座；能基本听懂题材熟悉、篇幅较长的英语广播和电视节目，语速为每分钟 150 ～ 180 词，能掌握其中心大意，抓住要点和相关细节；能基本听懂用英语讲授的专业课程。

（3）更高要求：能基本听懂英语国家的广播电视节目，掌握其中心大意，抓住要点；能听懂英语国家人士正常语速的谈话；能听懂用英语讲授的专业课程和英语讲座。

可见，听力教学活动的开展应以促进听力理解和技能运用能力的提高为目标，而不是检测对听力技巧的掌握程度。因而，听力教学应有技能训练与信息获取的双重目的，也就是说，教师在听力教学中不仅要训练学生的听力能力，还要让学生掌握听力材料中的知识点。

## 第二节　听力教学的原则

语言教学中的听，实质上是理解和吸收口头信息的能力。在语言学习活动中，人们正是通过这种领会能力，获得大量语言材料，并促进说、读、写等其他言语技能的发展。由于近年来英语听力的分值不断提高，许多教师在听力训练中也加大了力度，但也许是没有找到一种合适的训练方式，收效甚微。下面介绍一些听力教学中所应遵循的原则。

### 一、循序渐进原则

听力材料的选择应遵循循序渐进的原则，由易到难，并兼顾多样性以及真实性。教师在听力教学之初，应选择那些吐字清晰，连读、弱读现象少，并且语速不能过快的材料。听力材料尽量具有真实性，语音、语调真切自然，不夸张，符合在自然交际场合中的说话标准。另外，听力内容可以是社会热点话题、新闻、故事以及日常生活会话等，以激发学生听的欲望和兴趣，让学生在听的过程中确实有所得、有所知。随着教学的进程，教师可以在各个方面提高听力材料的难度，以满足学生的求知欲。

在听力训练方面，需要从最基本的语音训练开始，按照由易到难的顺序，确定听力培养的不同阶段，确立不同的培养目标。吴祯福（1991）指出，一个学习英语的学生在听力理解方面大致要经历五个阶段。在第一个阶段，学生听到一串声音，对内容毫无理解。在这一阶段，教师要鼓励学生多听、常听，从而使学生对英语语音、语调产生一种语感，这种语感不仅对学生的发音有利，更重要的是学生会因此逐渐习惯英语的正常语流。

## 二、训练模式多样化原则

教师应该根据不同的训练目的，采用不同的训练手段。在课堂上，学生听教师和其他同学讲英语是培养听力的重要途径。教师可根据由慢到快、由易到难、由简到繁的原则坚持用英语组织课堂教学、讲解课文，并鼓励学生大胆讲英语，以创造浓厚的课堂氛围。另外教师应根据不同的教学目标选择不同的听力材料并采用不同的训练模式，比如，让学生区分练习各种语音，从而领会其表述的意义；事前给学生一些问题，让学生听材料时用母语给出答案；听以正常语速讲的所学过的各种对话；鼓励学生自由选听各种材料，然后说出或写出所听的内容。教师应尽可能地为学生创造听英语的机会和条件，通过听觉接触大量的英语，逐步发展听的能力。

## 三、明确目的，采用综合性和分析性相结合原则

综合性是指对听力材料进行粗线条的整体理解，这种原则可以解决听力题中对材料主旨的理解、对整体思想的分析等方面的要求。分析性指的是为了应对听力题中对细节部分的考查，而逐字逐句地分析细听。这需要学生在听时“抠”字眼，例如，对题中要求回答的事件发生时间、地点、年份、数字等就要求学生在听时特别注意此类细节并做简单记录。在听力训练中，由于听力题既涉及材料的通篇理解，又不忽视细节问题，所以要求学生把综合性与分析性结合起来，以适应答题的要求。每个听力活动都应有其目的，训练一个或者多个具体的听力技能。一个听力活动也可具有一个或多个训练目标，但要注意不要给初中级的学习者过重的学习负担。让学生明确每次听力理解的目标，这将有助于学生选择恰当的听力技巧进行练习。围绕听力活动的目的，要采取多种手段综合训练。单一的听力训练很容易造成课堂气氛沉闷，使学生对听失去兴趣。

## 四、分散训练和集中训练相结合原则

分散训练主要通过语言教学，不自觉地让学生接受听力的专项训练。教师在日常教学中例句、文章尽可能口头完成。这种潜移默化的影响对学生听力的提高也有很大的帮助。集中训练指在分散训练的基础上，每周专门抽出 1 ～ 2 课时进行大量的、有指导的强化训练，对学生在听力中遇到的具体问题进行具体的帮助、指导。对于可能拼读或者读音有些相似的单词，教师应该进行分散训练。例如，conscience[’kɒnʃəns] 与 conscious[’kɒnʃəs]，两个词有相同的前缀，读音也有些相似，教师应该对这类词进行专项训练，避免在听力训练中出现混淆。在分散训练的基础上，教师还可以进行短对话

的集中训练、短文阅读的听力训练，有针对性地抽取听力理解难点，给学生训练，从而提高学生的听力水平。

### 五、听说读写有机结合原则

英语教学中的听说读写活动，既有其独立性，又有其依存性，但是更多的情况下则是几项活动互相结合，同时进行。任何一种能力的提高，都能带动其他的能力，反之，任何一种能力的缺乏，都会影响其他能力的掌握和提高。因此，英语教师应将听力训练与其他能力的训练相结合，齐头并进。

（1）视听结合。学生除了上课时听老师和同学讲英语、听英语磁带外，教师还应该充分利用多媒体技术，课内让学生多看一些音像视频材料，同时鼓励学生课外多看英语电视节目、电脑学习光盘以及网上视频英语等，使听觉与视觉一起参与听力理解活动中。由于视觉形象思维与逻辑思维相互作用，可以减少影响听速的心译活动，从而学生能够迅速准确地理解听力材料。

（2）听写结合，以写助听。听写结合的最佳形式是听写练习，它要求学生在有限的时间内将所听到的内容同步记录下来，这需要高度集中的注意力和对语言的敏感性。有的时候，听懂不一定能写得准确，只有二者结合，才能真正地提高英语水平。另外在大学英语四、六级的听力中常有 Spot Dictation 或 Compound Dictation 题型，这也是对听写结合的重视。教师在平时的教学中要有意识地培养，鉴于这种训练难度比较高，在听写起步时可以听一些基本词语和简单句型，进而听写课文和与课文难度相当的材料。

### 六、符合交际需要原则

听力训练的最终目的是培养学生听懂地道英语的能力，以适应交际的需要。在平时的教学中，教师应坚持用正常的语速说英语，并严格要求自己，力求发音准确无误。由于听录音是培养听力的有效方法，因而教师要充分利用各种电教设备，让学生多听地道的英语，并让学生习惯于听不同年龄、性别、身份的人在不同场合的发音。偶尔也可以让学生听一些地道的英文歌曲，以此来提高学生的学习兴趣。

## 第三节　英语听力的技能

语言的熟练掌握和运用通常是通过听、说、读、写四种基本技能的学习和实践来完成的。英语学习亦如此。听力作为英语学习的四项基本技能之一，在大学英语教学中占相当重要的位置。听力不是听觉，而是一种综合技能。在各种各样的英语考试中，听力被称为 listening comprehension。comprehension 意思是综合理解能力，这就要求学生首先要具备坚实的语言基础，如语音、语调、词汇和语法等；其次，学生还须掌握一定的文化背景知识，以便充分理解英语中的一些固定用法和习惯表达。此外，学生还应该具备瞬时获取信息、储存信息于短期记忆之中并加以总结归纳的综合技能。根据语言学研究的成果，听力技能在综合运用语言的能力中占有非常重要的地位。运用语言就要求使用者有产出，而产出的多少和效率则取决于语言的输入。作为一种接受性技能，通过听的信息输入，对综合运用语言能力的形成有着直接的影响。

## 一、听力技能的训练

听力技能（listening skills）训练的方式很多，教学策略性就在于根据具体的教学需求选择适当的训练方式。不同的训练对训练方式的要求不同，不同的学习者所适应的训练方式同样存在差别。因此，在选择听力技能的训练方式时必须关注学习者的差异、教学内容的差异和教学阶段的差异。

### （一）听力技能的内涵

要训练听力技能首先必须明确都有什么听力技能。对于听力来说，应该训练的技能主要有以下内容。

#### 1.语音解码

语音解码能力是听力的基础，不能自动识别语音语调则难以理解来自语音符号的信息。语音解码包括对音节、重读、连读、意群、节奏以及语音、语调等方面的解读，因为所有这些都会影响听者的理解。如：

John said，“My father is here.”

“John，”said my father，“is here.”

两句话意群不同，意思也不同。

很多中国学习者因为不习惯英语的连读、送气减弱等语音现象造成对所听信息的错误理解。语音自动解码能力是听力教学的起点和基础。

#### 2.选择注意力

选择注意力，事先决定把注意力集中在语言输入的哪些方面上。在听的过程中能将注意力集中于某具体信息或者是文章的总体信息，否则在听的过程中就可能受到来自信息源各种信息的干扰，影响对所欲获取信息的提取。注意力的选择与听的目的有关。如果听的目的是获取有关事故发生地点的信息，听者就必须能够把注意力集中到与地点有关的信息上；如果听的目的是了解事故发生的原因，听力就应该能把注意力集中到原因表达方式上，如because of，on account of，for，as a result of，lead to，bring about，cause等短语上，或把注意力集中到事故前后的相关事件上。

#### 3.大意理解

大意理解是听力理解中的核心技能要求之一，要求听者能够综合所听信息判断其反映的主题、话题等。由于听力中听者倾向于关注具体信息，加之听力对短时记忆能力的要求，很容易出现听者只见树木不见森林的现象。大意理解对听力教学来说是必须训练的技能。但是，由于所听材料自身的问题，并不是所有的听力都可以设计大意理解活动，也不是所有的学习者都需要训练大意理解。例如，小学阶段由于听力材料的局限性以及儿童认知特点，一般不做大意理解的技能训练。

#### 4.细节理解

细节理解属最初理解，要求读者能够通过句子、语篇的理解准确。与大意理解不同，细节理解是所有听力教学都必须关注的技能。细节理解表现形式很多，可以是信息的判断、信息的提取、信息的再现，而细节理解的训练方式也是最多的。教学策略的本质就在于能够根据要求选择适当的训练方式。

5. 推理推论

推理推论是高层次技能，对于听力来说，推理不仅包括理解事情的前因后果，理解说话者的言外之意，更要理解语句的言外行为和会话含义。语言具有言内行为、言外行为和言后行为之分，交际中只有正确理解说话者的言外之意才能有得体的言外行为。

6. 词义猜测

根据上下文信息判断说话者所表达的含义是信息理解的基础，听力中听者总是要根据上下文的信息判断说话者在讲什么，将要说什么。因此，词义猜测也就成了必需的一种能力。

7. 记笔记

记笔记能够帮助记住所听的内容，如果听完就忘，岂不是前功尽弃？练习记笔记首先要明确“记什么”。听力内容信息量大、语速快，除非经过特殊速记训练，否则是不可能全都记下来的。所以要记的是关键内容，包括关键词、主题句，还有想获得的重要信息。记录时，尤其要重视动词、名词和形容词，因为它们往往承担着最有价值的信息。然而，记笔记其实是听力的一种常用技能。有时打电话时需要记录对方所说信息，如见面的时间、地点；听报告时也需要做适当的笔记；有时为了避免遗忘也会就所听内容做适当记录。因此，做笔记不只是为了训练书写能力，更多的是培养一种生存能力。

### （二）技能训练的环节与方式

听力教学的基本模式告诉我们，听力教学由准备、呈现、训练、应用等环节组成，训练的环节应该是在呈现环节之后，应用环节之前。当然，实际教学中也可能把训练安排在应用之后，也就是，当通过应用发现学习者某项技能的问题时就可以进行专项训练。

与其他环节不同，训练要求一定的频度和量，而应用可以是一次的行为，呈现也是一次的行为。如果只安排了某项技能的一次性活动，那么活动就起不到训练的作用。

训练可以是基于情景的训练，可以是脱离情景的专项技能训练。也就是说，训练时可以将某项技能分解，而应用则需要听者整体把握。

每项技能的训练方式都不是一种，教师在设计课堂活动时必须首先明确训练的目标，然后分析教材，分析学习者的需求，否则难以选择恰当的方式。

## 二、听力技能的应用

教学的策略性告诉我们，没有应用就没有技能的掌握。要帮助学习者掌握听力技能就必须在训练的基础上进行。要设计应用性的活动，首先必须明确什么是应用。

所谓应用就是在未经告知的情况下学习者能够运用某种技能解决问题，完成任务。通俗地讲，在没有告诉学习者必须根据表示原因的动词判断因果关系的情况下，而学习者却可以通过对表示原因的动词的理解判断听力中的因果关系，就说明学习者能够应用这一技能。

与训练不同，应用前并不明确所使用的技能；与训练不同，应用必须是新的语境、新的任务、新的问题；与训练不同，应用要求活动具有真实性，人物角色具有真实性，活动目的具有真实性，活动形式具有真实性。

要设计技能的应用活动首先必须明确每项技能的具体体现。大意理解是听力的一种技能，但如果只是让学习者听后判断听力材料的主题则不是技能的应用，因为学习者在理解时所利用的不是听力理解大意，而是运用了某种技巧帮助自己理解大意。因此，在设计听力技能应用活动时必须明确每项技能的实践方式。

以推理判断为例，学习者可以根据各种方式进行推理判断，如表示拒绝的方式可以是直接拒绝，可以是先表示接受然后转折陈述不能接受的理由，也可以是提供解决问题的其他方式。听者就可以通过这些信息判断说话者是接受还是拒绝。例如，

Boss：Xiao Zhang， can you stay behind to finish the task today ? We need to hand in the report tomorrow.

Xiao Zhang；I’ am glad to， but my mother is in hospital and I have to go to take care of her this evening.

Xiao Zhang：Xiao Wang has no arrangements this evening.I think he is the best person for it.

Xiao Zhang：I think we can talk to the company and hand in the report a moment later.

如果训练时借助这些技巧进行推理，就可以设计新的语境，让学习者判断回答者是接受还是拒绝。

再以词义猜测为例说明。词义猜测的方式很多，可以利用上下文，也可以利用同义词、反义词，还可以结合后面的例证。如果训练的是根据上下文猜测词义，在应用阶段就可以给出一个新的语境让学习者猜测单词在新语境中的意思。但是，学习者能够理解并能够回答问题不等于说学习者能够利用所学技巧，尤其是当问题采用匹配和选择的形式时，因为匹配与选择会涉及很大的猜测成分。即使是回答问题，同样会出现回答正确而未能真正理解的现象。要评价学习者是否真正能够应用某个策略，在教学活动反馈时可以采用让学习者介绍自己是如何判断的，也可以给出集中选择让学习者选择自己的判断方式。

## 三、英语听力训练中的策略

### （一）听力训练中的策略特点

任何学科都有其特定的研究对象，这是建立一门学科的首要条件。人类的语言文字教育具有悠久的历史。现在，英语学科是普通教育中占课时最多的主科之一，它担负着对学生进行外国的语言文字教育的重任。从英语教学所占的课时、所承担的任务，以及对社会生活所起的作用来看，英语教育的影响是巨大的。课堂中的听不同于现实中的听。尽管听力可以作为检测语言学习的方式之一，但听的教学应以培养学生的听的能力

为目标，教学活动的开展应以促进听力理解和提高技能运用能力为目标。在听、说、读、写等语言技能的获得过程中，听、读是最重要的语言输入途径，没有足够的语言输入量，就不能实现“初步运用英语进行交际的能力”。因此，听力成为现行高考测试的必考项目。英语听力教学与训练一般分为入门、初级、中级和高级四个阶段，中学英语听力教学主要属于初级阶段。如何训练学生掌握这些技巧，进而提高听力水平。英语听力理解除了考查学生听懂与否，也要考测他们的短时记忆能力。考生应具备瞬间获取听到的信息，并能将它储存在头脑里，最后经过综合归纳，求得解题的能力。这就需要任课教师采用正确的策略和方法，在这一阶段的课堂教学要做到：

（1）首先要让学生分清字母、音标及基本句型；

（2）进行句型练习的听力训练，这样就可把句型、词汇和语法结合起来；

（3）听一些浅显易懂的英语小故事或科普文章；

（4）在进行课文教学时，配合听课文录音，或先听后读，或先读后听，都可以达到从声音入手反复熟悉课文的目的；

（5）注意精听与泛听相结合；

（6注意及时测试。

要在听力上获得高分，一方面，平时要多听多练，打下扎实的基础；另一方面，把握高考英语听力特点、命题趋势、应试技巧等知识，有利于进行有针对性的、科学的训练，从而进一步提高听力水平，在考试中稳操胜券。听力是领会言语含义的一种能力。课堂教学中的听除了具备现实中听的特点以外，还有其自身的特点。因此，听力理解要考核的能力概括为三点：一是听懂英语的能力，二是短期记忆英语的能力，三是理解和处理英语信息的能力。总的来看，课堂中听的目标特点有：

（1）作为其他活动的跳板；

（2）作为听力训练的方式；

（3）作为听力检测的方式；

（4）作为获取信息的方式；

（5）作为技能训练的方式。

现行高考听力测试的主要题型有对话理解和短文理解。对话理解考查学生在一定语境或情景中所表现出的快速反映、推理判断能力；短文理解则在此基础上考查学生对一个结构比较完整、意义相对连贯的语段的理解能力，是一种层次较高、难度较大的听力测试形式。通过听觉领会言语是一个复杂的过程，它包括接收信息、识别、判断和理解声音、信号等几个层次的快速心理活动，因而要求听者具有一系列的听力技巧。由此可见，听懂是理解的前提，听不懂内容，理解就无从谈起；但善于摄取并短期记忆听到的信息，才能转化为解题的钥匙。如果听懂了却未能记住，当回答问题时把内容给忘了，这样的结果与没有听懂并无多少差别，这将直接影响考生的听力成绩。当然在阅读中应该细心揣摩该词的使用范围、感情色彩、语用环境以及语法搭配等，不能只是把好的词汇和表达堆积就行了。全凭脑子记忆，有时不胜负担，因此借助手做一点记录是必要的。听到信息繁复的材料，若遇到数字、时间年份、单位名称、专有名词、比较关系、条件或因果等，可随手记录要点，防止遗忘而无法解题。

总体说来，听力教学有以下几个特点。一是，听力教学是一个有机的系统。听是语言的吸收，而吸收的最终目的是为了表达。由于听的过程进展很快，必须采取速记的办法，在草稿纸或卷子边缘上，写下关键词语或重要数据。考生可以根据个人情况和记录习惯，摸索出一套适用于自己的、行之有效的速记方法。因此，我们应该将听、说、读、写等方面结合起来，形成一个相互作用、相互促进的教学体系，并以此来进行教学，使学生的语言能力得到全面发展，形成一个整体。要全面掌握英语，必须在听说读写上下功夫，四会能力环环相扣，不可分割。根据有声语言第一性的原则，在学习规律上听是放在首位的。听和其他能力之间相互促进和提高。目前英语高考试题中，对听力提出了很高的要求，所占比分很重；通过测验和考试，促使学生掌握用听来摄取英语信息的能力。二是，任何一种听力教学方式都有循序渐进的发展过程，由易到难、由浅入深、由少而多、由点及面、反复循环。作为教师，应该充分理解并利用这种特性，因材施教，取得良好效果。可以利用缩略字、符号、图形等各种自创的形式，快速记录瞬间映入脑际的重要信息。但记录不宜太潦草、太挤、太乱，以致自己事后都看不懂。在听力理解应试的对策中，抱有失才有得的心态很重要。

听力理解和阅读理解有相同之处，两者都是多种能力的综合体现。应试者需具备扎实的英语基础，包括熟悉语法、掌握较丰富的词汇、具有较强的理解能力。在现阶段，阅读理解的文章长度和难度超过听力理解。需要注意的是，在现阶段，对于绝大多数理工科院校的非英语专业学生来说，这种方法在外语教学中只宜于偶尔为之，因为与英语专业学生比较而言，这些大学生英语功底普遍不很扎实，自学能力也不是很强。可考虑优先在快班的教学中采用。但听力理解较阅读理解难在考生必须在听的瞬间辨别文字和捕捉信息，不能回复审视，只能用脑记忆，快速做出反映和解题。为了使课文的整体教学发挥最大的效益，就必须保证学生的基本素质，尤其是听说能力。这种训练最好在语言实验室进行，教师应有意识、有侧重地选择听说材料或教材，新选材料的难度应低于课文的难度。对听力理解题的目的和意义，以及它自身的规律有了了解后，就能在心理上有所准备，以便根据要求有针对性地去加强训练，迅速提高自己的应试能力。听力理解过程首先是由“树”过渡到“林”的过程，即自下而上的信息处理方式。我们通常称这种方式为微观信息处理，其流程是词汇（音素）→词组→句子（基础阶段）→段落→篇章（高级阶段）。听英语不比看英文，由于语速快、口音不熟悉、内容较生疏等瞬间出现的情况，往往感到模模糊糊，一晃就过去，无思索回旋余地，对策不当会使考生阵脚大乱。所以在接受新的信息时，对每一句话的正确分解与理解，决定了理解该句的难确程度；听懂每一句话将决定理解整个段落的准确程度。

听力理解的过程中，注意力必须高度集中，但千万不要紧张，必须沉着应变。由于紧张，有的考生对开始的几个单词或句子未曾听进去，严重影响情绪，因此要马上控制和稳定住自己，才不至于损失后面的。以上提到的是几项主要技巧，其他还有辨别讲话人的情绪、弦外音、记忆细节等。如果教师不向学生传授这些技巧，只是一味地放录音让学生听，几遍后对对答案了事，学员的进步则会十分缓慢。在整体听和理解的前提下，着重注意与解题有关的要点。个别单词听不懂，尤其是不影响对整个句子或段落理解的，可置之不理。如果把注意力过于集中在细枝末节上，如一听到生词就去揣摩其含义，结果常常顾此失彼。由此可见，分解、理解句子和准确把握段落的意义，取决于听者脑中已存的、关于输入信息的“内存知识”。输入的新知识与已存的知识之间的“距离”大小将决定听力理解的效果。不要希望每一个词都听不漏，而应该从解题的实际目标出发，有侧重地听。平时训练时就应加强这一点，应考时才能减少心理压力，使自己心态平稳，发挥出正常水平，取得好成绩。教师若分期把这些技巧向学生仔细讲解、示范，并通过反复练习要求学员熟练掌握，能不失时机地进行启发，使放音与收听同有针对性的讲解和阶段性的检查结合起来，在纠正错误时指出所犯错误的原因，那听力训练就会收到好的效果。一般而言，大多数人在做听力测试时都不可能一字不漏地听懂，对于一些枝节可不去理会，只要不影响解题。即使有关系，也不能为此迟疑或停顿，牵连到其余内容听不好，而让局部影响整体。这样一来，听力课教师在备课之前，首先应该“备”学生，看看他们对听力内容的（汉语）了解程度和已掌握的英语词法与句法知识，因为英语词法与句法知识不足就很难分解短语和句子。为了增进听力理解的能力，除了加强听的训练，也要提高会话能力，听和说是密切相关的，当自己能够流利地说英语，听起来就很顺当。它们共同的特点是，一日不听或不说就会生疏，应验了“拳不离手、曲不离口”的道理。同时，对听力内容理解程度的高低也会直接影响听力的效果。扩大英语词汇也必然促使听力的提高。随时多读英语文章和著作，是吸收语法、词汇、句式、文体、背景和文化知识，全面提高英语能力的重要途径。

## （二）课堂训练的策略

教师在听力教学过程中需要做两方面的工作：一是帮助学生建立与教学内容相关的图式。要做到这一点，必须注重文化背景知识的传授，如英美国家的政治、经济、宗教、习俗等。同时，也不能忽视语言图式的建立，包括语音、词汇、语法等方面知识的传授。学生应该打好牢固的语音基础。自己的发音标准了才能确保听音的正确。应该熟悉和掌握英语的音素、音节、重音以及音的同化、失去爆破，音节的重读和弱化，包括词与词构成的意群、句子的语调等，还应能辨别和听懂英式和美式等不同的音调和风格。二是要设法“激活”学生头脑中已有的图式，把他们的知识和经验充分调动起来，从而增强消化吸收新知识的能力。从组织教学的角度看，充实学生的知识图式结构要比设法激活它容易做到，那么如何在听力教学中激活学生的知识图式呢？ 课堂上，教师要有计划、有步骤地训练学生掌握一些单项听力技巧。它可以用一个或几个词、一个短语或一个句子来概括，此类题要求考生听懂材料的内容并对其做出归纳和概括。这些技巧大体包括以下几点。

（1）抓要点：重点理解并记住所听材料的主要信息，克服力求听懂每句话、每个词而平均分配注意力的错误心理。

（2）推理、猜测：依据上下文，或录音中的复加信息，如语调、语气及伴随的其他声音等，对某些没听懂的部分进行合乎情理的推理或猜测。

（3）预测：根据题目、图表、练习题等线索加上听音本人的自身经验来推测、判断将要听到的内容，有助于很快理解所听材料，在语音入门阶段应重视纠正个别发音和句子朗读中的错误，养成良好的英语发声和说的根基。

（4）目的不同，听法有别：对于所听内容的目的，要求不一样，听者的侧重点及听的方式会有很大的差别。比如，听新闻一般是记住新闻要点，要着重注意最前面具有综述性质的导句；听天气预报，则要了解温度，风、雨、雪等细节；听讲座，必须跟上讲话人的思路，弄清楚其要表达的中心内容、分为几大部分、每部分的要点是什么等。

（5）准确反映数字：一个数字常常有几种读法，熟悉这些不同的读法，并能准确记录下来。有条件的话，可在老师或外籍人士的指导下进行正音。为了听懂别人说的话，自己也应该学会说，因此要重视口语练习，听和说是不可分割和互为补足的。

教师在课堂上应把听力理解的训练放在重要位置上，并且鼓励学生在课外利用各种渠道接触听说，强化这方面的能力。学生平时要加强朗读英语文章，坚持不懈地、广泛地听各种不同的英语有声材料，包括教材、传媒等。教师可以把听力教学分为3个阶段：听前阶段、听中阶段和听后阶段。在听之前，教师可以通过“预测”练习或利用关键词来提示材料的背景、范围、功能，激活学生内在的相关词语、句式以及其他已知信息。有关听力测试的材料要多听、反复听，做到凡是看得懂的都能听得懂，摸透考试路子，只有这样才能稳步提高自己的听力技能，游刃有余地应付听力理解考试。

# 第八章 大学英语口语教学

目前，许多高校在大学英语课堂教学中都开始重视口语教学，开展了形式多样的口语课堂活动，考核中也增加了口语测试部分，借以督促学生加强英语口语练习和提高对口语的重视程度；有的学校也对现在的大学英语教师提供机会进行深造，全面培养大学英语教师，加强师资队伍的自身素质。因此，培养学生的口语表达能力不仅是英语教学基本目标，而且，通过口语表达能力的获得与提高可以有效的激发学生英语学习的成就感，提高他们学习英语的兴趣，从而有助于学生综合能力的培养。

## 第一节 英语口语教学的理论基础

### 一、口语表达的心理过程

口语表达的心理过程，从信息加工理论的角度说，它的心理活动包括编码和传码。

编码，即说话人在说话动机的驱使下，用极简缩的内部语言确定说话的大致内容，接着将大脑中储存的词语、句子、语气选择出来，按照一定的语法规范组织起来，形成比较完整的内部语言，这就是编码的心理过程。

传码，当说话人的内部语言组织完毕之后，说话人就会迅速地借助发音器官——呼吸器官、喉头和声带、口腔和鼻腔的协调运动，将内部语言转换成有声的外部语言，传达给听话人。这就是说话传码的心理过程。

在编码传码这一心理过程中，具有三个明显的心理特征。

#### （一）思维的敏捷性

说话和听话都是两个人或多个人面对面的口头言语交际形式。由于是面对面的听说情境，说话人就不可能说说停停、停停说说，一般都是按逻辑、随语流，连续不断地把一件事、一个问题说完，以免造成时间空当而冷场。这就需要说话人快速组织内部言语，快速从大脑词汇库中搜寻筛选出准确、生动、形象的词语，按照现代汉语语法规范造成完整的句子（编码），然后借助发音器官的活动，清晰流畅并富有感情地传达出去（传码）。这种瞬息之间的持续循环的遣词→造句→传达，就是口语表达——编码、传码的敏捷性。

#### （二）思维的选择加工性

说话总是要表达一定的思想内容，或叙述一件事情，或介绍一种物品，或证明一个观点。但无论表达什么内容，都必须借助词语、句式、语气等，而在众多的词语、句式、语气中，并不是任意捡一个就能表达某个思想内容的。这就必须进行选择，即说话人必须从大脑储存库中选择准确的词语、恰当的句式、合适的语气。这就是编码的选择性。但是，选择出来的词语、句式、语气，只是一堆杂乱无章的材料，还不能准确地表情达意，需要大脑“编辑师”把这些材料按一定的语法规范编辑成一个个句子，然后才能传达出去。这就是编码的加工性。

#### （三）思维的零乱性和疏漏性

无论说话人思维怎样敏捷，在现想现说的当面口头交际活动中，有时想（编码）是跟不上说（传码）的。这就造成了想与说之间的速度差。说话人为了弥补这种速度差，往往就会填充一些“啊、嗯、这个、那个、这就是说”之类的语言杂质；或重复前面的内容，或补充前面的内容。致使传码结结巴巴、颠三倒四。这就是传码的零乱性。

由于编码需要快速反映，传码的特点往往是句子短、少修饰、有省略、有追加等，使得表意不完整、不严密，这就造成了传码的疏漏性。此外，由于说话是先编码后传码，大脑的工作程序是“编码→传码→编码→传码”循环运行，直至把话说完。在这个循环过程中，由于编码—传码的时间差极小，有时大脑运行就会出现“一心不可二用”的跳格现象，即按内容的需要或语流的连贯性，本来都想好要说的，但瞬息便忘了而跳到另一个内容上去了，这也是传码的疏漏性。

## 二、影响说的因素

根据口语产生的心理过程，可以看出影响说的因素主要包括心理因素、文化因素、语言因素以及背景知识因素四个方面。

### （一）心理因素

口语表达是一个非常复杂的心理过程，要想使这一过程顺利高效地完成，需要讲话者处于轻松的、精力集中的心理状况下。紧张、恐惧、焦虑等不良情绪都会影响口语产生过程的正常进行。

### （二）文化因素

语言是交际的工具，同时语言的使用也是一种社会的规约，在不同的文化中，人们在什么时间、什么地点、向什么人、用什么样的方式、讲什么样的话都有固定的规则习惯，外语学习者需要学习并掌握这些规则才能有效的使用语言进行交际。

### （三）语言因素

语言是由语音、词汇、短语、句子和语篇构成的，足够的语言知识是口语表达的基础。尤其是要掌握一些常用的习语和句型。每种语言都有一定数量的习语和基本句型，它们往往是一些常用的特定意义的句子、短语甚至单词，学习者要对它们熟记，而不必进行语法分析，这样可以在使用的时候张口就来，从而大大减轻口语产生过程的工作负担，提高口语的流利程度。

### （四）背景知识因素

在听力教学部分谈到，学生知识面的宽窄直接影响他们听力理解的能力，学生熟悉的内容听起来会更加容易。同样，背景知识也会影响学生的口语表达。口语交际要做到言之有物，首先要求学生具备相关的知识。

综上所述，要想具备良好的口语能力，学生除了具备心理因素和背景知识方面的内容外，还需要具备三个方面的知识。

（1）语言结构知识：包括语音、词汇和语法，学生能够使用正确的单词，按照正确的次序排列，并发出正确的读音。

（2）功能：包括信息的传递与互动，学生能够知道什么时候表达清楚的信息，什么时候不需要精确的理解全部信息。

（3）社会文化规则与规范：包括话语的转换、讲话的速度、停顿的长短、参与者的角色等，学生要知道如何在谈话时把谈话人之间的关系、具体的环境、谈话的主题和谈话的目的考虑在内。

## 三、会话结构

会话是说话人与听话人在同一时空内进行的有特定交际目的的言语行为，是日常言语交际里最常见的言语行为。所谓会话结构，简单地说，就是一次会话中由会话前阶段、会话实施阶段和会话后阶段构成的完整结构。口语表达能力主要指参与会话的能力，因此，会话结构分析对于口语教学具有重要的指导意义。“对于会话结构的研究可以从两个方面入手。一是从整体上看一个完整的会话过程是怎样构成的，即会话怎样开始，怎样结束，其间又是怎样发展的，这是对会话整体结构的研究。二是研究会话的局部结构，一次会话活动是由参加者一次接一次的发言所构成的，一个参加者的发言和另一个参加者的发言之间有什么联系，如何构成连贯的话语，他们如何更迭，这是会话的局部结构所要解决的问题。”会话结构的研究所涉及的内容很多，在这里只介绍一些基本的概念。

### （一）预示语列（pre-sequence）

会话是一种最基本的语言使用方式，任何会话都要实现一定的交际功能，以言行事。例如，请求、邀请、宣告等，在此之前，讲话者先用某些话语进行探听，看是否可向对方实施某一言语行为。讲话者所讲的这些话就是预示语列。例如，

例 1. 请求前语列（pre-requests）

A：Do you have the blackberry jam？

B：Yes.

A：Okay. Can I have half a pint then？

B：Sure.

例 2. 邀请前语列（pre-invitations）

A：What are you doing？

B：Nothing.

A：Want to play chess？

B：Sure，why not？

例 3. 宣告前语列（pre-announcements）

A：I forgot to tell you the two best things that happened to me today.

B：What were they？

A：I got a B+ on my math test...　and I got an athletic award.

## （二）插入序列（insertion sequences）

插入序列是毗邻应对的第一部分和第二部分之间嵌入其他毗邻应对的会话序列，根据插入序列中各个话语的内容和关联性。典型的会话格式之一是一问一答：Q—A。始发语一般是个疑问句，而应答语则要求根据始发语所表达的言语行为做出反映。但是在实际的会话中，人们往往会在这一问一答之间添加插入语列。例如，（何自然，1988）：

A：Are you coming tonight？（Q1）

B：Can I bring a guest？（Q2）

A：Male or female？（Q3）

B：What difference does that make？（Q4）

A：An issue of balance.（A4）

B：Female.（A3）

A：Sure，you can.（A2）

B：I'll be there.（A1）

在上述会话中，Q1 和 A1 构成一个问答，但是其中插入了另外三个回合的问答，Q2—A2，Q3—A3 和 Q4—A4 都是插入序列。

## （三）话轮转换（turn-taking）

会话的特点是话轮转换（turn-taking），发话者和受话者不断地交换角色，即发话者变为受话者，受话者变为发话者。日常会话的基本结构单位就是话轮，构成话轮的语言单位可以是一个字、词、句子或更大的单位。会话中有一条潜在的规则，会话者自然地、无意识地遵守着这样的规则，即每次至少有一方，但又不多于一方在说话。会话中，每个人一次说的话，称为一个话轮。话轮单位的特征包括：（1）能够预测它的终结位置；（2）能够在单位以内具体表明终结时邀请哪一个人接着说话。

选择一个说话者的具体方法包括：（1）提问（或邀请、要求）加称呼语，例如，"What happened，Tony？""Tony，tell us what happened."（2）陈述句尾加称呼语，例如，"But，Tony，what you said is not right."（3）各种证实听到和理解的话语，如"Who？ You did what？""Pardon"等。

话轮转换的规则可以简要地概述如下（其中 C 指当时说话的人，N 指下一个要说话的人）：（1）如果 C 在当时的话轮中选择 N，那么 C 必须停止说话，而 N 必须接着说；（2）如果 C 没有选择 N，那么会话中 C 以外的具他参加者都可以自我选择，谁先说话，谁就占据了下一个话轮的机会；（3）如果 C 没有选择 N，也没有其他参加者做自我选择，那么 C 可以继续说话。

## （四）会话的总体结构

会话应有一个总体结构，用于不同目的、不同环境下的会话会呈现出不同模式。会话的总体结构通常被认为由开端（opening）、主体（body）和结尾（closing）三个部分组成。开端和结尾更能体现出结构上的特点，因而受到研究者们的关注。比较不同语言会话的开端与结尾也成为对比语用学（Contrastive Pragmatics）的一项重要内容。例如，打电话时总是以开场白作为开始，然后是一个或者几个话题的对答，最后以交换告别语（如 bye，cheers 等）而收尾。在收尾前往往有一些预示收尾的话语出现（如 Okay，all right，so 等）。告别语和预示收尾的词语使收尾显得自然协调。

## 第二节　英语口语教学的原则

英语口语教学主要是为了培养及训练学生对语言知识的转换能力，即让学生通过读和听获得信息，并在原有知识的基础上对它们进行加工、重组，并赋予新的内容，然后再输出语言，完成整个交际过程。通过对口语的特点和具体要求来分析，可以看出，对口语教学目标的定位应该是培养学习者流利表达和有效交流。为了达到这一目的，口语教学必须遵循相关的原则，以达到最佳教学效果。从具体的实践看，在教学过程中应遵循以下教学原则。

### 一、尊重学生的主体性原则

口语课的成功与否在很大程度上取决于教师与学生定位是否准确。传统的教学方法决定了教师是课堂的主宰，而学生则处于被动、消极的地位，因而造成课堂沉闷，学生发言机会少等问题。口语教学应把课堂的中心转移到学生身上，学生应该是教学的出发点，是教学活动中积极、主动的参与者。保持学生的这种积极性和主动性是口语教学的关键。但从口语教学实践来看，尽管大部分学生对口语学习有高涨的热情和强烈的动机，但有的学生出于对口语课的特点认识不清，把握不准，在交际过程中一旦遇到困难，没有达到预期效果时，便会变得心灰意冷，丧失信心，甚至产生不敢（不愿）说的畏难情绪。这种情绪又反过来在某种程度上削弱学生的学习动机，挫伤其积极性，这就要求教师在教学过程中采取相应的措施去激发和保持学生的学习动机。因此，教师在教学过程中应保持教学内容的新颖性，课堂讨论的话题应该对学生具有吸引力。对于一些学生自身感兴趣的话题，学生讨论起来将会更加积极主动。在学生开展口语活动，尤其是自由表达时，教师纠正错误不宜过多，可采用互相纠错、全班纠正等多种形式纠正明显的基本结构错误。实际操练时，应以鼓励为主，切不可语气生硬或言辞激烈，否则会挫伤学生的积极性。

### 二、先听后说、循序渐进原则

听是说的前提条件，在交际活动中听和说是相辅相成的两个方面。学生通过听获得知识信息，接触到大量的英语词汇，进而激发表达思想的强烈愿望。当具备大量的语言储备时，才会有真正意义上的口语会话，这也是大量听的必然结果。可见在听懂的基础上进行模仿，不仅能够加快反映，还能提高说的能力。遵循这个原则，可以在组织学生复述故事之前先让他们听懂情节，然后再抓大意，记细节，让学生互相提问，交换意见，最后达到用自己的话复述故事的能力。

### 三、情景带动运用原则

语言的运用总是在一定的情景和场合下进行的，因此，从开始学习英语，就要强调情景的重要性。情景是帮助学生理解的瓶颈，也是指导学生正确使用语言的关键。设置一定的情景进行口语练习，可以检查学生恰当使用所学语言的情况，也可以使学生学习在新的场景下创造性地运用语言。情景是多样的，也可以对不同阶段的学生在同一情景下提出不同的要求。在家中吃饭是一个情景，可以让学生议论饭菜是否好吃，也可以让学生问扮演父母的人某一道菜的做法，还可以谈论天下大事。情景可以是购物、寄信、访友，也可以是一套连环画或卡通片，学生可以根据连环画讲述故事，还可以为卡通片中的人物配音。总之，只要开动脑筋，情景是丰富多彩的，针对每个情景所需要完成的任务也是多种多样的。

### 四、内外兼顾，多样化原则

兼顾的原则是指不仅要注重课堂，还要兼顾课外。英语课外活动是英语课堂教学的延伸，与课堂教学息息相关，因而英语教师不仅要注重课堂教学，还应该注重英语课外活动。英语课外活动是课堂教学的补充，是让学生复习、巩固与提高所学知识，教师应为学生提供各种语言环境，创造用英语进行交际的条件，指导学生在不同场合运用所学语言材料进行正确、恰当、流利的口语操练，比如，组织英语角、竞赛，或者根据自由组合原则编出课外活动小组，安排小组活动等。另外，在英语课后作业上，教师可以让学生结成学习对子，培养学生说口语的兴趣，利用一切可能的机会巩固和提高学生的口语能力。

在实际的教学过程中，教师不仅能够运用多样化的教学手段，还应该运用多样化的教学方法。口语课应该是轻松愉快的，教师根据学校的教学设备，多运用录音机、多媒体，让学生通过图片以及原味的英语，提高自己的口语水平。同时根据每堂课不同的教学目标，运用不同的教学方法。教师在学生能够开口说的基础上，应该注重训练其说话的流利性，并在语言的规范性、语音语调的正确性上有更高的要求，给他们创造实践的机会。

### 五、鼓励学生尽可能多地使用英语原则

口语的提高需要大量的实践，口语表达能力的提高要通过口语的训练来实现。因此，要想方设法使学生尽可能多地说英语，说得多了，熟能生巧，口语能力自然也就提高了。因此作为优秀的英语教师首先要给学生做出榜样，不仅在课上要多讲英语，在课下亦然。此外，还要设计适合学生英语语言水平，为学生所喜闻乐见的活动，给学生进行口语练习的机会。

## 第三节　英语口语教学的模式

这里主要介绍三种口语教学模式，即一般模式、3P 模式以及任务型教学模式。关于各教学模式的教学步骤，是论述的重点，这三种模式是随着教学的发展应运而生的，因而比较具有代表性。

## 一、一般模式

一般模式通常包括四个阶段，即背景铺垫（学生听）— 布置任务（教师说）— 执行任务（学生说）— 检查结果（教师说）四个阶段。下面将具体阐述各个阶段的任务和意义。

第一阶段是引导阶段，这个阶段可以采取不同的形式，可以让学生阅读资料或观看实物与画面等。至于听力材料的选择也没有统一的要求，可以是教师朗读文章或讲述故事，也可以是听录音资料或影像资料。事实上，无论学生听的形式怎样，也无论听到的内容是什么，其目的都是为学生将要执行的任务创造情境、提供背景信息。

第二个阶段即教师布置任务阶段，此阶段的目的是为学生的“说”确立目标，制订方案，组织活动。第二阶段的过程虽然很短暂，却是为第三阶段服务的，为第三阶段能够顺利进行奠定基础。

第三阶段就是执行任务，也即学生“说”的阶段，是整个口语教学的重点。在这一阶段，教师要尽可能地保持沉默，不要干预学生的说话，不要占用他们的时间。让学生进行口语练习，重要的是让学生开口说话，而不是评价学生说对了几句英语。另外，教师也要合理控制好这个阶段的活动时间，最佳的活动时间应大约占整个活动时间的80%。

第四阶段主要是教师检查任务的完成情况，其主要目的是对学生的口语活动进行及时的总结，指出活动的不足，提出必要的建议等。

## 二、3P 模式

除了口语教学的一般模式外，有些学者也提出了“3P”模式，所谓 3P 模式，或者叫 PPP 模式，就是把课堂教学划分为三个环节依次进行，这三个环节是：presentation（展示）—practice（练习）—production（表达）。这是目前在世界上运用最为普遍的第二语言教学模式，在对英语教学界也是如此。

（1）在 presentation 阶段，教师把新的语言项目通过解释、示范、举例、角色扮演等方式向学生介绍，包括语法、句法、会话技巧、功能等，使新内容在有意义的语境中进行，而不是脱离上下文孤立地呈现句子或语法规则。在呈现过程中，教师要集中学生的注意力，并检查他们是否听懂、理解新的语言点。在这一阶段要确定课堂的教学目标和教学内容。

（2）在 practice 阶段，教师为学生提供各种机会．让学生采取句型操练等多种形式展示内容，练习的程度也是由易到难，逐步加深。教师对活动的引导也是由控制到半控制，逐步增强学生的自主性。这种有控制操练的目的是训练学生使用语言的准确度。

（3）在 production 阶段，教师给学生提供机会将其新学到的语言知识和交际技能融入已有的知识之中进行综合使用，以达到学生可以在自己语言能力范围内自由地运用语言进行交际的目的。这一阶段可以增强学生的成就感，使其对口语学习产生浓厚的兴趣。

该教学模式以强化语言知识与技能、提高语用能力、注重语言的准确性和流利性为目标，引导学生积极参与、合作探究。它的三阶段教学程序清楚、明确，并且各阶段也都有其中心目标，在注重准确性的同时把流利性放到重要位置。在具体教学中，以其实用性、实效性以及可操作性，赢得广大英语教师的青睐。然而对于3P模式也有持否定态度的，他们对于三个阶段之间存在的内在逻辑性，以及准确性向流利性过渡的可靠性持怀疑态度，认为该模式过度强调准确，大大限制了学习者广泛接触目的语的机会，并且缺乏有意义的语言运用功能，没有实现真正意义上的交际。

## 三、任务型教学模式

以任务为中心的语言教学思路（The Task-oriented Approach）是近20年交际教学思想的一种发展形态，它把语言应用的基本理念转化为具有实践意义的课堂教学方式。任务型教学反映出外语教学目标与功能的转变，体现了外语教学从关注教法转变为关注学法，从以教师为中心转变为以学生为中心，从注重语言本身转变为注重语言习得。目前关于任务型教学模式大致分为四个步骤：呈现任务 — 实施任务 — 汇报任务 — 评价任务。

（1）呈现任务。教师在呈现任务时，结合学生的生活或学习经验，并创设有主题的情境，以此激发他们的好奇心和学习动机。

（2）实施任务。学生在接受任务后，可以采取结对子或小组自由组合的形式，也可以由教师设计许多小任务构成任务链等来开始实施任务。这种结对子和小组活动的形式可以让所有的学生都有练习口语的机会，并且在与同伴的交流中可以刺激学生认知的发展，另外这种形式还有利于培养学生互助合作的精神。

传统的英语教学活动多为“精讲多练”，教师大多担任“主讲”和“指挥”这样的角色。而在任务型活动中，教师应该是活动的组织者、引导者，是一种媒介、桥梁，不仅要传授给学生独立学习的技巧，同时还要严格控制课堂讲解的时间，让学生充分实践，只有这样，学生才有充分表现和自我发展的空间，才会真正成为学习的主人。在传统的教学模式中，口语课变成了教师练口语的地方，学生则成了聆听者，这不符合新课标的要求，而任务型口语教学模式是以学生为中心，以小组合作学习为主要学习形式，以学生完成任务为目标，充分调动了学生学习英语的积极性。在任务型口语教学模式中，教师通过创设情景，尽量设计真实的任务，让学生通过实践、参与、体验、合作、交流等学习方式来锻炼口语，激发学生参与的热情，培养学生用英语进行交际的能力。学生在有效的动机驱使下，由原来被动、消极的心理转化为主动、积极的实践，特别是在完成任务后得到的成就感，更让学生对下次的任务充满期待。另外，教师从学生“学”的角度设计教学活动，使得学生无论在哪一个环节，大脑都始终处于一种激活状态，并且这种教学模式让学生获得的不仅是语言知识点，还获得了运用语言的能力。随着学习任务的不断深化以及学生自身语言能力的不断提高，学生也愈能创造性地表达自己的思想。

## 四、Let's 教学模式

该模式主要由四大基本步骤组成：即Leading（激活旧知，有效导入）；Exploring（创设情境，探索新知）；Trumpeting（聚焦难点，处理加工）；Sharing（深入探究，交流发现）。

（1）激活旧知，有效导入（Leading）。新课导入将学生的心理活动引入一个新的知识情境，让学生对所要学习的知识产生认识上的需要。在课堂教学中，运用科学的导入方法可以迅速吸引学生的注意力，激发学生的学习兴趣，调动起学生的求知欲望，使他们积极主动去探索，从而提高英语课堂教学的效果。新课导入一般用下列方法：直观导入法、话题导入法、复习导入法、游戏导入法、歌曲导入法等。

（2）创设情境，探索新知（Exploring）。著名的教育学家杜威说："为激发学生的思维，必须有一个实际的情景作为思维的开始阶段。"在这一步骤中，教师主要与学生一起探索和发现新知。主要运用文本材料，如听力部分与对话部分，把两大块教学内容整合在一起，用一条线把它串起来，这条线可以是某个话题、某个场景，也可以是某个人物、某个地点。在这一步骤中，最重要的是如何设计形式多样的活动，让学生真正动起来。那么如何训练学生的听和说的能力，启动他们的耳朵和嘴巴？在设计活动过程中，要遵循三个原则：联系学生实际时效性原则、结合学生生活真实性原则、实现学生实践交际性原则。

（3）聚焦难点，处理加工（Trumpeting）。该环节是指抓住本课的重、难点内容，把输入的有效信息进行个性化处理、加工。

（4）深入探究，交流发现（Sharing）。课程标准要求英语教学为学生的全面发展和终身发展奠定基础，要求教师为学生提供自主学习和相互交流的空间，鼓励学生通过体验、实践、讨论、合作、探究等方式，发展综合语言能力，创造条件让学生探究他们自己感兴趣的问题并自主解决问题。

# 第九章　大学英语阅读教学

## 第一节　阅读教学的理论基础

阅读是通过人的视觉感官从书面语言材料中获取知识信息的过程，其目的是有效、正确、快速地理解所读的材料。从心理语言学的角度看，阅读是由发送者向接受者传递信息的一种交际行为。这里所说的发送者是指作者及所形成的书面语言材料，而接受者则指阅读这些材料的读者。从大脑活动和语言学习的关系来看，阅读是大脑活动的最复杂的一种过程，是人用于处理文字信号和获取新知识的一种工具。阅读从识别单词、领悟句意到理解篇章、摄取知识，实际就是一种提出问题、解决问题等排疑解难的心理思维过程。因此，阅读教学的理论基础涉及语篇的结构、阅读的心理过程以及由此而得出的影响阅读的各种因素。

### 一、语篇分析

篇章语言学就是以上述定义的篇章为研究对象的一门新兴学科，它于20世纪60年代产生于欧美。德国学者维因里希（Harald Weinrich）在1967年首次提出篇章语言学的概念，颠覆了过去语言学研究把句子作为语言中最大单位的做法，认为篇章才是语言分析的起点和归宿，从而开启了篇章这一新的研究层面。到了70年代初，篇章语言学逐渐成为一门独立的学科并较快地发展起来。语篇分析是指对比句子更大的语言单位所做的语言分析，目的在于解释人们如何构造和理解各种连贯的语篇。

#### （一）衔接（cohesion）

衔接是语篇特征的重要内容，它指通过语法和词汇手段把语篇中的句子或较大的语段的意义紧密联系的现象。英语语篇中主要的衔接手段包括参照（reference）、替代（substitution）、省略（ellipsis）、连接（conjunction）和词汇照应（lexical cohesion）（Halliday，1976）。

1.参照

有些语言单位本身不能做出语义解释，需要参照另外的一些单位才能明确它们的意义，这些单位之间就构成参照的关系。从所使用的语言手段来看，参照包括人称、指示和比较三种方式。人称参照是指通过人称范畴（人称代词、物主代词等）来表示功能的参照，指示参照是指表示处所远近的参照，比较参照是指表示相同或相似的参照。例如，

A.John gave Mary a gold watch yesterday.They will get married next month.（人称参照）

B.Come and sit down here.（指示参照）

C.You should never speak like that.（比较参照）

从语言和非语言因素去分析，参照包括情景参照（exophora）和语境参照（endophora）两种。用语言内部的信息可以解释其含义的是语境参照，如上面三个例

子中的 they 和 like that。必须依靠话语所处的客观环境去解释的叫情景参照，如上面三个例子中的 here。

2. 替代和省略

一个单位代替另一个单位，就构成替代关系。有些单位被省略，就出现省略关系。例如，

A. Whose pen is this ? —Oh，it' s the one I lost.（替代）

B. Has he left ? —I think so.（替代）

C. How much does it cost ? —Five pounds.（省略）

替代和省略除了加强语言的结构联系外，还可以使语言富有变化，不枯燥，简洁活泼。

3. 词汇照应

词汇照应是指通过词汇的选择产生的照应关系，是连句成篇的手段之一。词汇照应手段主要有两种，一是重申（reiteration），一是搭配（collocation）。重申是指利用词汇的重复，利用同义词、近义词或反义词，及利用上坐标词、概括词将各个句子连接起来，在翻译时应认真处理。重申有重复、同义词或近义词、上下义词、概括词等四种形式。例如，

When we look at puppies or kittens，it is easy to see that they are baby dogs or baby cats. Although they do not look exactly like adult dogs or cats，we do not have any trouble recognizing that they are the same animals.

搭配也是实现语篇衔接的重要手段，这里所说的搭配是指词与词之间的一种共现关系。有一些词，意义很不相同，甚至是反义词，但经常出现在同一语境，使它们具有衔接的作用。例如，Mary is a good waitress，but she is a bad wife. 其中 good 和 bad 是一对反义词，正是通过这一共现关系，使得句子前后衔接起来。类似的词对很多，例如，stand up，sit down；like，hate；man，woman；boy，girl；wet，dry；dollar，cent；bee，honey；school，students；king，crown 等。

4. 连接

连接成分的衔接作用是间接的，它们本身不能直接影响上一句或者下一句的结构，但是它的具体意义表明必须有其他句子的存在。连接成分表达的是语义上的关系，而不是语法关系。例如，

A. This may hurt a little，but they say it is very lucky for the child.

B. Some owners abandoned their cats because they could not afford to care for them any longer.

连接主要靠连接词来实现。主要有四种：第一，递进连接，例如，and，and also，furthermore，in addition，in other words 等；第二，转折连接，例如，but，however，in fact，at the same time，instead 等；第三，因果连接，例如，so，therefore，as a result，because 等；第四，时间顺序连接，例如，then，next，secondly，finally，soon，at once，three hours later 等。

## （二）连贯（coherence）

连贯指的是语篇中的语义关联，连贯存在于语篇的底层，通过逻辑推理来达到语义的连接，是一个把语篇联系起来的无形网络。一个语篇往往有一个主题，其中的所有内容都是围绕这一主题展开的，从而通过语义的关联构成一个连贯的语篇。

## （三）语篇的结构

语篇是一个整体，同时又由各个部分组成。由于语篇的交际功能、语篇的主题和内容、文章的体裁、作者的风格等方面的差异，语篇的结构也多种多样，但是，同一类型的语篇也会呈现基本相同的结构。较大的语篇通常都有开头、中间、结尾等部分，而不同语体的语篇通常用不同的结构形式作为开头、中间、结尾等部分。例如，故事的开头往往对时间、地点、人物等做出交代，中间部分主要描述故事的发展，结尾部分一般要描述人物和事态的结局或者给人的启示。议论性的语篇开头一般指出问题，说明该文要议论的主题，中间部分则对开头所提出的问题进行分析，对论点加以论证，结尾部分则提出解决问题的办法或者得出结论。书信的开头是称呼，中间是正文，结尾则是结束语和落款（黄国文，1988）。

在一个语篇的内部，所有的句子都是以线性的方式依次排列起来的，但是句子之间都通过不同的关系结构连接起来。这些关系结构主要包括：顺序、层次、平衡和连环。

1.顺序关系结构

顺序关系结构按照事件发展的过程将相关语句顺次排列起来构成语篇。由于该语篇内部的语句具有内在的逻辑次序，一般不能随意颠倒，其中时间顺序是最为典型的顺序关系结构之一。语篇中可以直接将相关语句按照一定的顺序组合起来构成具有顺序关系结构的语篇，也可以借助特定的词语来显示这种顺序关系，这种结构一般用于适合按步骤进行说明或按固定的操作程序进行描述的语篇，例如，使用手册、操作方法说明、故事等。例如，

**A Brief History of Horses with Humans**

For many thousands of years, people hunted for horses to eat. In fact, horse meat was a very common food. Then, about 6,000 years ago, people discovered that horses were useful, too. Somewhere in southern Russia and west central Asia, people first began to use horses to work for them.

This discovery changed human history. People were able to travel faster and farther with horses. They were able to leave their own land. Many people went to distant lands, met new people, and saw new places. They taught other people how to use horses. Then, about 3, 500 years ago, people in Mesopotamia (modern Iraq) began to use horses to help them win wars against their enemies. They drove chariots, or carts, pulled by two or more horses. It was impossible for an enemy on foot to fight against a soldier in a chariot. As a result, armies with horses and chariots were very powerful. About 100 years later, men learned to ride on horses. These armies became even more powerful.

For many centuries, until railroads were built, people everywhere depended on horses to work and to travel. In fact, horses worked to help build the roads and railroads we use today. They also worked on farms. They pulled fire engines and ambulances in cities. Horses were indispensable to people for a very long time.

### 2. 层次关系结构

层次关系结构中的句子往往不在同一个平面上，而是呈现一种等级关系，有些句子用来说明或者解释其他句子，有些句子支配着其他句子。一般论证性和说明性的文章常采用这种关系结构。例如，

E-mail work in very new way. You do not use the telephone, but you must have a telephone line. You write your letter on the computer. Then you tell the computer to send it to someone. Your computer sends it by telephone line to a big computer. The big computer sends your letter to an other big computer. That computer sends it to the small computer on the address. That is how people use E-mail to "talk".

### 3. 平衡关系结构

平衡关系结构与层次关系结构和连环关系结构都有相似之处，这种关系结构常常从一个环节延伸开来，特别注意结构的平衡。说了正的，还要说负的，左右照顾，利弊并举，正反兼说。例如，

Whether you are married or not, you probably have some opinion on marriage. Perhaps you think marriage is a good idea. Perhaps you are already married, and you are very happy. Or you may think that marriage is a very bad idea. If you are married, perhaps you are not happy. If you are single, perhaps you would rather live alone. The writer believes that marriage is a good thing. There are several reasons and feelings underlying this belief.

### 4. 连环关系结构

平衡关系结构既像连环关系结构，又像层次关系结构。说它像连环关系结构，是因为处于这种关系结构的语篇常常从某一环节引申开来；说它像层次关系结构，是因为它特别注意层次的平衡。这种平衡关系结构说了正的还要说负的，说了热的还要说冷的，左右照顾，前后呼应，利弊并举，正反兼说，圆通周到，求得平衡。例如，

Smoking giving you bad breath. That makes you unpopular. Unpopularity leads to loneliness. Lonely people smoke heavily.

在上面的例子中，叙述一环接一环，各个句子间的词语连接也十分明显。

## 二、语篇理解的模式

篇章阅读研究最早开始于 Bartlett 在 1932 年采用实验心理学方法对篇章阅读与

记忆的研究。在此之后大约四十年间，虽然也有零星的阅读研究严格遵循这种实验心理学传统，但更多的阅读研究都是教育心理学家为课堂教学的应用而开展的，他们研究的主要目标不是对篇章理解实质的探索，研究者也缺乏一个清晰的理论模型来支持研究和指明方向。直到20世纪60年代末，在信息加工主流思想的引导下，现代认知心理学的迅猛发展大大地激发了研究者对篇章阅读领域的兴趣，他们对语篇理解的过程进行了大量研究，并提出了各种语篇理解的模式。Barnett（1989）把这些模式分为三种类型：自下而上模式、自上而下模式和互动模式（interactive model）。

### （一）“自下而上”的模式

自下而上模式是一种传统的阅读理解理论，它起源于19世纪中期，采用信息加工的理论来阐述阅读的过程，是一种文本驱动型（text-driven）的模式。即从看到的书写文字符号到理解文字意义的整个过程，从低级的小单位字母加工发展到高级的词、句乃至语义的加工过程。这个模式认为，阅读是从字词的解码（decode）开始直到获取文本的意义，即阅读过程是一个从左向右对字母、词、句子、语篇的有组织的、有层次性的自下而上的理解过程。根据这个模式，理解一个语篇，读者必须首先具备一些低级或简单的语言知识，因为理解一个语篇必须依赖对构成该语篇的句子的理解或对句子进行加工，而句子的理解又依赖对词的理解，对词的理解又离不开对字母的识别。由此可见，自下而上模式强调的是语篇本身的作用，阅读过程中遇到的问题就是语言问题，学生理解的失败主要是由于缺乏足够的语言知识，如不熟悉某些单词或句子结构等语言障碍。

自下而上的模式说明了信息加工中的线性模式对阅读研究的影响，但没能说明阅读过程中各种信息之间的相互作用，只是局限在字、词、句这样的线性理解层面上，忽视了读者可能会从语篇以外的其他地方，如读者已有的知识中提取有关信息并对它进行加工这一情况。虽然语篇是以层次结构的形式把信息呈现给读者的，但读者可以直接在任何水平上提取并对有的知识进行加工，以补充或者预测来自文章的信息流。读者阅读语篇中的字、词、句并不等于孤立地对这些成分进行加工。字母在词中出现要比单独出现更容易察觉，词在有意义的句子或故事中出现要比单独出现时更容易识别，不管句子的句法如何复杂，深层语义关系贯通一致的句子要比语义关系混乱的句子容易整合。显然，自下而上的阅读理解模式不能说明这些现象，也不能解释整个的阅读过程。它把低层次过程与高层次过程截然分开，没有意识到读者在阅读过程中可能带进高层次知识的作用。

### （二）“自上而下”的模式

自上而下的模式是在20世纪60年代后期，在认知心理学的影响下发展起来的阅读理论。1967年，Goodman提出了著名的“阅读是一种心理语言学上的猜字游戏”的理论，认为读者利用已有的句法和语义知识来减少他们对语篇中书面符号与语音符号的依赖，并具体划分出阅读的四个过程：预测（predicting）、抽样（sampling）、验证（confirming）和修正（correcting）。首先，读者预测语篇中的语法结构，运用他们的语言知识和语义概念，从语篇结构中获取意义，因此，语篇必须含有意义并且是用功能健全的语言表达。随后，读者从书面符号中抽样以证实他们试探性的预测。Goodman 认为读者在阅读时不断地从三种可利用的信息中抽样：字形读音（graphophonic）、语法和语义。字形读音信息取自书面符号，语法语义信息则要靠读者的语言能力。在抽样的过程中，读者不必看清每一个字母与单词，除非他处理的单词、语义与语法线索和他做出的预测吻合，否则他会视而不见。换言之，读者只选择读物中能证实他的预测的线索。读者的句法、语义知识层次越高，他们抽样的选择性便越强。抽样后如果预测的意义被证实，读者将对随之而来的内容进行新的猜测，如果他提取的样品不产生意义，或者预测的书写符号输入没有出现，则需要从读物中提取更多的信息，以修正自己错误的预测。

阅读过程实际是读者的先前知识与阅读材料交互作用的过程。因此，自上而下的阅读教学模式主张在阅读教学中重视背景知识的导入，教师要帮助学生学会运用已有的知识（事实和社会文化方面的知识、有关阅读材料话题的知识、文章结构组织的知识、情景上下文的知识等）对文章的下文进行预测，包括阅读检验自己的预测、修订自己的预测、进行新的预测等。

所谓概念能力（conceptual abilities）是指读者能否将阅读时输入的零碎信息迅速汇集成概念的能力；所谓背景知识（background knowledge）是指读者的常识和有关某一领域或话题的知识；而处理策略（process strategies）指的是阅读能力的各方面，既包括句法、语义及篇章结构的知识，也包括各种阅读技能如“略读”和“查读”等。在阅读中，三者相互作用，让逻辑思维能力和背景知识来赋予文字以意义。自上而下模式认为读者不是被动地接受文字信息，而是依靠读者本身因素（概念能力和背景知识等）主动地理解读物，因此，自上而下模式是一种读者驱动型（reader-driven）的阅读模式。

自上而下的模式有很多不同的变化，从总体而言，它们的特点可以归纳为以下几点：（1）认为阅读是一种主动在读物中寻找意义的思考过程；（2）强调读者已掌握的知识与技能在理解中的作用；（3）认为阅读是有目的性与选择性的，读者只专注于实现自身目的而必不可少的方面；（4）认为阅读有预见性，已掌握知识与对理解的期望以及阅读目的之间相互作用，使读者能预见读物的内容。

### （三）交互作用的阅读教学模式

20 世纪 80 年代中期，Carrell 对认知模式提出质疑，认为认知论者在强调背景知识上走向了极端。他提出了阅读的“互动模式”，认为阅读是同时运用各个层次的信息加工来重构信息的过程，即不仅是一个运用背景知识也是一个运用语言知识、辨认语言形式的双向过程。互动模式包括各种各样的理论，其中图式理论是影响最大也是最著名的一种。心理学家 Bartlett 在 1932 年最先提出图式理论。就其理论来源来看，现代图式理论与格式塔（Gestalt）心理学有密切的联系。图式理论曾经为认知心理学的发展提供了广阔的视角，但被随后兴起的行为主义所掩盖。到 70 年代，图式理论又引起了人工智能研究者的极大兴趣。到 70 年代后期，图式理论被广泛地用于阅读理论的研究之中。图式是人们对于物体、事件或者情形等一般性概念的抽象表征。例如，每个人对 house 的概念都有一个抽象的表征，这一表征可以因为人们加上不同的修饰词，如 elegant，enormous 或者 ramshackle，squalid 而发生变化。另外，个人的不同经历以及文化的差异也会造成人们对于同一概念的抽象表征的不同。当图式代表一种情形（例如看电影、修车、购物等）时，人的大脑中与此情形有关的一系列事件或者特征就会被激活。Schank 和 Abelson（1977）把这种现象称为“剧本”（script）。例如，“就餐”这一情形的一般剧本包括：预订座位、乘车、到达餐馆、就座、点菜、就餐、结账、离开等。

图式理论认为“阅读图式”可以分为语言图式（linguistic schema）、内容图式（content schema）和形式图式（formal schema）三种。语言图式是读者掌握的语言知识以及运用语言的能力，指读者已有的语言知识，即语音、词汇和语法等方面的知识。内容图式指读者对语篇内容的熟悉程度，即狭义的背景知识。它由两个方面的内容构成：一是关于某种文化或亚文化的生活方式、社会制度等方面的知识；二是语篇中涉及的有关本学科或专业方面的知识。一般说来，读者的背景知识越丰富，就越能将注意力集中在高级阶段的信息处理和提出假设上，从而更好的理解文章。充足的背景知识甚至可以对较低的语言水平产生一种补偿效应，也就是说，背景知识可以在一定程度上弥补语言水平的不足，以保证顺利阅读文章。形式图式指读者对语篇结构的熟悉程度，即我们通常所说的语篇知识。有研究表明（Urgabart，1984），以时间顺序为结构的叙述文和单向性结构的描述文比其他结构顺序的课文更容易回忆。这说明对文章结构的了解确实能增加读者对文章内容的吸收。还有人发现（Meyer，1975）从一般到具体结构的论说文比具体到一般结构的论说文更易于理解。

在认知过程中，图式的主要作用用来说明人的理解过程。人的理解过程实质是一种释义过程。“释义”时需要个体已有的图式中相关知识的参与，通过分析、推理、对照、综合等心理过程，来运用和贯通知识，从而解决问题。具体到阅读活动来说，图式理论认为，阅读对象即文章本身不具有任何意义。意义蕴藏在读者的脑海里，取决于读者阅读过程中对大脑中相关的图式知识的启动情况。我们说一个读者读懂了一篇文章，说明读者具备与该文章相关的图式，并且这个图式提供了与该文章的各个方面一致的解释说明。Rumelhart 认为，阅读理解就是选择和激发能够说明输入信息的图式与变量约束的过程，就是说，阅读理解首先是输入一定的信息，然后在记忆中寻找能够说明这些信息的图式，当找到足以说明这些信息的图式或者是将某些图式具体化以后，就产生了理解。在理解过程中，加工的层次是循环递进的，随着阅读行为的不断进行，更高层次的图式被激活，理解的循环就走向更高的水平，产生对句子的理解以及对语段与篇章的理解。Rurnelhant 认为，图式在阅读加工中最重要的一个作用是它的预期作用，在阅读过程中，读者正是依靠图式的这种预期作用进行推理，以填补篇章信息本身的某些空白，达到对篇章的理解。相反，如果读者大脑里不具备相关的图式，或者读者虽然具备了相关图式，但是由于种种原因未能将其启动，那么文章的各个方面就得不到解释说明，新的信息与已有知识无法贯通，那么这篇文章对于读者来说是不连贯的，并且是不可理解的。

例如，一篇文章或一本书的题目，从表面看只不过是几个字，但它从心理上唤起了一系列关于该文或该书所述主题的图式知识，从而激活了一系列低层次的图式。而低层次的图式活动又可以引起高层次的图式反映，因为这些较低层次的图式是较高层次图式的一部分，这种自下而上的启动又称为材料驱动，是一个由部分到全体的过程。自上而下和自下而上的启动并不是彼此孤立、毫不相干的。相反，这两种启动方式往往是在各层次同时发生并相互补充的。当文章的信息与读者的图式知识相吻合时，自上而下的概念驱动可促进两者的同化。当文章所提供的信息与读者的心理图式不吻合时，自下而上的材料驱动将发挥作用，帮助读者利用已有的知识，选择合理的解释。同时，这两种运作的相互补充作用对于读者的阅读理解有非常重要的意义。读者丰富的图式知识可以弥补其低层次的字面解码能力的不足。相反，若读者缺乏相应的图式知识，则可通过对字面的解码来获取意义，以丰富其图式知识。图式理论的研究证明，阅读活动是一个不断变化的动态过程，在这个过程中读者已有的图式不断得到补充、调整、修正或否定，从而使其阅读能力不断提高。在阅读教学中应引导学生充分运用已有的图式知识去吸收掌握新的内容，充实、丰富其图式结构，这有助于提高学生的理解能力和阅读速度。

### 三、阅读技能与策略及其培养

阅读技能（reading skills）是一个复杂的概念，正如Nuttall（2002：40）指出的：“人们就阅读技能进行了大量的研究，试图列出一个阅读技能的目录，并搞清楚各项技能之间的相互关系，但是阅读技能的问题仍然存在很多的争论。”现在，阅读技能被用来指读者对于阅读材料的各种处理方式，关于阅读技能的分类方式也很多，许多分类方式都把阅读的技能和阅读类型包括在内。

阅读策略（reading strategies）是指“学习者为解决阅读中的困难而采取的行为过程”（Johnson & Johnson，1998：333），是学习策略研究领域的一个重要组成部分。阅读策略的教学通常包括为学生提供相关背景知识，鼓励学生在阅读时进行自我监控，帮助学生记住阅读的内容等。Sarig认为阅读策略有四种类型：（1）有技巧的策略：略读、浏览、跳读、在文中写下关键词、对文章内容做出标记、在页边写出段落大意、使用术语表等；（2）归类和简化策略：替代、用自己的话解释、婉转陈述、同义词等；（3）衔接发现策略：有效使用内容图式和形式图式来预测下文、辨认文章中的人物及他们的观点和行为、文章意义的连续解码、使用文中给出的总结、辨认出文章的重点；（4）监控策略：意识到计划的改变并完成任务、放下不懂的地方、调整阅读速度、纠正错误、进行自我评价。

## 第二节　英语阅读教学方法原则

不同的教师、不同的教学条件和环境、不同的学生、不同的教学目的以及其他与英语教学相关的方方面面的不同，反映在阅读教学上，就必然演化出各种各样的阅读教学活动，这就是英语阅读教学的实践。而作为理论研究，我们更为关注的是，在这些各不相同的英语阅读教学活动与任务的后面，有哪些共同的原则必须遵守。以下列举几家之言，供读者参考。

Goodman 提出阅读是“一个心理语言学猜谜游戏（1970）”的论断被广为引用，为大家所认同。这可以说是阅读教学的第一原则。依照这一原则，教师应该鼓励学生在阅读中进行积极的意义建构，而不是消极地等待作者去告知。

Beaumont 总结出六条高效阅读的特征：目的性强、目的决定阅读方式、目的决定阅读速度、无声阅读、阅读材料以语篇为基础、应用各种认知技能。

胡春洞认为，中国中学英语阅读教学严重存在“三紧三松”的倾向。所谓“三紧”，就是朗读抓得紧、精读抓得紧、课内读抓得紧；所谓“三松”，就是默读抓得松、泛读抓得松、课外读抓得松。胡氏反对“三紧三松”，主张“三结合”，即朗读与默读相结合、精读与泛读相结合、课内读与课外读相结合。这三对阅读方式的应用，应该是一种动态和发展的过程。初学者应该朗读多，默读少；精读多，泛读少；课内读多，课外读少。随着学生学习的深入和英语水平的提高，按社团法理论的说法就是，学生从“birthstage”向“childstage”发展，最后达到“adultstage”，三对阅读方式中的朗读、精读和课内读就应该逐步减少，而默读、泛读和课外读则应该逐步增加，最后变为朗读少，默读多；精读少，泛读多；课内读少，课外读多。阅读任务应该有利于培养学生的阅读技巧，而不是简单地考查他们的阅读理解；教师不仅应该帮助学生处理眼前具体的阅读材料，还应该帮助他们掌握更多的阅读策略和提高阅读能力；教师应该帮助学生学会自主阅读。阅读理解过程实际就是一个错综复杂的由宏观到微观、由微观到宏观的双向互动、互补的过程。把阅读技巧与阅读理解看成可能相互对立的东西似乎没有必要。阅读技巧与阅读理解的关系是手段与目的的关系，彼此绝无对立可言。在英语阅读教学中过多地注意阅读技巧，可能导致忽略最终目标。就一般的阅读技巧而言，英语学习者在其母语习得过程中已经完全掌握，而这种存在于母语意识中的阅读技巧必然会自动地转化为英语阅读技巧。因此，在英语阅读训练中过多地关注阅读技巧，可以说是对学生学习资源的一种浪费。虽然英语属于印欧语系，汉语属于汉藏语系，两种语言在形态结构等很多方面迥然不同，但是人类进行语言理解的内在规律应该是相通的，因为语言运动在本质上不是语言形态本身的运动，而是人类心智运动在语言形态上的表现。

根据上述分析，为了达到阅读教学的目标，保证阅读教学的有效开展，要遵循以下原则。

## 一、兴趣激发原则

学生对阅读是否产生浓厚的兴趣是阅读教学成败的关键。有了兴趣，学生才能产生积极、主动、热烈的学习情趣。教师要注意教学内容的适当变换和教学形式以及手段的多样化，尽量避免教学活动的枯燥乏味，从而激发学生的阅读热情和兴趣，使阅读教学经常保持新鲜感，使学生学会阅读、乐于阅读，变被动阅读为主动阅读。

## 二、真实性原则

交际教学法的基本原则在于强调语言的交际性，而交际性首先来自语言的真实性。

因此，在阅读教学中要特别注意真实性。阅读教学的真实性包括三层意义：第一，阅读材料的真实性。阅读材料的选择要考虑学生在日常生活中的交际需要，从现实生活里面选择文体多样、适合学生的语言水平、学生喜闻乐见的阅读材料。第二，阅读目的的真实性。真正的交际过程中，阅读活动总是有一定目的的。人们阅读可能是为了获取信息或者验证自己已有的知识，可能是为了批评作者的思想或者写作的风格，也可能单纯为了消遣或者打发时间。阅读目的不同，需要的阅读方法也就不同。例如，一个人想知道他口袋里的钱是否能够让他在一家餐馆就餐，那么他就只关注菜单中有关价格的信息。阅读教学也要根据交际的需要，确定教学的具体目标。不同的文章可以专门用来训练学生的某一项或者几项阅读技能，也可以用来训练学生的综合阅读能力。在具体的阅读教学中，阅读的目的性首先体现在教学方法上，应根据目的的不同采用相应的教学方法。更重要的是，阅读的目的还要体现在练习的设计上，要通过阅读练习帮助学生实现阅读目的。第三，阅读方法的真实性。学生要根据自己的阅读目的、文章的体裁类型等选择适当的阅读方式。重语言、轻理解，把阅读教学的大部分精力放在语言知识的讲解上，就违反了阅读的一般规律，是阅读教学失败的一个重要原因。一定要明确贯彻阅读课堂教学的目的是"先理解，后语言点"，让学生真正参与阅读实践，亲身体验阅读过程，杜绝教师替学生读的课堂形式。教师剥夺了学生亲自阅读理解、分析判断、推理对比、评价总结的机会，就很难快速培养学生的阅读能力。

## 三、层层设问原则

层层设问原则主要是指教师在阅读教学中提出的问题应该具有层次性，一环扣一环，逐步揭示文章的主题。例如，教师在讲解 *Thomas Edison* 这篇课文时，可以提出如下问题：

（1）Who was Thomas Edison？

（2）When Thomas Edison was five years old, he sat on some eggs one day, didn' t he？ Why？

（3）Why did Edison' s teacher send him away from school？

（4）How do you think about Thomas Edison？ Why？

（5）What can we learn from the text？

这五个问题由浅入深，层次分明，学生根据教师提出的问题，想方设法化难为易，在解决问题的过程中，掌握所学知识，逐步理解文章内容，并提高自己的分析理解能力。

## 四、积极性原则

阅读不是一项被动的过程，而是一种高度积极主动的创造性行为，是读者根据自己已有的信息、知识和经验对语篇进行筛选、分类和解释的过程，是读者通过语篇与作者相互作用的交际行为。读者的心理状态对阅读具有重要的影响。决定阅读心理状态的具体因素包括阅读目的、兴趣、必要性、积极性等，可以概括地用"强制性"（coercion）的强度来表示，强制性大的阅读往往目的不明确或缺乏兴趣、积极性差，属被动阅读；强制性强度小的阅读则往往出于兴趣，是自发性的主动阅读。在实践中，前一种阅读比后一种阅读更难进行，或者说难度更大。比如，同样的阅读材料在学生平时的学习中不算很难，但放在考试中就可能要难得多，若放在和毕业、晋升、出国深造等情况有关的考试中就会显得更难。提高学生阅读的积极性要从以下几个方面入手：（1）选择学生感兴趣的、难度适中的文章。（2）开展生动有趣的课堂活动。为了激发学生阅读的积极性，教师应尽量减少让学生觉得乏味的教学活动。（3）及时发现学生的进步，多鼓励、多表扬。

### 五、循序渐进，因材施教原则

阅读教学目标的完成不会一蹴而就，它是一个循序渐进的过程，需要一个合理的总体设计和长远规划。教师应该在材料选择、任务确定、阅读方法以及阅读教学的反馈等诸方面做出全面细致的考虑，并鼓励学生寻找适合自己的阅读方法，积极引导学生采用适合自己的阅读方法去完成既定的阅读任务。

由于学生之间存在着个性差异，因而学生学习阅读的进程就有所不同。因此，教师应注意满足不同水平学生的特殊需要，力争使每个学生都能相应的发展阅读技能。比如，有的学生阅读成绩不佳，进而自暴自弃．对于这类学生，教师可以先给他们简单的阅读材料，并逐步增加难度，让他们看到自己的点滴进步，还要经常表扬、鼓励他们，帮助他们树立战胜困难的决心和取得进步的信心。而有的学生基础好，学习兴趣浓厚，课堂上的阅读常常满足不了他们的阅读欲望，针对这类学生，教师应向他们介绍和推荐世界名著等读物，布置一些富有挑战性的阅读任务，以满足其阅读欲望。总之，教师应根据每个学生的特点，认真分析，并将其分类，在教学中有意识地对其提出不同要求，采取不同方法，从而做到因材施教。

### 六、速度调节原则

阅读速度不一定等于理解能力。有的人阅读速度快，可是理解能力差；而有的人阅读速度慢，理解能力也差。针对这些学生，应加强一般阅读技能的训练和语言的基础知识，而不宜加快阅读速度。教师应根据教学的进程设置不同的阅读速度，在阅读教学进行之初，可以放缓阅读速度，注重的是对材料进行有效的理解。并且慢速阅读有时也是一种需要，例如，对于诗歌、散文、小说等，应该细细地品读，深入地分析领会，认真思考、品味、评价和欣赏。但随着词汇量的扩大，语义、句法知识的增加，语感的增强和阅读技能的提高，阅读速度亦随之增强。这个阶段就应该进行相应的限时训练，加强训练的强度，进而完成阅读教学的目标。可以说速度调节原则就是要求教师在阅读教学过程中做到张弛有度，根据不同阶段的教学目标做相应的调整。

## 第三节　大学生英语阅读能力的培养

英语阅读能力包括认读能力、阅读速度和理解能力。

## 一、培养认读能力

认读能力是阅读中应具备的基本能力。缺乏这种基本能力，阅读就无法进行，因为阅读是借助对文字符号的感知而进行的。培养这种能力，旨在积累语言文字的感性材料。认读能力包括认词和认句子的能力。阅读的材料是由文字组成的。在阅读时，首先通过视觉感知由字母组成的文字。所以认读单词的能力越强，阅读能力就越高，在认读时，要求学生做到看清词形，读准词音，正确理解词义。为做到这些，教师要抓好词汇教学，要求学生记牢单词。阅读课教学应注重培养阅读理解能力与提高阅读速度并重的方式。教材应选用题材广泛的阅读材料，以便向学生提供广泛的语言和文化素材，扩大学生的知识面，增强学生的英语语感以及培养学生的阅读兴趣。

## 二、阅读速度的培养

阅读的速度就是阅读的快慢。阅读速度与认读能力强弱有关。认读能力强，阅读速度就快。比如，单词记得熟，眼睛一看，立即反映出词义，必然就读得快。第二个关系阅读速度的因素是，阅读时，不要一个词一个词地读，而要使读物以词组甚至以句子为单位输入视野。这就要求学生在精读课中熟记短语，熟记某些词语的固定搭配和习惯用语。就目前学生的实际情况来看，教师认为学生阅读英文材料以每分钟 80 个词的阅速为宜。

## 三、理解能力的培养

理解能力是阅读的核心。理解是一个复杂的思维过程。阅读材料的目的是理解材料的内容。因此，理解是能力，是过程，也是目的。理解文章的内容，包括以下几个方面：掌握文体，参照文章的体裁理解文章的思想内容；准确理解某些多义词和惯用法；准确理解结构比较复杂的长句的意思；能理解一篇文章的层次和各段之间的联系；能抓住一篇文章的中心和要点；能看出一篇文章在写作方法上的特点；对某些文章如寓言故事和讽刺小品等，能理解其寓意和社会意义。

通过培养理解力来深化对不同文化的理解能力；通过训练使用力来加强“听、说、读、写”四项技能的综合运用能力。如何培养理解力：第一，培养正确理解词义的能力。英语中一词多义的现象很多。要指导学生从某个词所处的具体位置去理解词义。特别是那些引申的词义。第二，熟记习惯用法。第三，培养正确理解句子意思的能力。句子是构成一篇文章的基本单位，只要每句话都懂了，全篇文章的意思也就懂了。

培养学生理解句意的能力可以从以下几方面入手：第一，正确理解段落中心意思和概括全文大意的能力。第二，培养猜测能力。这能培养学生独立思考的能力，分析问题的能力，发展学生的智力，从心理学的观点来看，还能增强学生学习的信心，提高学生学习的积极性和兴趣。猜测词义和句义能力的培养，可以消除学生在阅读中的畏难心情。猜测能加速记忆，符合记忆的规律。因为凡是动过脑筋理解的东西，不易忘记。第三，鉴赏文章能力的培养。文章学、写作学研究的目的，是为了提高全社会的写作能力和写作水平；同时，也为了提高广大读者的阅读、鉴赏文章的能力。鉴赏是在掌握了文章所表达内容的基础上进一步对文章各方面进行评价和欣赏，是理解的深化，感情上的反映。目前英语教学中，由于受语言能力所限，在课堂上师生们将主要精力花在解决语言讲解和训练上，对文章鉴赏能力的培养很少注意。但在英语水平较高和有条件的学校里，应当注意培养学生这方面的能力。

# 第十章　大学英语写作教学

人类的交际包括口头与书面交际两种形式。因此，写作能力是交际能力的重要组成部分。在对中国英语学习者的听、说、读、写、译五种能力的培养中，写作是最难培养的能力之一。虽然教师和学生投入了大量的时间和精力，但效果却总是不太理想。即使是对英语本族语的人来说，写作能力也不像口语那样可以通过母语的习得自然而然地获得，他们也需要经过专门的训练才能具备良好的写作能力。写作能力对于英语学习者来说具有重要的意义。从写作本身的功能来看，写作是交际的需要，书面交际可以打破时空的限制，实现在作者和读者之间的交流。尽管现代科技极其发达，人们可以采用各种通信手段进行口语的交流活动，但是仍有大量的交际活动需要以书面的方式完成。另外从英语学习者的角度看，写作在英语学习过程中也起着重要的作用。写作能力的提高可以促进听、说、读能力的提高。听、说、读、写是语言学习过程中密切联系的四个环节，写作训练与听、说、读三方面的能力相辅相成，加强写作能力的培养对听说能力、阅读能力的培养具有促进作用。在英语学习的过程中，写作是一种语言实践活动，在培养学生交际能力的过程中，写能起到承上启下的作用。写作不仅有助于巩固经由读和听输入的语言材料，促使语言知识的内在化，提高语言运用的准确性，而且还能为实质性的口语能力打下扎实的基础。

## 第一节　我国英语写作教学现状

写作一直是英语教学的薄弱环节，长期以来形成了对待英语写作“学生发怵，教师犯难”的现象。就目前的状况来看，英语写作教学中存在以下问题。

### 一、课程设置不够合理

在英语教学中，由于课时有限，完成每单元的课文讲解、听力理解、阅读理解等耗时较多，留给写作教学的时间就少之又少了，致使写作变成可有可无的教学内容。另外，一般的学校都没有设置专门的写作课程，于是写作教学效果得不到保障。虽然目前的教材都有相应的“听、说、读”等配套练习，却没有关于“写”的教材。尽管每个单元均设有写作专项练习，但这些练习多是被动性的，配套教材的短缺使得写作技能的训练是零碎的、不连贯的。在这种缺乏合理的课型设置以及系统性的写作教材的情况下，甚至连课时都无法保证，写作教学很难保证其教学质量。

### 二、教学改革相对滞后

随着新课程改革的全面推进和不断深入，英语教师对新课程指导下的写作教学有了一定的认识，然而在实际的英语教学进程中，写作教学的改革相对滞后。很多教师还没注重对学生的英语思维能力进行多方位、多角度的训练，没有采取各种方法训练学生英语思维的发散性、创造性、广阔性和深刻性。英语教学是个整体工程，写作教学和阅读教学、口语教学以及其他形式的教学之间具有互动互补与彼此关联的整体性。然而在实际的英语教学过程中，教师并没有真正把写作教学置于这个整体性框架之中，于是就存在着为写作而写作的现象。

我国的英语写作教学滞后也有教育决策部门的责任。虽然我国的各级学校外语教学大纲几经修改，提出要全面培养学生听说读写四项外语技能，但是在实际教学过程中差不多 90% 的时间都花在“阅读”这项接受性技能上，对于像“写”和“说”这类运用技能的培养却放在微不足道的位置。这不是教师的错，这是国家制订的各级考试“指挥棒”指挥的结果。翻开各类外语笔试试卷一看便知，最能反映语言运用水平的写作所占比重不超过四分之一。再者，国家教育当局主持编写的外语教材，除专业外语教材外，一般都没有将写作教材分类编写。这样编排教材非常容易造成写作时间被阅读课文语言点和语法难点的时间挤掉，使写作得不到系统训练。外语写作技能培养已成了被人遗忘的角落。要扭转我国外语写作教学滞后的问题，必须下大力气才行。

## 三、教学方法缺乏创新

传统教学法注重词汇、语法的教学，忽视了语篇的内容、结构等方面的分析。这种重语言知识的讲解，轻言语和表达技能的训练的知识传授模式，似乎使学生学到了很多知识，但却不利于学生写作能力的提高。于是学生一到具体运用时要么提笔无言，要么写出的文章内容空泛、条理性差。并且长期以来采用重结果的教学法，即根据写作的最终成品来判断写作的得失成败，使得教师在写作教学中的作用，仅限于简单的打分和评判，而对写作过程指导甚少。忽视了在写作过程中对学生兴趣的激发和培养，导致了师生之间、生生之间的交流互动严重匮乏。久而久之，学生失去了学习写作的动机和兴趣，写作教学的有效性更是无从谈起。

目前国外流行的被认为优势较多的写作教学方法，如过程法、体裁法等均有不完善的地方。写作过程法虽然比起成品教学法来，确实有很多优点。它将写作活动视为社会交际过程，注重思想内容的挖掘和学生作为写作主体的能动性，有利于写作者的分析能力和逻辑思维能力的提高。

## 四、应试教学倾向明显

现在社会普遍认为，学生的写作表达能力远远落后于其语法、词汇和阅读能力，究其原因是因为应试倾向明显，因为写作在考试中分值明显要比阅读、词汇少得多。另外目前英语考试中的作文多是提纲式命题，这就造成了学生几乎采用清一色的归纳式结构，不利于克服母语文化思维的负面影响，不利于培养学生有意识地使用衔接手段的方式。

此外，中国的教育传统几千年来一直强调正规的学问，并不热情鼓励学生的独创性活动，对学生的学习表现总是持批评态度，对学生学习发展过程中出现错误的容忍度非常有限。中国这种教学传统培养出来的学生最习惯的课堂就是老师讲学生听的模式。对于交际法或过程法等学生活动较多的教学方法，要是短期内未见成效，学生就会认为教师是在浪费他们的时间和不负责任。学生的意见还可能反映给家长和学校领导。所以，迫于社会和学校等方面的压力，很多教师宁愿墨守成规也不愿探索使用那些担风险的新教学模式。

## 第二节　英语写作教学的原则

英语写作教学是非常重要的教学手段，它重视学生英语能力的培养、综合素质的提高，而不是一种机械模仿能力的培养，因为写作的综合性很强，它把词汇、语法、句型等知识进行融合，从而促进学生英语水平的提高。另外经常进行写作，其书面表达能力、口语表达能力也会随之提高。在教学过程中，要以学生为中心，以培养持续性写作能力为目标来提高英语写作水平，所以教师要充分利用这一教学手段。关于写作教学中这里总结了以下几条原则。

### 一、遵循循序渐进的发展规律

目前的英语教学中，学生被动地接受知识的时间比运用知识进行实际交流的时间多。说和写这两个涉及语言输出的主要环节都是教学的薄弱环节，学生很少有机会通过语言的使用提高语言能力。写作教学从中学到大学没有循序渐进的过程，跳跃较大。教师应该为不同层次的写作教学确定不同的目标，每一阶段均应有所侧重，从低到高，由浅入深、由简到繁、由易到难，循序渐进，一环紧扣一环地进行训练。所谓循序渐进，在这里主要有两个含义。第一，从语言本身看，写作训练要从写句子开始，然后到段落，最后到语篇。第二，从训练活动看，所训练的技能也要遵循由易到难的原则。Rivers(1975)把写作训练活动分为获得技能性活动和使用技能性活动两种。获得技能性活动的重点在于使学生理解语言组织的方式，主要包括两种类型的活动：

（1）抄写。要求学生学会语言材料，或者模仿这些材料重写，其重点在于拼写规则、标点符号、语法的一致等；

（2）简单写作。要求学生围绕某一语法要点进行各种写的活动，其重点在于巩固学生的语法知识。

使用技能性活动的重点在于使用语言进行有目的的交际活动，目的是培养学生灵活性和创造性地使用语言的能力，主要包括两种类型的活动：

（1）灵活性训练。要求学生按照一定的要求进行写作练习，如句型转换、合并句子、扩展句子、润色句子等。

（2）表达性写作。要求学生进行符合现实需要的写作练习。上述活动基本是按照由易到难的顺序排列的，教师要根据学生的实际情况，包括所处的学习阶段以及实际水平进行指导，安排写作活动。

### 二、采取多种形式，丰富学生的表达手段

英语具有丰富的表现手段，同一意义可以用不同的句型来表达。在写作教学的过程中，引导学生学习使用不同的句型结构来表达同一意思是指导学生写作训练非常重要的途径，既可弥补学生在语言知识上的不足，又能启迪学生的思维，把知识变成技能，灵活运用语言。例如，I got up late this morning. I had to catch the early bus. I was late for class. 这几个简单句可以用下列的不同方式来表达（宫可成，1993）。

（1）As I got up late this morning and I had to catch the early bus, I was late for class.

(2) I was late for class because I got up late this morning and I had to catch the early bus.

(3) Getting up late this morning and having to catch the early bus, I was late for class.

(4) I got up late this morning and I had to catch the early bus, so I was late for class.

(5) I was late for class.It was because I got up late and had to catch the early bus.

(6) The reason why I was late for class this morning was that I got up late and I had to catch the early bus.

(7) I got up late this morning and had to catch the early bus.That was why I was late for class.

(8) If I had not got up late this morning and hadn' t had to catch the early bus, I would not have been late for class.

(9) If I had not got up late this morning or hadn' t had to catch the early bus, I would not have been late for class.

## 三、综合各种教学方法的长处

结果教学法、过程教学法和体裁教学法各有其优缺点。结果教学法的优点在于可以提高学生的语言能力，减弱或消除母语对于英语写作能力的影响，课堂活动操作简单，学生容易入门，易获得成就感从而增强对英语写作的信心。另外，这一教学模式在我国的应用比较广泛，教材和教学研究较为成熟，容易得到相应的参考资料。其缺点在于忽视了写作过程的复杂性，过于强调文章的句式，篇章的思想、可读性和文体风格被忽略，师生之间缺乏交流，抑制了学生的创造性。过程法的优点在于可以提高学生的写作能力，发挥学生的创造性，增强文章的思想性和可读性，师生之间的交流可以调动学生学习的积极性，增强学生的书面交流能力，容易把学生的英语写作水平提高到较高的层次。缺点是忽视了学生的语言能力，特别是外语写作的实际情况，学生在写作中容易遇到太多语言障碍而导致写作困难，教学效果不太明显。学生容易丧失信心，另外，过程教学法对教师的要求也相对较高，需要素质较高的教师来把关。体裁教学法的优点在于能使学生认识到写作是一种有规律可循的社会交往活动，是理解客观世界、参与社会活动的一种手段，从长远看，可以开发学生的创造性思维能力。其缺点在于体裁的规约性可能会导致教学活动具有“规定主义”色彩，教师本人如果缺乏想象力和创造力，可能会使学生感到这种教学法呆板和枯燥，出现学生写作千文一面的情况，而且还会使课堂教学出现以语篇为中心的倾向，教师容易偏重对语篇的描述和复制，而忽视创造性的语言操练活动。另外，由于体裁种类十分繁杂，课堂教学难以穷尽学生将来生活中可能遇到的所有体裁，故体裁教学法在写作课教学中有一定的局限性。

## 第三节　英语写作技巧指导

### 一、自由写作

自由写作（free writing）是一种思维激发活动（brainstorming）。它像一个开启思维感情的闸门。在目前较为流行的写作过程教学法中，自由写作是创作阶段的一个主要活动形式。它的主要目的是克服写作的心理压力、激发思维活动和探索主题内容。

#### （一）自由写作的特点

（1）不要考虑如何采用吸引读者的开头，不必考虑先写什么、后写什么，不必考虑如何过渡，只管信马由缰的思维，让你的思想像流水一样自由涌出。

（2）写 10 分钟不要停，直到你完成一块小文章。自由写作就像跑步一样，如果跑得太快，你会很快失去体能。但是也不要跑得太慢，否则会失去已经建立的写作冲动和语流。

（3）如果不知如何往下写，就写不知道或重复你最后写的话，直到你觉得有东西可写为止。

（4）自由写作中的关键问题是不要回头阅读你已经写过的内容，要一股劲地往前写。这对于大多数人来说可能太难办了，因为以前在学校受过的训练都是要求从一开始就要注意如何写得工整、得体。所以不要担忧语法、标点符号、说服力和其他任何事情，让你的话语自由流泻出来，不要让你的笔停下来，不要做任何更正。

（5）不要考虑读者是谁，把你的真实意思写出来。设想你写的文字是透明的，让你的原始思想暴露出来。

（6）你也可以列提纲，只要你觉得这没有对你形成什么约束。

（7）你可以随时把对某一题目或某些感兴趣的事物的看法或感想写在笔记本上，正规与否没关系。

（8）让你的思想尽可能集中在一个主题上。在写作时，顺序有可能改变，而且也可能碰到没有计划要表达的新想法。这没关系，你可以在后面重新组织你的要点。

（9）如果你没有时间慢慢地自由写作，或者感到困惑，或者仅有一点模糊的想法，就用自由写作激发思维，用写作思考你想说的内容和观察你所碰到的事物，只要不让写作停下来就行。

#### （二）自由写作的三个步骤

（1）第一个步骤 —— 寻找写作的范围：时间为 5 分钟。也许有人会说这些杂乱无章的东西有什么用？不过，如果回头细读，就会发现这些不连贯的句子里隐含着某种情绪，而这种情绪正是你当前最关心的，或者是隐藏在你思想深处的。也许你在日常生活中忽略了它们；也许你注意到了，但不知道如何去表达。总之，这是你自己找到的、代表着你的真情实感的写作范围。找到那最为闪光的一个句子，甚至是一个亮点词语，它们是进入第二个写作步骤的线索。

（2）第二个步骤——寻找写作的材料：时间仍为5分钟。在进入第二个“自由写作”步骤的时候，以所找到的句子或者是词语为基点生发开去。第二个步骤在动笔之前已有了一定的范围限定，在这个相应的范围内展开自由写作。尽管这已经是有的放矢、有所约束的写作，但还是可以放松地、毫无顾忌地写下去。停笔后，把这些创造出的文字细读一遍，分门别类地整理这些写作的材料，提炼出文章的基本线索和层次结构。

（3）第三个步骤——成文：第三个步骤与通常的写作是一致的，所不同的是，两次自由写作提供了写作者自己内心中真正感兴趣的写作范围和写作材料，然后在这个基础上构建起一篇真正属于自己的完整的文章。前两个阶段的自由写作实际把构思过程通过文字语言给外化了，是对构思过程的一种自由解放，在无束缚中发挥出写作主体的创造性和能动性。

## （三）用自由写作创造自己的风格

大多数初学写作的人总是将自己的原始语言过分地转换成他们认为更可以接受、更得体、更正规的某种语言。结果却在这个过程中失去了自己的声音。看起来似乎他们脑子里有不少好的、清晰的语言，或者说具有这种潜质，但在写作时他们却又感到没有把自己的想法直接说出来，而是凭想象。他们寻求同义词，用obtain代替get，用proceed代替go，不说“I think we should”，而说“One imagine the solution could be...”等类似语言。因为作者使用了他们没法控制的一种声音，很快句子便开始变得模糊，失去生命力，甚至产生了语言和词汇用法错误。但如果你是自由写作，你就没有时间去寻找同义词和查找你真正要说的语言的替代品。如果你采用适当的速度以及热身和放松的态度自由写作，你就没有时间去考虑语言的华丽和用词的语气。你会使用具体的主语和动词，会说得更直接，可以更真实地表达自己的想法。你开始发现了自己的真实想法，于是文章读起来更像是“你”。而且即使其中有些有待以后修改的题外话和问题，也会很有意义。

自由写作的东西的确很凌乱，不过凌乱的东西正是你创作一篇好文章所需的材料。你需要从这些凌乱的东西中寻求有用的材料。开始，你可能不知道哪些东西是零乱无用的材料，哪些是你写作所需要的材料，不过没关系，放在那儿别去动它们，先把它们放在桌上，然后去评判、挑选。好的句子和不好的句子、好的想法和不好的想法紧密联系在一起，只有写出来摆在你面前才有可能区分出来。如果你过早地调换不好的东西，很有可能会丢掉好的东西。换句话说，写作就像所有的学习和所有的教育一样。教育依靠推断，推断开始时将你内心的东西挖掘出来，然后改进、清理、填补并将其放入更为宽广的环境中去。你要从它所在的地方挖掘出来并加以使用，否则，学习只会是一种虚饰。这种虚饰是一种你假装知道，而实际你并没有真正的感觉或无法控制的东西，因为它没有与你本人联系起来。

自由写作过程的中心问题是读者的两面性。一方面，读者是一切，决定所有你要说的内容，决定你用什么顺序展示你的思想。作为具有责任心和交际的一方，你总在想象读者需要什么。然而另一方面，读者的要求又是一种虐待，尤其是在写作的早期阶段。如果你想预测读者的要求，你从一开始就不能顺利地写作，或者说不出你真正的意思。过分地考虑读者或只是为了取悦或加深读者的印象，容易导致讨好和迎合观众的心理。这是写作中的所有错误之源。具有讽刺意味的是，使读者最受感动的文章却往往是那些并不刻意取悦他们的作品。也许更准确地说，在自由写作过程中，既不要忘记读者，又要保持一定的距离，区别对待。也就是说暂时设想写给那些较安全、较容易接受意见的，那些和他们在一起感到自由自在的读者阅读。稍后，尽自己所能为现实生活中那些更具挑战性的读者做出修改。自由写作好像在深夜和一位老朋友的谈话，或者咖啡馆或酒吧里的聊天。自由写作是一个动态的过程。只有写出了最终可能没用上的材料，你才可能得到有用的材料。临时性的东西有时是有用的东西。

## 二、抓住读者

作者好比导游，读者好比游客。游客有时会很任性和没有耐心。如果他们感到困惑乏味，或者被引入一条对他们来说毫无意义的便道时，他们便会失去兴趣，下车去做别的事情。在你写作的时候，你也要时刻提醒自己："我的读者是否有可能在这儿下车？"像导游一样，作者必须时刻引导读者，以防他们迷失方向。所有的作者都需要在写作过程中时刻小心，有意识地引导读者在阅读时不脱离轨道。一旦他们走失就很难找回来。正因为如此，作者需要采用某些具体策略来抓住读者的注意力。你还要注意抓住读者的最重要的方法不是策略，而是原则。这条原则就是：绝大多数读者都会跟随你的思路走，只要他们能学到某种东西。只要你能给他们提供感兴趣的信息或者使他们感到愉快，教给他们以前不知道的东西，你就有可能让他们一直读下去。如何抓住读者？

### （一）选择一个好标题

标题（Title）也叫题目，是文章的一个构成部分，书写时位于文章正文前，居中。许多学生将标题与话题（Topic）相混淆，后者实际是指文章叙述、描写、说明或议论的内容。标题往往是对文章内容的一种提炼。好标题的特点可以概括为准确、具体、新颖、简练。所谓准确，即要求标题和文章在内容上相吻合。所谓具体，是指标题在意义上不宜过宽过泛，比如，当写有关"我父亲"的性格时，若以"My Father"为题就有些宽泛，可以改用"My Impatient/Considerate/Forgetful/Careless Father"这样的题目。所谓新颖，是指标题应不落俗套，具有鲜明、生动、能激发读者兴趣等特性。所谓简练，是指尽可能用较少的文字表达较具体的内容，能用几个词或短语的就不一定用完整的句子，在记叙文、描写文、说明文中尤其如此。只有对标题进行充分锤炼、斟酌，才能找到能起画龙点睛、概括全篇作用的合适的标题。标题对开始与读者建立良好关系起关键作用。事实上，你的读者常常会决定是否阅读你在标题中提供给他们的信息。这就是为什么标题如此重要的道理。你的标题必须清楚、准确，还必须有趣。标题应具有以下特征。

标题不可太空泛。一个好的标题应该能让读者准确地预测文章的内容，决定是否要读下去。像"The Roots of Country Music"或者"How to Get the Most Car Stereo for Your Money"这类标题就很直接和具体，很快就会抓住读者的注意力，激发他们的阅读兴趣。

好的标题能为读者控制和聚焦主题，有助于正确引导读者。它还可以为读者处理作者的信息做准备，从而使他们更容易理解作者的意图。对于较复杂的主题，可以提供副标题。

好的标题要便于识别和分类，以便做研究的人能很快弄清你的文章和他的研究有无关系。这对于大学本科生的作文来说似乎考虑得太远，但是养成这种好习惯可以避免你的文章被丢失。有朝一日你可能将文章修改出版，尤其是如果你要继续读研究生学位时非常有用。所以在选择标题时你要设想自己是一位图书分类员或文件档案管理员，没有阅读便可知道将该文章归入哪一类。你可以使用标题中的关键词对你的文章进行分类。

有时你要防止标题矫揉造作、随意嬉戏，或者过于含糊不清，尤其是如果你喜欢开玩笑，这种情况很容易发生。但这是不好的，因为你的读者不一定具有与你同样的幽默感。这样做会误导你的读者，甚至使他们感到恼火。

### （二）要有强有力的开篇

任何一篇文章的开头都至关重要。在文章的开头几段或几页你可能赢得读者，也可能会失去读者。著名的作家和编辑 William Zinsser 曾说：“任何文章的第一个句子都是很重要的。如果它没能将读者引入第二句，那么这篇文章就完了。如果第二句没能引导他阅读第三句，同样也完了。如果所有句子的安排都能使读者向前阅读，直到他完全被吸引住，那么作者便创建了一个至关重要的部分——开篇部分。”读者就像编辑和评审委员一样既忙又没有耐心，一篇文章放在桌上，一般只花一两分钟就决定是否看下去。这似乎太苛刻，但这是现实。如果你想抓住读者，你在 90 秒之内就必须说服读者，你要说的是否令他们感兴趣，是否有他们需要的信息或对他们有利用价值的内容。如果你采用既长又平淡乏味的段落开篇，或者没有把主题阐明清楚，你注定会失去读者。所以开篇极为重要，你必须对开头几段仔细考虑和处理。为了抓住读者，你不必费尽心机想出一个什么奇特的开头。事实上，在许多情况下这种开头是不恰当的，甚至是有害的。在开篇时始终记住“Good openings let the reader know what to expect”。在开头部分你要向读者做出承诺，激起读者的期待，然后在下文中兑现你的期许，最常见的两种，一是激发读者兴趣，二是提供信息。如果想激发读者兴趣，可以采用一段逸事、一段引语、一个比喻或一个典型开头。哪一种开篇形式好，没有定论，要根据写作目的和对读者期望的理解而定。激发兴趣的开篇如果进入主题太晚也会让读者不耐烦，而直接提供信息的开篇虽然缺少趣味，但是常常较安全。特别是写给商人和企业家看的文章，因为他们一般都想直接进入主题。

开篇段落的作用和标题一样，主要是吸引读者，此外，还能预测文章内容、列出读者继续阅读的理由、确定文章的风格。

另一种说法就是开篇段是为作者和读者铺设轨道的。它用一种承诺吸引读者，并为他们提供前面有什么内容的信号；它创建与后续段落的连接，并用某种语言和结构创立该文章的风格特点。

### 三、反复修改

有人认为写作过程实际就是一个重写的过程。许多学生在写作时都不愿意修改。然而修改确是写作过程中一个非常重要的环节。修改是一个再认识、再发现和再创造的过程。修改可以使文章的题目与写作目的及读者的要求更加吻合，内容更加完整，结构更加合理。不少著名的作家都谈到修改或重写的体会，例如，Joan Didion 说："我的写作是一个重写、反复修改和增补的过程。" Raymond Carver 说："我一个故事打二十至三十次草稿，从来没有低于十次或十二次。" Peter DeVries 说："当我看到一个段落像锅里缩小的一条咸肉干时，我知道我上了轨道。"专业的作家尚且如此，作为一个用外语写作的学生来说，修改的重要性就不言而喻了。

文章修改的过程是一个梳理思想、整理文字的工作，是在写作基础上进行的再创作。初稿完成后，非常有必要对之前的酝酿和构思进行再审视，以检查主题是否鲜明，立意是否明确，文理是否清晰，结构是否合理，形象是否鲜明，比喻是否恰当，表达是否准确，等等。对于修改中发现的问题，则需要反复地推敲，以求贴切地表现立意和主题；甚至有时把一篇文章推倒从来，重新安排结构和组织文字。文章修改需要付出大量精力和心血，有时并不少于创作过程。当作者把改好与没修改的文章做一对比，在消除了许多缺点，文章有了很大进步后，就会觉得一切的付出都是值得的。所以说，文章修改正是写作过程中必不可少的工序。

# 第十一章 大学英语翻译教学

翻译作为一种具体实用的教学手段，被适度而合理的运用于外语教学实践中。随着中国国际交流愈加频繁，综合素质高、专业精通、外语扎实、具备较强翻译能力的实用复合型翻译人才日益受到用人单位的青睐。显然，只靠规模有限的英语专业来培养翻译人才，是无法满足这种需求的，况且英语专业学生的理工科知识极其缺乏，有时根本就无法胜任科技英语的翻译工作。事实上，目前不少从事翻译工作的都是非英语专业的。他们具备较强的专业知识，通过实践的磨炼，翻译能力得到极大提高，完全能胜任工作的需要。这无不昭示着非英语专业学生是可以成功转型为翻译人才的。然而，这种转型给大学英语教学改革带来了前所未有的巨大挑战。传统的大英翻译教学只是教学翻译，并存在着诸多问题，不利于学生翻译能力的培养，更不利于学生的成功转型。

## 第一节 翻译与翻译研究

人们对于翻译和翻译研究的探讨不断地深入，每一点理论进展都对翻译教学有着深远的意义。本节将在研究相关文献的基础上，呈现各家之言，构建翻译教学的理论基础。翻译教学要提倡“全人教育”，不仅要提高学生的翻译能力，还要培养其交际能力和职业能力。提高译者素养和译者能力应是翻译人才培养的终极目标指向。

翻译的定义众说纷纭，各个翻译研究流派从不同的视角、层面出发，对翻译有着不同的界定。澄清翻译这一概念和相关的两个概念——翻译学和翻译教学，有助于我们对于翻译教学模式等问题的进一步探讨。

### 一、翻译的定义

方梦之主编的《译学词典》中“翻译”一词有五个义项：

（1）翻译过程；

（2）翻译行为；

（3）翻译者；

（4）译文或译语；

（5）翻译工作（专业）。

庄智象综合以上观点认为，“翻译”既可以作为过程，也可以作为结果和职业，同时它还兼指口译和笔译。然而，通常翻译领域的学者给翻译下定义时，指的是整个抽象的概念，即包括过程和结果，而不包括职业。约翰·卡特福德认为，翻译是用一种等值的语言（译语）的文本材料去替换另一种语言的文本材料（The replacement of textual material in one language by equivalent textual material in another language）。英国18世纪著名学者约翰逊博士（Dr.Samuel Johnson）对翻译做过如下定义：“翻译就是将一种语言换成另一种语言，保持原文意思不变”。（To translate is to change into another language，retaining the sense.）美国著名翻译理论家尤金·奈达（Eugene A.Nida）说：“翻译是指在译语中用从语义到语体最贴切最自然的对等语再现源语信息。”（Translation consists in reproducing in the receptor language the closest natural equivalent of the source language, first in terms of meaning and secondly in terms of style.）该定义体现了奈达的对等观。奈达的归化理论主张关注目标语读者的阅读和审美习惯。然而由于民族文化差异，语义和语体的对等很难实现。

罗曼·雅各布森（Roman Jakobson）提出，“翻译是用另一种语言解释原文的语言符号”（Translation is an interpretation of verbal signs by mealls of some other language）。该定义从符号学的角度界定翻译，然而对翻译的目标、标准等未做深入阐释。罗杰·贝尔（Roger Bell）介绍了另一位学者杜波斯（Dubois）对翻译的定义，“翻译是把第一种语言（源语）语篇所表达的东西用第二种语言（目的语）重新表达出来，尽量保持语义与语体方面的等值”[Translation is the expression in another language (or target language) of what has been expressed in another, source language, preserving semantic and stylistic quivalences]。这一定义与奈达的定义大同小异，未有突破。图瑞（Toury）认为，翻译是“在目标语文化的框架内把原文用目标语呈现出来”（A Translation is taken to be any target language utterance which is presented or regarded as such within the target culture on whatever grounds）。该定义提出了目标语文化，使翻译研究的范畴从语言层面向文化层面拓展。哈提姆和梅森（Basil Hatim&Ian Mason）从交际理论的角度给翻译下定义时，关注了翻译发生的“社会文化语境”（socio-cultural context）对翻译活动所产生的影响和制约作用，因此，他们将翻译定义为，“翻译是一种在某社会语境中发生的交际过程”（Hatim & Mason）。他们在专著中强调，文本是有动机的选择结果，文本的作者为实现一定的交际目的而选择文本的呈现方式。翻译中涉及两种动机，源语文本作者的动机和译者的动机。因此，翻译是一种交际过程，翻译研究的主要关注点应是过程（process），而非产品（product）。

陆谷孙认为：“翻译始终是一种‘彼岸性’的智力活动。”金圣华则说：“翻译就是将某种文字转换成同义对等的另一种文字的一种智性活动。”弗米尔认为翻译是一种信息模仿过程，“翻译是用Z语言模仿A文化的A语言所提供的信息来提供信息，以实现所希望实现的功能。翻译不是通过换码的方式把词语或句子从一种语言转换成另一种语言，而是某人在新的功能、文化和语言等条件下，在新的环境中，通过尽可能模仿原文的形式特点来提供某文本信息的复杂活动”。弗米尔在定义中强调了功能与文化，把翻译视为一种模仿过程。安德烈·勒菲弗尔则扩大了翻译的范畴，引入了“改写”（rewriting）这一概念。改写泛指对文学原作进行的翻译、改写、编选和编辑等各种加工和调整过程。西奥·赫曼斯认为，“从目标语文学的角度看，所有的翻译都暗示着处于某种目的而对源文本实施的一定程度的操控”。这种观点把翻译研究的关注点从过程转向结果，即翻译文本，着力于描写和分析翻译作品。

解构学派的德里达认为，解构忠实者认为“解构主义解构了意义的确定性……忠实体现原意也就只能是译者梦中的童话”。语言总是不断地修改原文，总是推迟（defer）和转移（displace）我们把握原文意欲命名的实物的可能性；翻译不断地隐藏到场

(presence)，并挫败一切愿望。翻译是延异的操作器（operator of difference），在展示文本结构的同时又歪曲原文意义，它既促成语际交际又阻止语际交际（转引自朱建平）。韦努提认为，翻译使译者依靠解释所提供的目的语中的能指链替代构成源语文本的能指链的过程（Venuti）。他一反传统的“对等”角度定义，否定了结构主义信奉的所指与能指之间的对应关系，认为能指和所指是可以分裂的，符号与意义之间是不一致的，因此文本意义具有不确定性。在韦努提看来，翻译只是用一种表层结构代替另一种表层结构。按照伽达默尔的观点，翻译即解释，解释是一个视域融合的过程。既然是视域融合过程，而不只是简单地用一种语言代替另一种语言，或一种符号代替另一种符号的过程，那么，这种过程就不应该是静态的，而应该是动态的。所谓视域融合，就翻译而言，就是源语文本视域与译者视域各自不断跨越自身的界限而与对方融为一体，形成新视域的过程。而且，由于视域不断地发生融合，因此，无论是现在的视域还是过去的视域都不会静止不变。所谓视域（horizon），是“视域所及的区域，它囊括了从某个特定的立足点出发所能看到的一切”。哲学阐释学认为，译者和源语文本都有各自的视域，因此，译者在翻译过程中让自己的视域与文本视域相遇，二者便互相发生融合。翻译过程中，译者视域与源语文本视域的融合，不是发生在某个文化范围内，而是发生在跨文化语境中，且具有动态性和历史性。伽达默尔强调情景概念，认为情景意味着我们完全身不由己地处于今天这一情景之中，并在该情景之中与历史文本发生关联。因此，翻译所处的跨文化语境不是静止不变的，而是不断向前运动、变化的。

根据哲学阐释学理论，朱建平对翻译行为进行了如下界定，“翻译的过程就是，在跨文化的历史语境中，具有历史性的译者使自己的视域与源语文本的视域融合而形成新视域，并用浸润着目的语文化的语言符号将新视域重新固定下来形成新文本的过程”。在这种情况下，“翻译即解释”的内涵就是：在翻译过程中，由于源语文本含有对译者或译文读者而言晦涩不明和不可理解的内容而需要解释，解释的对象显然只限于源语文本中的那些难以理解的成分，而不包括可以理解的内容在内。但是翻译只是多种解释形式中的一种，是解释的一种特殊形式。翻译的主体是译者，他来自传统，生活在传统之中，受到传统的规范和限制，但同时也具有能动性的一面，译者的能动性是翻译过程的动力之源，在视域融合的过程中，译者处于主动地位。范仲英在其《实用翻译教程》中对翻译做过较为全面的界定：“翻译是人类交流思想过程中沟通不同语言的桥梁，使通晓不同语言的人能够通过原文的重新表达而进行思想交流。翻译是把一种语言（源语）的信息用另一种语言（译语）表达出来，使译文读者能得到原文作者所表达的思想，得到与原文读者大致相同的感受。”谭载喜认为，翻译“是把一种语言文字的意义用另一种语言文字表达出来的过程，它主要是一门技术，同时也具有许多艺术的特征，如它的创造性特征，但绝不是科学”。在此，他强调了翻译的技术性和艺术性。曹明伦认为，翻译“是把一种语言符号或信息编码表达的意义用另一种语言符号或信息编码表达出来的富有创造性的文化活动，它包括语内翻译、语际翻译和符际翻译”。显然，曹明伦在借鉴雅各布逊的符号学阐释方法的同时，又融入了文化翻译学派的观点。

以上学者从不同角度对翻译加以界定，提出了“转换”“再现”“文化”“技术”“艺术”“科学”等重要的关键词。在此基础上，借鉴文化学派翻译理论和德国功能主义翻译理论，我们可以将“翻译”界定为，在一定的目的指导下，在目标语文化框架内将源语的语言文字和文化信息用目标语再现出来，实现特定交际目的的跨文化交际活动。

## 二、翻译的分类

卡特福德认为，根据翻译的范围，可分为全文翻译（full translation）和部分翻译（partial translation）。根据翻译的层次，即语法、词汇、语音、词形等，将翻译分为完全翻译和有限翻译。根据语言的等级，即词素、词、短语或意群、分句或句子，可分为逐词翻译（word far word translation）、直译（literal translation）和意译（free translation）。根据翻译的方式，可以分为口译（Oral Translation或Interpretation）、笔译（Written Translation或Translation）和机器翻译（Machine translation）。这也是目前国内翻译教材所遵循的分类方式。雅各布逊从符号学角度将翻译分为，语内翻译（Intralingual translation）、语际翻译（Interlingual translation）、符际翻译（Intersemiotic translation）。语内翻译是在同一门语言的范畴内将一定的语言符号用其他语言符号解释出来。语际翻译则是用语言符号把另一种语言解释出来。符际翻译是用非语言符号系统将语言符号解释出来（Bassnett）。

关于不同文体的翻译，较早也是较透彻地阐述这个问题的两方翻译理论家当属萨瓦里。萨瓦里将翻译分为四类：一类完美翻译，指的是广告、布告等纯粹以传递信息为主的翻译，由于这样的译文无须添加任何感情色彩，所以能达到完美的地步；第二类是等值翻译，即不拘泥于原文的形式但要忠实传达原文内容的翻译，指的是小说等读者注重故事情节的翻译；第三类是综合翻译，指的是散文和诗歌的翻译，这类翻译是将散文译成散文，将诗歌译成诗歌，由于难度大，所以从形式上应该严格按原文的形式对译；第四类是科技翻译，由于内容的重要性超出形式的重要性，所以要注重传达原文的信息，因为科技文献译文的价值在于可用于本国的生产或科研部门，具有借鉴意义。

## 三、翻译的性质

萨瓦里认为，翻译是一门选择的艺术。无论是翻译习语、谚语、典故，还是翻译文化负载词，都存在着选择的艺术。译者在进行词汇层面的转换过程中，就会面临多种词义差异大或小的对等词汇。译者的选择是一个美学选择（aesthetic choice）的过程，译者对于风格的传译也是一大难点。翻译在各个层面面临纷繁复杂的选择，这便是翻译这门艺术的精髓所在。翻译的主体即译者充当了艺术家的角色。优秀的译者应该有深厚的语言功底，要有广博的源语知识，要对源语持一种批判的眼光，在翻译中才会有的放矢。纽马克（Newmark）认为，“翻译既是科学，又是技巧和艺术”（Translation is a skill and art as well as a science）。当代对于翻译本质属性的认识越来越倾向于它的多面性。纽马克在对语言的二元划分的基础上阐释了翻译的性质。他认为，语言分为标准语言（standard language）和非标准语言（nonstandard language）。标准语言只有一种正确的翻译方法，且有规律可循，这体现了翻译的科学性。非标准语言具有多种不同的变体，因此译无定法，可以从多种选择中挑选正确的译法，这就要靠译者的审美能力和判断力，体现了翻译的艺术性和技巧性。奈达也持有相似的观点，他认为翻译不仅是一种艺术，更是一门科学，是可以而且必须用客观原则来加以规范和描述的，翻译活动绝不能随心所欲地进行。

## 四、翻译的原则

谭载喜在《奈达论翻译中》总结了奈达的翻译原则。奈达提出，具体翻译过程中，应该遵循四个原则：

第一，上下文一致优先于词语一致。单词的含义涉及不同的“语义域”而不是“语义点”。一个词通常有多层意义，在不同的语言中，相应词的语义域从不完全相同，因此要在译语中选用正确的词语来译原文，主要必须考虑上下文的一致，而不应拘泥于词语上的一致，即不应总是要求译文和原文字字对等。

第二，动态即功能对等优先于形式对应。奈达从读者的角度研究翻译，因此注重译文是否能为读者所理解。衡量的标准不在于译文中所用的词语能否被理解，句子是否合乎语法规范，而在于整个译文使读者产生什么样的反映。所谓“动态对等”，是指译文读者对译文的反映等值于原文读者对原文的反映。当然，这种反映只可能是基本一致，而不求完全一致，因为译语和源语的文化和历史背景之间存在着很大的差别。

第三，语言的口头形式优先于书面形式。语言的书面形式和口头形式并不完全一致。有的语言以书面形式呈现比较优美，但流于口头时可能难于理解。因此，译者要注意以下几个问题：（1）尽量不使用含义模糊或引起误解的翻译；（2）尽量不使用容易引起误解的发音和语序；（3）尽量不使用粗俗的词语；（4）尽量避免译文超载，力求简洁明了。

第四，读者的需要优先于传统的语言形式。照顾主流读者群，使用现代大众语言。

## 五、翻译的方法

### （一）直译和意译

一谈到翻译方法，人们自然会想到直译（literal translation）和意译（free translation）。两千多年来，无论在中国还是在西方，整个翻译史就是一部直译和意译此起彼伏、交相辉映的历史。人们对直译和意译的定义和二者的界限一直存在着不同的理解。朱光潜认为直译近似于“逐字翻译”。茅盾认为，直译并非“字对字”，一个不多，一个不少，而是“不要歪曲了原作的面目，要能表达原作的精神”。鲁迅提倡直译，而反对硬译。举例来说：to shed crocodile tears，直译可以译为“流鳄鱼眼泪”，意译可以译为“假慈悲”。

### （二）归化和异化

综观中国和世界翻译史，归化（domesticating method）和异化（foreignizing method）早有人以不同的名目涉及，由于翻译这种语言活动和文化、社会等林林总总的外部因素有着千丝万缕的联系，特别是在翻译研究的文化转向之后，这股潮流由隐没转为显现，并且变得宏大而有声势。从历史角度看，归化和异化可以视为直译和意译的概念延伸，但又并不等同于直译和意译。直译和意义所关注的核心问题是如何在语言层面处理形式和意义，而归化和异化则突破了语言因素的局限，将视野扩展到文化和美学等领域。韦努提认为，归化法是“采取民族中心主义的态度，使外语文本符合译入语的文化价值观，把原作者带入译入语文化”，而异化法则是“对这些文化价值观的一种民族偏离主义的压力，接受外语文本的语言及文化差异，将读者带入外国情景”。用通俗的语言来概括，归化法要求译者向译语读者靠拢，采取译语读者习惯接受和喜闻乐见的表达形式；而异化法要求译者向作者靠拢，采取相应于原作者使用的源语表达方式，来传达原文的内容和异国情调。例如，翻译“to kill two birds with one stone”时，“一石二鸟”是异化译法，“一箭双雕”和“一举两得”则是归化译法。

### （三）作者中心译法和读者中心译法

阐释学派的施莱尔马赫认为，理解原作的语言精神和独特的思想方式绝非易事。由于语言受到原作者的教育、知识、想象力等限制，译者要充分表达原文的思想神韵更是难上加难。一个译者的任务，主要是缩短原文作者和译文读者的距离。因此赫莱尔马赫指出，要帮助译作的读者在不脱离本族语的情况下正确而完全地看懂原作，可以采取两种途径：一是译者可以“不打扰原作者而将读者移近作者”；另一种是“尽量不打扰读者而将作者移近读者”。第一种是以作者为中心（author-centered）的译法。译者通常弥补读者对原文认识的不足，把自己对原作者的认识而取得的意念和印象传达给读者，将读者移近译者的视点，从而使读者根据译者提供的语言形式，尽自己最大的努力去理解原作的真正含义。第二种做法是以读者为中心（reader-centered）的方法，译者假设原作者可以用其谙熟的译语来流畅地表达自己的思想，翻译的目的是使外国作家像本国作者那样写作和交流。西方描写译学在系统翻译理论框架中的地位的确立始于霍姆斯。

## 六、翻译研究

西方的翻译理论和实践研究的历史，与我国翻译史基本同步，已有两千余年。但直到 1972 年霍姆斯（James Holmes）在哥本哈根召开的第三届国际应用语言学会议上发表的《翻译学的名与实》（*The Name and Nature of Translation Studies*）一文中把翻译学定位为经验学科，从而确定了翻译研究的目标。所以说，西方描写翻译学在系统翻译理论框架中的地位的确立始于霍姆斯。此后，勒菲弗尔于 1976 年在比利时的卢万举行的“文学与翻译论坛”上，呼吁把翻译研究列为一门独立学科，从而得到更多学者的响应。“翻译研究”旨在关注“翻译的生成与描写提出的问题”。这一命题表明，翻译不仅是传统意义上比较文学或语言学的分支，而是一门跨多个领域的交叉性学科。还有学者认为，这门学科的名称应该是“翻译学”（Translatology），但由于其仍然从语言学角度出发，未得到广泛的认同。

（1）翻译研究的目的。霍姆斯认为，翻译学实质上是以经验为依据的学科，其研究方法的基础是观察、描写和解释。就翻译学而言，翻译过程、翻译作品及其在译语文化中的作用都是客观现象。因此，描写翻译研究有两个主要目标：第一，描写客观翻译现象；第二，建立解释和预测这些现象的原则和参数体系。巴斯奈特也指出，翻译研究是一个涉及面广泛而且错综复杂的独立学科，是“文体学、文学史、语言学、符号学以及美学等各大领域联系的桥梁”，深深扎根于实践。翻译研究的目的是归纳翻译过程中的普遍原则，将其分类用于指导翻译实践，形成一个没有语言界限的“文本—理论—文本”循环体系。（2）翻译研究的体系。霍姆斯（Holmes）提出了翻译研究的体系。他将翻译研究分为翻译理论研究和应用翻译研究两类。前两者为纯研究，其中描写翻译研究又包括产品导向研究（product-oriented）、过程导向研究（process-oriented）和功能导向研究（function-oriented）。翻译理论研究又分为通用理论与局部理论（如翻译手段、翻译范围、翻译等级和文本类型等）、翻译政策及翻译批评。（3）翻译研究的流派。美国语言学家兼圣经翻译家奈达则认为西方的翻译理论有四大流派：语文学派、语言学派、交际学派和社会符号学派。语言学前时期主要翻译圣经和文学作品，翻译主要是少数人的事，这个时期的翻译理论就是奈达所说的语文学派的理论。后三种理论流派即纽马克所说的语言学时期的翻译理论。语言学派重视意义的构成特征和语言结构，强调两种语言之间的对照，力图制订对等转换的规则。交际学派重视在源语中所发生的原交际事件与接受语中所发生的相应的交际事件之间的对照，着重研究动态使用中的语言，分析文本内容、形式、接受者以及交际情景对翻译的影响。而社会符号学派则强调语言的功能以及这些功能与其他符号之间的关系，并强调符号、所指和解释者三者之间的互动关系。根茨勒（Gentzler）认为，根据各流派采取的研究方法和理论基础，区分了翻译研究的五大流派，即美国翻译培训学派（the North American Translation Workshop）、翻译科学学派（the“Science”of Translation）、早期翻译研究学派（Early Translation Studies）、多元系统学派（Polysystem Theory）和解构主义学派（Deconstruction）。谭载喜以西欧和美国的翻译理论为出发点，归纳出五大翻译学派，即布拉格学派、伦敦学派、美国结构主义学派、交际理论学派和苏联的文艺学派和语言学派。张南峰、陈德鸿将西方翻译理论流派分为六大学派，即语文学派、诠释学派、语言学派、目的学派、文化学派和结构学派。

## 第二节 大学翻译教学的重新界定

要讨论翻译教学的各方面内容，首先应该了解翻译教学的实质并认识它的重要性。了解翻译教学的实质可以使翻译教师和学习翻译的人从根本上理解翻译教学到底是一门什么样的学科，教学哪些方面的内容，使实际操作更具有针对性。认识到翻译教学的重要性无疑可以使教师对翻译的教授更加重视，并使更多的翻译爱好者投入翻译学习中来，促进翻译人才的培养。

### 一、翻译教学的实质

如翻译一样，翻译教学的定义至今也是一个众说纷纭的话题。那么，什么是翻译教学呢？翻译教学是一门与翻译学关系密切、相互依存的科学，构建完整的翻译教学体系，是翻译学作为一门独立学科存在的重要标志之一。翻译学是一门综合性学科，它与其他学科，特别是社会科学中的许多学科有着千丝万缕的联系，例如，哲学、逻辑学、心理学、社会学、文化学、美学等，翻译的内容更是包罗万象，包括百科知识，语言的和非语言的。翻译活动是一种复杂的思维活动，翻译教学应传授学生正确的思维方式，如何认识信息（分析信息所包含的具体语言内容和非语言内容）和如何传递信息，即运用已吸收的基础文化知识和翻译理论知识，用另一种语言重新组织和架构对应等效的语义信息，使传播得以顺利进行。对翻译活动的一些具体建议，或解决翻译中一些特殊难题所必需的某些具体可行的办法，即所谓的“诀窍”，对我们的实践具有重要的方法论意义，是翻译教学的有效辅助手段，可避免长期的摸索。但是翻译教学应侧重培养学生正确的翻译思维能力。因此，翻译教学就是将学生置于翻译活动中去理解将一种语言中的内容转移到另一种语言中去的思维过程，并运用这些规律、理论、方法和技巧去指导翻译实践，提高学生的实际翻译能力。

人们常常会将翻译教学的实质与教学翻译的实质相混淆，对于二者的认识长期含混不清。许多人在谈“翻译教学”的文章中，谈“利用翻译进行外语教学，用翻译来检查学生对外语的理解程度和对语法规则的掌握，这实际是外语教学法流派中的翻译法而非我们所要讨论的翻译教学”（穆雷，1999）。所以，翻译教学与教学翻译虽然名称相似，也都与教学和翻译相关，但实际却是两个截然不同的基本概念。在研究翻译教学时简单地误将其与教学翻译画上等号，是对学问不负责任的态度。不了解二者的差别而自说自话，不仅不能推动理论研究的进步，反而使读者产生跟多的误解。所以，搞清楚翻译教学与教学翻译的多方面差别十分重要，概念清楚会使研究者对翻译教学的研究走向有一个更加准确的把握。

许钧、穆雷（2009）认为，首先，从二者的学科定位方面来看，翻译教学是翻译学领域中应用翻译学下的翻译教学学科，它的要求是专业性的，对译文要求较高；而教学翻译则是语言学领域里应用语言学下的外语教学学科，指语言教学中的中外互译，它对译文的要求较低，比较适合于翻译专业课之外的其他形式的外语教学。前者的中心是把翻译作为一门专业来教；后者的中心是广义上的外语教学，是为了学习某种外语或在高水平中运用这种语言和深入了解这种语言的文体而采用的一种方法。其次，两门学科的培养目标不同。翻译教学目的是培养能够同时熟练掌握母语和外语两门语言，具有相当的国学修养并了解异国文化，还需要具备广博的杂学知识，并具备专业的翻译技能和实践经验的职业化翻译工作者；而教学翻译的培养目标是将学习者培养成为掌握外语语言结构和丰富的语言知识的语言应用者或理论研究者。再次，翻译教学的教学目的是使学习者打下扎实的双语基本功，深入了解本国和异国文化，掌握双语转换的技巧，熟悉其他学科的基本知识，并且了解翻译工作者的道德职业准则和规范。教学重点不仅放在外语的学习提高上，还特别注重母语的巩固，以及两国文化常识以及相关学科知识的了解；相对来说，教学翻译更注重的是传授外语知识，重点放在了解外语的语言结构以及提高外国语的应用能力上，而不那么强调母语的水平和其他学科之间的联系。它虽然也注重两国文化的差异，但主要是用于跨文化交际方面，而不是强调其对翻译的影响。最后，翻译教学注重口笔译翻译的实践操作能力，致力于满足市场和客户的要求；而教学翻译注重的是外语语言技能的训练。从二者区别来看，二者的学科定位、培养目标、教学重点等方面都有所不同，各有侧重，但并无高低优劣之分，如果可以发挥各自的特点，深化区别性研究，都会在各自的领域取得更好的成绩。另外，区分翻译教学与教学翻译有必要而且有利于翻译教学和教材编选，因为不同的教学目的、不同的教学对象应该选用不同的教材。

## 二、翻译教学的重要性

时常听到有人对翻译做出这样的评价："翻译不是很简单吗？需要学吗？只要学过外语，拿两本字典，谁不可以做笔译呢？口译只要多背点单词，口语流利，讲讲话而已，也没什么好学的吧？"发表此类言论的人们大都认为翻译不需要学习，因为中国历史上的确有许多著名的翻译家并没有接受过系统的翻译教育，也照样译出了许多脍炙人口的优秀作品。如果持上述观点的人是外行人士或者行内的非专业人士，那还可以理解。但是，从事翻译工作或研究翻译的人也持上述观点，就不能不令人深思了。可以说翻译的地位不高与这种偏差的认识不无关系。当然，实际大多数翻译工作者还是不赞同翻译可以"不学而能"的看法的。首先，我们要让人们认清的是做翻译不是只有双语基础就可以，甚至如果只是双语基础扎实照样不意味着翻译就没有了障碍。之所以这样说，是因为做过翻译的人都明白，翻译不只是认识单词、会运用语法结构那么简单，翻译还需要了解本国文化，并将其与异国文化做深入对比，这样才能避免在习俗等方面闹出笑话，引发不快，或甚至出现严重的政治问题。另外，对两种语言的特征进行细致的对比才能说出地道的外语，才能沟通顺畅，否则常会引起歧义，甚至导致外国人根本看不懂、听不懂你说的是什么。另外，其他学科专业知识也是非常必要的，试想从事科技翻译的人，根本不了解科技知识该如何胜任这份工作呢？除了专业和技术性的问题以外，翻译还需要有合格的职业素养。例如，笔译译员需要治学严谨的态度，口译译员不仅需要口语好，而且需要过硬的心理素质和良好的记忆能力等。因此，有心的人便可以观察一下，那些没有受过系统的翻译教育的资深翻译家，他们虽然不是科班出身，但他们无一不具备极高的文化素养和广博的生活阅历，并且进行了相当多数量的翻译实践，在翻译上倾注了不为人知的心血。他们即使说不出自己在翻译时运用了什么翻译理论和翻译技巧，但从多年的实践经验中早已形成了自己独特的翻译观，这种现象也不能说是"不学而能"，而是"自学而成"的。这些典型的特例并不能证明我们就不需要翻译教学了，因为具备"无师自通"这种天资和能力的人还是极少数的。余光中先生就认为"无师自通"是有条件的，并非人人都能做到。现在的青年学生，由于教育体制所限，受应试教育所累，双语基础都不扎实，知识面窄，又未掌握有效的自学方法，无师便很难自通。因此，从这方面看，翻译教学的重要性是显而易见的。通过系统的翻译教学，可以有效减少学习者实践的盲目性，大大节省自己摸索的时间。扎扎实实地打好双语基本功，再系统地了解翻译理论，掌握翻译方法和技巧，并有意识地扩大知识面，这几项同步进行才有可能成为一个合格的译员。

除了翻译不须教这种观点以外，还有一些人认为翻译是一门综合性很强的学科，涉及语言学、文化学、文艺学、社会学、心理学，甚至理工类学科等，究竟教什么？可以教吗？他们认为翻译活动是一种创造性的复杂的心智活动，这种创造性只能靠自己进行大量的翻译实践来积累、总结，是不能以固定框架束缚的，翻译教学没有存在的必要。

是的，翻译是门杂学，翻译家往往都是杂家。翻译教学不能将翻译涉及的方方面面都一一讲授，也不需要这样做。但项目多、知识杂并不能成为不可教的理由。我们来看一下现在翻译界较为一致的看法，“业内普遍认为翻译学是一门综合性很强的独立学科，有其自身的理论、方法和技巧。同时，翻译又是一项艰苦而复杂的具有创造性的工作，它的创造性体现在用完全不同于原文形式的译文来传达原文信息，准确地说这是一种再创造。翻译的再创造，一方面取决于对概念意义的再现，另一方面取决于对语言形式的美学感受，形式服务于目的，翻译应尽量使译文对于其读者与原文对于其读者产生同样的效果。因此，应该忠实于原作的意图，包括原文的内容及原文的文体风格。同时，译文的通顺程度必须与原文保持一致，即译文语言必须符合规范，对译文读者来说，应该有高度的可接受性。然而，怎样实现等值创造，怎样使创造出的译作为读者所接受，研究者提出了一系列理论，也积累了大量的经验，总结了各种技巧。这些翻译的基本理论、技能、技巧及其在实践中的应用经过恰当的翻译教学传授给学习者，就是翻译教学的真正意义。”（邓于祁，2006）翻译有自己的规律，有自己的特异性，它依赖于外语教学对听、说、读、写四种技能的培养，但又高于这些基础教学。让所有的学习者了解和掌握这些特异性正是翻译教学存在的价值所在。

“罗进德先生曾说，他从多年的翻译实践和研究中观察到，双语都好的人不一定就能做个好译者，从双语好到翻译好这中间有一段距离，这段距离就是翻译教学要解决的问题，也就是说，翻译教学必须给学生的东西就是用以填补和沟通这段距离所需的东西。”（穆雷，1999）这里谈到的需要填补和沟通的东西包括几个方面，对于已经具备扎实的双语基础但不具备其他专业背景知识的学习者来说，应予以广泛的专业知识补充，会使其在翻译工作中克服技术障碍。而对于具有专业背景知识且有一定双语基础的学习者来说，需要的是加强其语言能力，使之能够发挥专业优势，做好翻译。然而，不论是双语扎实的学习者还是具有专业知识的学习者，都必须掌握一定的翻译理论和翻译技巧，并接受思维能力的培养。我们从研究中发现，具有良好的双语语言水平的非翻译专业学生做翻译往往不善于从理论高度研究翻译实例中出现的问题，这就是因为他们没有接受过系统的翻译教学所致。而兼有语言基础、翻译知识和翻译技巧的人，如果思维能力不够，仍然做不好翻译。思维能力的缺乏会使译者不能准确理解和欣赏原文，或者无法将理解的东西用文字呈现出来。实践中常常会碰到，有人认识原文中的每一个单词，可就是理解不出原文的真正意境，总是译不到位，这不能不说与译者的思维理解能力有关。从以上几点可以看出，绝对有系统教授翻译的必要性。

研究翻译教学就不得不提到翻译学。翻译教学是一门与翻译学关系密切、相互依存的科学，构建完整的翻译教学体系，是翻译学作为一门独立学科存在的重要标志之一。因此，对于翻译教学来说，建设翻译学具有十分重要的意义。谭载喜认为，“翻译学主要包括三个组成部分：①普通翻译学；②特殊翻译学；③应用翻译学”。这三者中，第一种，普通翻译学主要研究人类语言、文化及其翻译的一般规律，研究翻译的一般过程和翻译在整个科学体系中的地位及与其他学科的关系，从宏观上探讨翻译的性质、功能、标准以及译者的一般职责和条件等问题，并从历时和共时翻译学的角度研究翻译的历史，其中不仅包括翻译的国别史、地域史，而且更应包括翻译的世界史。在这里，我认为翻译史除了要研究与翻译活动直接相关的译者、译作和译事外，还应研究翻译教学史。然后，在此基础上提出涉及一般语言学的普通译学理论，也就是说，这部分译论应该在使用上没有语言限制。第二种，特殊翻译学主要研究两种具体语言的互译问题，涉及两种语言和文化的对比，提出能指导两种具体语言互译的理论。第三种，应用翻译学主要研究如何把普通译学和特殊译学的理论运用于翻译实践、翻译教学、翻译批评、翻译工具书的编纂和机器翻译等上，从微观上对翻译的目的、功能、标准、程序和方法等问题，以及它们之间的相互关系做出说明，以使普通译学理论和特殊译学理论在实际运用中得到检验。从上面的划分，我们可以发现，翻译教学属于应用翻译学的范畴。普通翻译学和应用翻译学是整个翻译学体系中最为薄弱的环节。在20世纪80年代以前，中国翻译界所究最多的还是特殊翻译学的内容，因此才会有人说，翻译理论没有实用价值，其实是自己对最有实用价值的应用翻译学缺乏研究。有人认为，翻译理论翻来覆去就是那么点东西，路也走到了尽头，其实是广阔的天地还没有受到重视。自从有了翻译学这张蓝图，我们不仅清楚地看到了翻译领域如此宽广，而且明确了翻译教学与翻译理论的关系。翻译理论对于翻译教学具有重要的指导意义，从学科建设、课程设置、教材编写、师资培养、教学方法到教学研究，无一不需要翻译理论的正确指导。而在翻译教学中也应加强翻译理论的传授。过去在高校外语专业的翻译课上，教师大多采用传统的师徒相传式的教学方法，讲解技巧，让学生做练习，然后逐字逐句地核对参考答案，或用例句来验证翻译技巧，甚至在有些院系的研究生翻译教学中，教师也只是讲评译文或进行译文比较赏析，最多简单介绍一下“信、达、雅”和“神似”“化境”等中国传统译论，基本上可以说是一种工匠式的传授方法，不讲理论依据和科学方法，使学生“只见树木，不见森林”，只知“鱼”而不知“渔”，无法在今后的翻译实践中掌握科学的方法和更大的主动权。因此，翻译教学应该重视翻译理论的研究与传授。一般来说，掌握一定翻译理论的译者在从事翻译实践时，往往要比对理论一窍不通者目的明确、方法灵活。由此可见，翻译学的建立对翻译教学特别重要。

## 第三节　大学英语翻译教学模式

翻译教学过程中，可以采用多种教学模式，包括基于语料库的教学模式、多维信息输入翻译教学模式、人本主义翻译教学模式、竞合探究翻译教学模式、任务型翻译教学模式、过程式翻译教学模式以及流程图式翻译教学模式。

### 一、基于语料库的翻译教学模式

莫娜贝克（Mona Baker）发表的题为“*Corpus Linguistics and Translation Studies: Implications and Applications*”一文，揭开了利用语料库探讨翻译规范和翻译研究的序幕。丰富的网络资源和语料库资源为语料库在翻译教学中的应用提供了可能。从其本质上说，语料库实际是通过对自然语言运用的随机抽样，以一定大小的语言样本代表某一研究中所确定的语言运用总体。语料库与翻译教学的结合已经日益密切。语料库反映的是人们实际使用中的真实语言——社会语境中的语言。语料库研究感兴趣的是语言的使用，包括频率和典型性之间的关系，以及实例和规范之间的关系。基于语料库的翻译研究是定量和定性分析相结合，以探明有关话语、体裁和语篇谋划的语用因素。目前学者们所探讨的主题已经超出了传统翻译教学的研究领域，覆盖诸多方面，包括专门用途语言、术语研究、学生译文评价等。研究者所探讨的语料库概念也有所突破，不仅包括传统上所讨论的单语或双语语料库，也包括一次性语料库、学生翻译作业档案库等。从方法论层面而言，研究也突破了利用单语语料库进行译者培训的做法，开始探讨双语语料库、学生自建语料库、小语种语料库等方法的其他潜在用途。在翻译教学领域，语料库使用覆盖面相当广阔。例如，利用双语语料编写翻译教材，进行教材革新；探讨语料库在翻译课程设置方面的作用，以更好的适应翻译人才培养目标；如何利用语料库加强翻译课堂互动，提高课堂有效性等。

### （一）基于语料库的翻译研究

语料库在翻译研究的运用层面包括如下几大块：一是翻译教学，包括教学大纲的设计、教学及教学评估方法；二是作为翻译的辅助手段，如纸质及在线参考书与词典、机器翻译系统、计算机辅助翻译、翻译记忆及术语库的创建；三是翻译批评，包括译文评价与评论；四是与其他研究如视听翻译、软件本地化、网页翻译以及全球广告策略等结合。基于语料库的翻译研究（Corpus-Based Translation Studies，简称CBTS）已成为当今描述翻译研究领域中一种新的研究范式，在理论、描写和应用等层面对翻译研究和翻译教学以及翻译培训起着越来越重要的作用，并激发了众多学者对相关问题进行研究的浓厚兴趣。贝克预言收录源语文本和翻译文本的大型语料库必将蓬勃发展，语料库为基础的相关方法也将随之发展，这二者必将促进翻译学者了解翻译文本的本质。此后，很多翻译研究学者开始把语料库作为一种有效而系统的研究手段。对比语言学也认识到翻译语料库对于语言研究的价值，更多的翻译教师也开始采取普通或特殊形式的语料库来辅助源语理解，提高翻译技能。

语料库，即以电子文本的形式收集的规律性文本，逐渐成为语言学和语言相关学科研究的素材之一，语料库语言学也已正式成为一个研究领域，同时也是一种重要的研究方法。语料库对翻译的描写性研究和翻译实践研究的影响逐渐增强。基于语料库的语义韵研究推进并开拓了语言探索的前沿领域，丰富了语言描述的方法和内容，是对基于直觉判断的传统词汇学研究的一个有力补充。贝纳迪尼（Silvia Bernardini）等学者在“*Corpora in Translator Education*”一文中对于语料库作为译者培养的资源和教学辅助手段在课堂教学中所起的作用有深入的探讨。受图瑞和霍姆斯对翻译研究的划分图示的启发，可将基于语料库的翻译研究大致分为两类：基于语料库的纯翻译研究（Pure Corpus-Based Translation Studies）和基于语料库的应用翻译研究（Applied Corpus-Based Translation Studies）。拉菲阿萨（Laviosa）指出，“基于语料库的方法正在不断发展，从理论性的阐述和实证性的实现发展成为一个连贯的、综合性的、丰富的方法论体系，用于解决有关翻译的理论、描述和实践等一系列问题，已成为当代描写翻译研究中的一种新范式”。

霍斯顿（Hunston）认为，基于语料库的翻译研究大致可分为两类：理论性和实践性研究。就翻译理论而言，语料库主要通过探讨某种意义从一种语言转换成另一种语言，通过比较译语文本和其对应的母语中的语言特征及其出现的频率来研究翻译过程。就翻译实践而言，语料库为翻译培训提供了工作平台，同时也为开发机器翻译和计算机辅助翻译等应用软件打下了基础。贝克（Baker）和拉菲阿萨（Laviosa）等指出通过分析语料库翻译文本中大量的翻译现象，可揭示并验证翻译中所存在的普遍现象（translation universals），如句子结构“简略化”（simplification）、语义连贯“明晰化”（explicitation）、遣词造句“规范化”（normalization）以及意思清晰“纯净化”（sanitaration）等特征。廖七一认为，“语料库不仅拓展了翻译研究的思路，同时也为翻译研究提供了更加客观、科学的研究方法，能更加有效的揭示语言的结构、语法、词汇的特征，分析译者语言习惯、语言的行业偏好，连贯形式、主位—述位结构，客观地阐释社会、文化和观念对翻译文本的影响。此外，翻译英语语料库能快捷、可靠地发现和分析一定历史文化中的翻译规范，分析性别差异、出版政策等对翻译策略和手法的制约，同时还有助于探索翻译的普遍规律，分析翻译文本的普遍特征，预测翻译发展趋势与走向，并对翻译理论家提出的假说进行验证”。

### （二）翻译语料库研究现状

翻译实践中，语料库有助于提高语言表达能力，增强文化意识，为译员和翻译专业的学生提供一个工作平台和参考工具。在这方面，即使是单语种语料库也很有用。例如，鲍克（Bowker）发现，在对专业领域的理解、术语的准确选用以及习惯表达等方面，借助语料库所完成的译文比仅用传统资源（如词典等参考工具书）所完成的译文质量更高。贝纳迪尼（Berardini）也建议，传统的翻译教学应该辅助以大型语料库检索，以便使翻译专业学生形成“意识”“反射”和“应变”，而这些技能“使专业译员有别于那些手脚不熟练的业余爱好者”。在国外，语料库首先受到语言学家、词典编撰者的欢迎，但长期以来，语料库语言学家对翻译研究并没有产生多大兴趣，其原因主要有两点：第一，语言学家过分强调语言的形式因素而忽略语言发生的社会文化背景；第二，传统语料库语言学家认为翻译语言背离了规范，不同于标准语言，因此翻译文本一直被排除在语料库之外。

现任英国曼彻斯特大学翻译与跨文化研究中心主任莫娜·贝克（Mona Baker）是语料库翻译研究的创始人之一。贝克（M.Baker）创建了世界上第一个翻译英语语料库（Translational English Corpus，简称 TEC）。提出运用平行语料库（parallel corpus）、多语语料库（multilingual corpus）和可比语料库（comparable corpus）去发现用常规方法很难发现的语义特征，研究文本的风格、语言习惯，如语言的冗余度、词汇共现、规范程度、连贯形式、句法模式，乃至标点符号的使用特征，从而帮助人们对翻译策略做出相应的选择。TEC 可以通过词汇密度、词频、句长、搭配模式、特定词汇等的考查，来帮助研究者探索读者对翻译的期望、翻译理论家对翻译的态度和设想，以及专业翻译时间的互动关系。TEC 的建成是语料库翻译研究的基础和出发点。贝克利用 TEC 对语料库进行了示范性的分析，提出了翻译普遍性的假设。贝克认为，语料库语言学研究方法可用来考查诸多翻译问题，如翻译普遍性、特定社会文化中制约翻译行为的翻译规范、翻译过程，翻译单位的大小和特点以及对等的特征和局限、考查文学翻译者的文体等。在贝克的影响下，众多学者纷纷开始运用语料库进行翻译研究。

鲍克和本尼生（Bowker & Bennnison）系统介绍了“学生翻译文档库”（Student Translation Archive，简称STA）以及“学生翻译跟踪调查系统”（Student Translation Tracking System，简称STFS）的设计原理和研制过程以及应用价值。此项研究是由鲍克（Lynne Bowker）在都柏林大学和渥太华大学开展的，模仿了学习者语料库的设计原理，在收集、管理和研究学生翻译文本数据资料，并对学生的翻译实际能力进行跟踪调查，以便翻译培训教师深入分析学生在翻译实践中所遇到的问题哪些具有普遍性，哪些仅是个别学生所遇到的问题。该项研究的应用价值在于教师可根据不同翻译培训目的提取各类语料库来指导自己的教学实践。例如，通过提取含某一堂课里全班学生就同一原文文本所做的翻译文本语料库（textspecific corpora），借助语料库分析工具（Wordsmith Tools，MonoConc），教师可同时检查所有译文中相对应的部分，由此确定哪些翻译问题是全班学生普遍感到困难的，哪些翻译问题只是某一两个学生感到困难的。教师也可提取其他类型的语料库，例如，学生就某一专题所做的翻译文本语料库（subject field specific corpora），涉及多个专题所做的翻译文本语料库（corpora spinning multiple subject fields）、跨语言/同一主题所做的翻译文本语料库（cross-linguistic/same subject field corpora）以满足不同的教学和培训的需要。通过调阅某个学生或一组学生在某段时间内所做的翻译文本语料库进行横向比较，教师可以分辨已经解决了的翻译问题和依然存在的翻译问题，并以此作为评估学生翻译水平是否提高的标准之一。模仿此方法我们可以建立学生的翻译文档及其跟踪调查系统。

薇兰托拉（Varantola）介绍了在芬兰坦派勒大学（University of Tampere）翻译任务而特意编制的专用可比语料库，而不是作为长期使用的文本语料库的一部分。这类语料库的特点是结构简单、规模小、不需要复杂的语料库标注，而且学生可自己动手编制（也可称之为DIY—Do-It-Yourself-Corpora），但却是提高翻译实际能力的有效工具。翻译是语言之间进行转换的一种手段，所以英汉翻译的研究也离不开英汉语言对比，“因为自有翻译以来就有语言对比”。因此翻译可以成为比较的手段，比较也可以成为翻译研究的基础。此类语料库编好后，可以利用常见的语料库分析软件（word smith Tools）进行多项翻译研究，例如，获取在翻译中十分有用的词汇搭配及语境信息；检索较长的语篇单位来寻找语篇结构及衔接机制等信息；搜索有用的词表及词频率信息；从整个语料库文本中获取平均句子长度以及关键词词表等信息，以便进行相关文体研究。这类语料库有助于增强译者对所做翻译决策和词汇选择等方面的信心，促进译者较快地做出决策。

麦尔姆杰(Kirsten Mahnkjaer)介绍了如何利用《安童生童话故事》中的《豌豆公主》的14种英译本建成的专用语料库，研究译文措辞的创造性和表达的新颖性。语料库解决了大量语料存储的问题，对于译者来说，最为便利的莫过于将所收集的多种译本存储于其中，并可随时调出加以对比研究。很多名著都不止一个译本，例如，《简·爱》有近20个译本，《傲慢与偏见》的译本也有16种之多，《哈姆雷特》的汉译本最多，达到 30 种。将多种译本收集到双语语料库或翻译语料库里，就会大大方便翻译的研究者和教师，对从事翻译工作的人员也大有裨益。多个译本综合起来进行比较分析，就可能有新的发现，并对翻译教学有所帮助。杨晓军提出，可将某一文本类型的专业翻译人士的译文编制成“示范型翻译语料库”（model translation corpora），供学生参考以改进译文质量。同时，杨晓军提出，可以从历年“英语专业四、八级考试”“翻译资格证书考试”中的翻译答卷里进行选材，汇编成“中国学生翻译测试文库”，对其进行简单标注（主要指 Mini Markup 和 Error Markup），可用于学员翻译考试培训，提高学习效率。

## （三）语料库在翻译教学中的应用

适用于翻译研究的语料库可以分为平行语料库、可比语料库等（Mona Baker；Olohan）。不同的语料库有各自的特点，在翻译教学过程中可以起不同的作用。

第一，平行语料库。平行语料库收集某种语言的原文文本和译入语文本，是学生学习翻译课的一种重要的参考工具，有助于提高学生理解原文并用更流畅的目标语进行翻译的能力。研究表明（Friedbichler & Friedbichler）：将外语译成母语时，参照双语平行语料库核对有关翻译问题，能够帮助翻译学员或译者提高表达能力，减少译文的错误。将母语译成外语时，对语料库工具的需要更是成倍增加。平行语料库作为一种资源，为翻译教学提供了丰富的教学资料。于连江认为，平行语料库可以用来对翻译文本进行定量分析和定性描述，也可进行宏观概括和微观分析。实际操作中，可以利用索引软件，共现动态语境；进行文本等值概率分析和译文风格特点的量化分析等。（1）利用索引软件，共现动态语境。结构主义语言学的鼻祖索绪尔将语言中的词语关系分为横聚合关系（syntag matic）和纵聚合关系（paradig matic）。语料库可以提供文本语境关系（contextual relations），研究者可以指定以搜索词为中心对左右相邻的词数进行横向和纵向对比分析，并对某个词的语言生态（language ecology）进行分析，从而总结该词的语法和语篇功能。翻译教学中，教师可以教学生利用语料库自行检索进行选词，在动态环境中掌握词的搭配关系，并可以分析在翻译中为什么用某个词而不用它的同义词或近义词。以北京外国语大学中国外语教育研究中心创建的通用汉英平行语料库为例，在检索软件的帮助下，该语料库可以提供：①某一检索词或短语的丰富多样的双语对译样例；②常用及特殊结构的双语对译样例；③丰富的可以随机提取的一本多译作为对照参考。（2）文本等值概率分析。“文本等值关系和对应关系之间的差异程度是衡量语言类型差异的尺度。”英国著名翻译理论家卡特福德（John Cafford）提出文本等值概率（text equivalent probability）这个概念，他对一篇 12000 词的法语小说进行统计，法语前置词“dans”出现了 134 次，该词在英语译本中等值成分为“in”时 98 次，“from”两次，“about”和“inside”各一次。我们可以对某个特定的词在不同文体中的相应的等值概率进行统计分析，从而得出该词在相应文体中的等值概率，发现该类文本翻译时的规律。这无疑对翻译教学起积极的作用。（3）译文风格特点的量化分析。学者们以往对译作文体风格的研究和评论主要是凭经验和感受进行。有了语料库的强大支持，研究者就可以对作品进行问题风格的量化研究，对译者个人所偏爱的语言表达方式等（如句子长度、词频、句型、搭配方式、叙事结构）进行分析，从而发现译者的翻译风格特征。由此可见，基于语料库的研究方法和教学方法为实现翻译教学课程结构的科学化、规范化和现代化提供了保证，这种方法符合认知科学的规律，有利于培养学生研究性学习的能力。

第二，可比语料库。可比语料库收集某种语言的原文文本，同时也收集从其他语言翻译成该语言的文本。利用TEC，我们可以快速地分析翻译规范。在课堂中，可以通过比较分析可比语料库中的两种文本，向学生展示特定历史、文化和社会环境中的翻译规范，发现翻译活动的一些特殊规律。这对学生了解翻译实质以及翻译过程提供了充分的资料。通过教师带领学生一起分析，可以培养学生的科研精神，使得翻译不再是一个经验性的活动。此外，可以组织学生收集整理语料，共建语料库。

第三，语料库在翻译教学中的具体应用。令人欣慰的是，近年来一些学者先后开展语料库在翻译教学中的具体应用研究，努力推进基于语料库的翻译教学模式和教学方法的运用。

### （四）语料库翻译教学的局限性

有些学者以批判的眼光看待语料库对翻译教学和译者培训所起的作用，并指出了语料库的局限性和不足。麦尔姆杰在其文章“论译者培训中语料库的伪颠覆性应用”对使用语料库进行译者训练进行了反思。她认为，语料库主要“反映过去语言的使用模式，不能代表未来语言发展的趋势”。尽管在翻译语料库研发方面有很多学者提示，语料库的使用可能会导致研究者更加强调翻译规范，而忽略译者的创新性，甚至把创新视为错误。翻译是一种创造性活动，而语料库所收集的例证可能会对译者进行误导并且扼杀这种创造力。培训者应该探索其他颠覆性的方法来使用语料库，让译者知道何时应该打破某些翻译规范，进行创作性翻译。肯尼（Kenny）指出，语料库翻译研究也并非百分之百客观，研究者的结论绝非毫无异议，对语料库所获得的共性特征解释也依靠研究者自己的主观解释。研究者必须认识到什么时候该使用工具，什么时候软件存在局限性，这样才能充分挖掘语料库的潜力。

## 二、多维信息输入翻译教学模式

所谓多维信息输入翻译教学模式就是指在教授翻译技巧或翻译实践课时，教师以教学内容为基础，利用现代教育技术，如多媒体、数据库、网络等进行生动直观的讲授的过程。这些模式从英语专业课型、语言技能、个体差异等变量的契合点出发，充分利用多媒体软件硬件设施，整合教学策略，营造自然的语言氛围，使外语教学由封闭式、单向性的知识传播向开放式、多向性的信息传播转变。这一教学模式具有以下几个特点：第一，翻译教学材料多维化。随着现代教学工具的发展，翻译课也引进多媒体技术。借此学生不只从翻译教材中获取翻译知识，更能从多媒体课件中得到丰富而生动的影视画面。翻译材料不只限于文学翻译更有很多实用性翻译实例，如科技、经济、外贸、金融、法律、军事、教育、影视及媒介等。第二，评价系统多维化。多维信息的评价系统既有一般的形成性评价和终结性评价，又有师生和生生互动式评价等。第三，教师能力多维化。这样的多维信息输入模式要求教师必须建立多维的翻译教学“资源库”，因而对翻译教师的素质提出了相当高的要求。教师不仅要十分熟悉翻译教材、内容及教法，更要善于利用多媒体、网络，以及各种在线信息、声像材料、影视素材等制作简单实用的教学课件。在给学生提供多维信息输入的过程中，教师要对学生进行实时点评、检查，并给出建议。

为了及时高效地传输语言信息，使教学要素（教师、学生、媒体）有机结合起来，我们以语言学习理论和教育理论为依据，以多重原则为导向（师生互动协作原则、教学环节优化原则、学生为本原则、多维信息输入原则）。多维信息输入翻译教学模式在教学中的应用可表现在以下三方面：第一，可实现教师与学生互动、学生与学生互动、人机互动。在传统的翻译课堂上，学生间、师生间的互动通常是在练习完成之后，由教师讲评，师生之间很难进行适时交流、互相学习，教师也无法了解学生在表达过程中所遇到的困难。基于网络的翻译教学使之成为可能，教师可以利用多媒体监控学生翻译情况，关注学生的整个翻译过程，随时发现学生在翻译过程中遇到的问题与困难，及时予以帮助、指导，更重要的是教师可以随时进入交流平台，有目的地去引导交流活动。第二，可从教师为中心的翻译教学转向以学生为中心。教师应当充分利用信息技术对自主学习的支持作用，进行精心的信息化教学设计，学生能否有效的利用这些便利条件进行自主学习，主要取决于教师对自主学习活动的设计。教师应发挥其指导作用，比如，教师应对学生的学习内容进行规划和设计，使学习内容的选择应服务于学习目标的实现。学生应当在教师的指导和建议下自主选择学习内容。第三，创设情景教学。语境对于语言的理解与表达具有语用和语义上的制约和衬托作用，因此，在翻译过程中，把握原文特定语句赖以产生的语境，对于领会原文的意义和功能、选择恰当得体的表达方式有着十分重要的作用。教师利用现代技术再现或创设具有情绪色彩的具体形象或场景，既能克服传统教学方式的呆板，有效的调动学生的学习主动性，又能激起学生的真情实感。形象直观的演绎有助于强化学生的感性认识，有助于学生对比、思索。一些属于情景幽默的对话，如果脱离了一定的语境，译者和译语读者是很难体会出其中的幽默所在的，若将此片段呈现在学生面前，让学生亲临其境，从人物的表情、动作、声调等体会其中的幽默，译出的译文效果会更佳。实践证明，这种形象而多维的信息源可以强化信息刺激，增加信息输入量，还能激活学生学习的主观能动性并激发其学习兴趣，从而提高翻译教学效果。

### 三、人本主义翻译教学模式

人本主义教学模式基于罗杰斯（Rogers）提出的系统的人本主义学习理论。他提出“学习是人的自我实现，学习者是学习的主体，必须受到尊重。”自我实现这一特性是人的先天行为。对每一个人来说，各自生活在自己感知的主观世界中，这个世界只为他们自己所知晓。这种先天性、倾向性愿望的实现，受后天环境的影响，只有在自由的运行条件下，它才可能向好的方向发展，才有可能充分实现。人本主义强调人的内心世界的重要性，将人的思想、情感和情绪置于人的整个心理发展的前沿地位。人本主义的学习强调三个方面：一是支配学习的理想动机应是现时的快乐与兴奋，而不是由学习带来的未来的功效；二是教师不应把主要精力局限于所教的内容上，而应同时注意学习者的心态，即情感与动机的变化；三是教师的角色是“催化剂”与“助产士”，而不是权威。在人本主义教学模式下，教师的角色不再以翻译知识的传播者、呈现者以及翻译的唯一答案为主，而成为学生学习的“协助者”“引导者”或“伙伴”。教师由原来处于中心地位的知识传授者转变为学生学习的指导者、学生主动建构意义的帮助者和促进者；学生由原来的被动接受者转变为主动参与者、知识的探究者和意义建构的主体。他们积极思考为什么学翻译，如何学好翻译，翻译的标准是什么，如何评价自己的翻译等问题；学生是学习的主体，教学应当以最大可能地服务于学生的学习为主，学生才是教学的“中心”。翻译课程也不再是让人望而却步的困难学科，而是基于学生能力与兴趣而设计，为提高学生翻译能力与综合素质的学科。

以人本主义教学模式为主导的教学活动应包括以下几个方面：第一，和谐的教学环境。在教学活动中，教师和学生存在着多方面、全方位的情感交流，是一个交流与合作的互动过程。而传统的翻译教学模式下，师生交往模式是老师将信息单方面传给学生的过程，它的特点是权威性强、速度快，但反馈信息少，属于“灌输式”教学，导致了师生关系疏远和冷淡。这种教学模式忽视了师生和谐关系的建立，师生关系是不平等的、非对称性的。人本主义教育理念下的教学模式要求建立平等和谐的新型师生关系，在教学上平等对话、同等参与、相互建构，使学生开放心态、凸显主体、张扬个性，大大解放其创造性。成功的教育理论及教育方法最鲜明的特征是具有时代性。自 20 世纪 90 年代以来，世界进入知识经济的新时代，科技进步成为人类社会进步最根本的推动力。知识创新成为综合国力增长最重要的支撑点。第二，教师的辅助作用。在翻译教学过程中，教师应起到“支架”的作用，指导、组织学生的自主学习过程，为学生精心设计适合学生英语程度、兴趣的翻译内容，学生可以在教师的指导下自主地选择学习内容、策略和进展，而教学内容具有针对性和个人意义，从而保证了学生自由地发挥其认知和情感潜力，在师生、生生互动过程中全面、客观的认识自我，对翻译标准给予客观的评价。第三，肯定性教学评价。人本主义教学模式倡导，教学评价也应一改“分数第一”的评价观念。课堂上，教师给予学生肯定性评价语是激发学生情感的最好方法。肯定性评价语起着导向、激励、促进的作用，有利于提高学生自主学习的积极性。当翻译的标准不再是教师，翻译答案不唯一时，评价的出发点是关注学生的方法与过程以及学习过程中的情感和价值观的形成。学生应该成为教学评价的主体，通过反思对已学知识进行评价，而且对自己的情感状态进行主观的描述、解释和说明。

## 四、实用性翻译教学模式

实用性翻译教学模式是由案例型教学法指导的新型翻译教学模式。案例教学是哈佛商学院 MBA 教学的重要手段。我国于 20 世纪 80 年代开始引入案例教学。所谓案例教学就是在课堂教学中，在老师的指导下让学生利用实际案例去讨论、分析、评价，寻找对策，以案例作为媒介达到学习知识的目的的方法。鉴于 21 世纪的翻译课程特点主要是英汉语言技能与各种专业知识，如商务、外贸专业知识等的密切结合，从翻译教学内容的应用性及各专业技能培养目标的考虑出发，案例教学法可以在翻译教学中进行创新性运用和实践，形成实用性翻译教学模式。

张小波认为，实用性翻译教学模式的四个主要环节是“文本准备、分析与讨论、译例总结、确定译文”。第一，文本准备。所谓文本准备就是准备案例的环节，教师收集、编写、设计与教学内容相适应的翻译材料。由于文本的选择是不可避免的主观活动，根据案例教学实践的经验，在编写教案时，按教学内容和教学进度将译例汇编。在译例的设置上，注重由浅及深，先易后难，主要是在国内外经济贸易、国际金融、科技文献、国际商务、新闻、外交等文字材料中选编。第二，分析与讨论。教师针对学生的问题组织学生进行探究性学习，以期帮助学生解决困难，其不可替代性就更加显示出定点教学“区别他人”的个性。定点教学的独特表现在它是“解决学生学习中的某一个问题”，而不是完成某一种的训练。在案例分析讨论后，最终实现学生独立完成案例涉及的翻译问题的分析、解释和讨论。为了提高讨论的实效，教师应事先准备一系列相关的问题，以启发学习者讨论。小组讨论结束后，由每个小组推荐一名发言人向全班介绍小组讨论的结果，其他学习者可以提问，由小组成员负责解答。在学生的翻译出入很大时，可使其在已有知识图式基础上展开讨论；若学生分析判断有错误，教师可采取循循诱导的方式，使学生意识到问题出在哪里，自觉加以修正。例如，在对上述有关合同书的案例进行分析、讨论译例总结中，应避免“答案唯一”。教师不是用机械的规则去限制学生或是评判他们的译文，而是鼓励多样化的翻译风格。教师对讨论的结果进行总结，主要放在对遣词用字、句子结构、段落结构、篇章结构、语态、时态、前后呼应、整体风格、翻译技巧的讲评上。第四，确定译文。翻译教学最后一个环节则是确定译文。通过课堂小组、全班讨论后，教师要求学生根据翻译的原则和所学技巧在课后完成最终译文。案例教学法指导下的实用性翻译教学模式有利于学生综合能力的提高，在教学材料的选择上更实际，它充分体现了课堂与社会、理论与模拟实践的结合，符合高等教育的目标，有益于学生为社会服务。

## 五、过程式翻译教学模式

### （一）理论基础

1969年，奈达否定了在表层结构层次上借助所谓“中间语言”（between language）将源语直接转换为译语的一步式翻译模式（single-stage roce-dure），并根据乔姆斯基的转换生成语法提出了由分析（analysis）、转换（transfer）和重构（restructuring）三阶段组成的逆转换翻译模式。20世纪七八十年代出现在德国的功能学派从翻译的目的出发，提出了翻译作为一种跨文化交际过程的循环模式：译者以翻译目的为出发点，对源语情境中的语篇进行分析，确定源语语篇与翻译活动有关的因素（translation activities related factors），并按翻译目的需要将源语信息进行传译（transfer），然后合成为译语语篇，译语语篇在译语文化语境中实现翻译目的，完成整个循环过程。贝尔则把翻译过程分为分析和合成两个阶段，在每个阶段中均存在三个不同的操作领域（areas of operation）——句法、语义和语用。译者在这三个领域中的分析原文和合成译文过程也就是进行语际信息传译的实质性过程。这一过程的核心是哈提姆所说的“能动的选择”（motivated choice）。

以上的理论表明，无论采取什么样的具体操作流程，翻译这一行为都是一个能动的过程，需要译者积极地进行实践。

### （二）结果导向与过程导向

传统的翻译教学比较注重翻译的最终结果——学生的译文。教师着眼于对学生译文的评价，如理解是否正确、表达是否准确、译文是否流畅等，对学生的翻译过程重视不够，忽视学生在翻译过程中所遇到的问题，缺乏对学生的引导，更谈不上帮助学生发现问题、分析问题和解决问题了，这种教学方法称为“以翻译结果为导向的教学法”（product-oriented approach）。一些西方的翻译理论家本身也从事翻译教学，他们对翻译教学既不反映实际操作过程也不反映当前的理论研究新进展的现状提出批评，并认为有效的翻译教学的先决条件是理解文本是如何被认知系统理解、加工和转换的。“以翻译过程为导向的教学法”（process-oriented approach）以分析翻译能力及其在翻译过程中的作用为出发点，理解认识译者在翻译过程中的思维活动、行为表现、运用的知识、采取的策略、发挥的创造力、遇到并解决的问题、决策过程和影响因素，因此在翻译教学中具有重要地位。过程教学法借鉴了关于翻译过程的理论研究，反映了翻译的实际过程和译者的主体作用，因此有利于发展翻译能力。过程教学法的特点是不强调翻译结果而侧重描写与解释翻译过程。它注重描述译者的行为表现、思维活动、操作过程。这种教学方法的目的将学生的注意力转向翻译过程、思维过程、决策过程，逐步培养学生的认知能力、策略能力、专业操作能力、心理素质，使学生在实践中运用翻译理论知识、采取有效的翻译策略、发挥创造力，从而提高翻译能力。

### （三）教学流程

连淑能提出，“以翻译过程为导向的教学法”，即联系翻译结果，进行指导和讲评，改变传统的“布置翻译练习—学生提交作业—教师课堂讲评—分发参考译文”这一注重翻译结果的讲评方式。可以采取如下教学流程：第一，布置翻译练习时，指导学生做好译前准备。教师预设翻译情景（translation situation）。这些情景所涉及的主要因素有：翻译的要求者或顾主对翻译该篇章的具体要求、作者的意图、翻译的目的、译文的读者或使用者、该篇章的文体特点和写作背景、交稿的时间要求等。指导学生自己查找百科全书、词典或网络信息，了解该篇章所涉及的陌生的术语、论题、题材、主题材料等。换言之，教师至少应预设“Who wants to send what to whom for what purpose through which media and at what time and place”。第二，布置翻译练习时，做必要的译前启发和引导。引导学生注意翻译过程中可能遇到的问题，包括翻译的原则、策略、方法、技巧、步骤（包括理解、表达、修改）等。第三，学生可以以“翻译作坊”（translation workshop）的形式共同讨论翻译任务，一同经历翻译过程。交译文时，应注明他们在做翻译过程中所遇到的各种问题和尚未解决的问题。第四，讲评翻译作业时，方式可以多种多样，包括教师讲评和学生互相评议。教师讲评时注重分析、启发和指导翻译的过程、步骤、方法、技巧和学生所提交的问题，可以采用交互式、互动式提问和讨论，最大限度地让学生参与讲评的全过程。我们应提倡学员在课下互相观摩学习，在讲评翻译作业时，我们不仅指出学员翻译中的错误，同时也将他们的精彩译句介绍给大家。例如，就有关问题提问：为什么这样译？有没有其他译法？这样译有什么问题？如何修改？哪种译法较好？讲评时既指出存在的问题和错误，也肯定翻译佳作，鼓励学生独立思考、敢于创新。允许学生做出不同译文，不强求“千篇一律”或与“参考译文”一致，同时对不同译文进行评估。

实践证明，过程教学法使学生学会发挥主体作用，积极创造译文。整个翻译过程中，学生成为主动者，能够分析各种因素，掌握相关的依据，突出翻译中的重点创造出好的译文。这种方法有助于提高学生的自主学习能力，发挥学生的创造性，为翻译能力的发展提供了良好的基础。

### 六、流程图式翻译教学模式

根据翻译理论和教学实践，我们总结了一种流程图式的翻译教学模式。我们借鉴了功能翻译理论派所强调的对翻译的研究应运用从“全局到局部”的宏观分析方法，指导学生在翻译实践中将宏观层面的翻译目的和文本功能与文本微观层面上的词、句和语篇的研究相结合。在教学实践中，采取勾画工业生产流程图式的教学模式有助于帮助学生面对一篇陌生的英语文本时迅速厘清思路，抓住重点，进入状态。新颖的教学模式调动了学生的学习兴趣，提高了教学内容的趣味性、有效性和可接受性。

## 第四节　大学英语翻译教与学的实践

翻译理论其重要性更体现在它对翻译实践的指导意义上，翻译理论能够促进翻译教学水平的提高，深刻参透新的翻译理论，必然会扩大教师的专业视野，丰富教师的专业知识。这些新的理论经由教师筛选，融入翻译教学中，进而指导学生的翻译实践，必将有助于更快更有效的为国家培养翻译人才。

### 一、关联理论在翻译教学中的实践应用

关联理论对翻译教学很有启示，首先告诉我们要翻译，先要理解原文。根据关联理论要准确无误的理解原文的语境，根据语境做出认知假设，找出原文与认知假设间的最佳关联，从而理解原文语境效果。寻找关联要靠译者的百科知识，原文语言提供的逻辑信息和词语信息。因此，寻找关联就是认识推理的理解过程。更为重要的是，翻译是作者—译者—读者三元关系，原文作者和译者的认知环境不同，作者力图实现的语境效果同译者从原文和语境中寻找关联而获得的语境毕竟是两回事。这样一来，原文信息和译文传达的信息就不可能完全对等，翻译只能做到“达义”“对体”“求形”。所谓“达义”，就是正确地表达原文的意义，意义是交际的核心内容，只有正确无误地表达原文的意义才是翻译的首要任务。无论是明说还是暗含，意义的语码转换是可行的。“意义”包括两方面的意思，一个是“意”，一个是“义”。“意”是指意图，原文作者的意图，翻译就是译意，例如，John can be relied on.He eats no fish and plays the game.有人不知道to eat no fish和to play the game分别是典故和习语，而按字面译成“他

一向不吃鱼而且经常玩游戏”。其实 to eat no fish 出自一个典故，指美国伊丽莎白女王时代，耶稣教徒为表示对政府忠诚，拒绝遵守反政府的罗马天主教徒在星期五只吃鱼的习俗。因此，to eat no fish（不吃鱼）是表示“忠诚”的意思。to play the game 和 to play fair（规规矩矩地比赛）同义，由此转义为“公平对等”，“举止光明正大”，“为人正直”等。所以，以上的话语应译为“约翰为人可靠，他既忠诚又正直”。“对体”是指文体和体裁。在翻译中，两种语言的体裁要相吻合，诗歌绝不可译成散文，戏剧绝不可译成小说。也应该注重语体和文体，Martin Joos 的“五只时钟”对我们翻译很有参考价值。前几年报章杂志中常将“争夺世界霸权”一语译成 to scramble for world hegemony，但 scramble 是一个十分正式的口语词，不适用于政论文体。英国作家 Felix Greene 认为，当 scramble 表示“竞争”意思时，多半用于诸如孩子们争夺一块巧克力时乱作一团的情景，在严肃的场合倒不如中性的 struggle 更为得体。所谓的“求形”，是指两国的文化具有差异，语言表达的形式不可能全都一致，只能做到有者同形，无者异形，译文应符合本国语言的习惯。例如，英语的习词 One boy is a boy, two boys half a boy, three boys no boy 可译成汉语相同的形式“一个和尚挑水吃，两个和尚抬水吃，三个和尚没水吃”，但 He was like a drowned rat 不可译成“他湿得像老鼠”，而应译成“他湿得像落汤鸡”。

综上所述，关联理论对外语教材的编写、词汇的记忆、阅读理解教学、翻译等有着十分重要的借鉴作用，语言教师应学点语言学，改进教学方法，掌握教学技巧，培养更好的翻译人才。

## 二、认知语言学意义观在翻译教学中实践应用

### （一）认知语言学意义观

传统的意义观主要包括指称论、使用论、行为主义论、真值条件论、概念论、成分论等。这些意义观是四种主要语言学范式的意义观的具体体现，即传统哲学、对比语言学、结构主义语言学和转换深层语法。这四种语言学范式虽有其不足之处，但都属于客观主义语言学范畴。Lakoff（1987）曾严厉地批判了这一语言学范畴。他们指出客观主义语言学对于意义的核心观点是语言是对现实世界的直接的镜像反映，意义来自语言本身，现实世界可以通过语言的意义得到准确的理解。由此得出描述同一场景的不同表达具有相同的意义，因为它们反映的是同一场景，比如，同一源语表达“玛丽把杯子打破了”既可以翻译为“Mary broke the cup”，也可以译为“The cup is broken by Mary”，因为两种译文反映的是同一场景“玛丽把杯子打破了”。

然而，认知语言学则与客观主义语言学持明显不同的观点，它认为意义不是来自语言本身而是来自对体验的理解。语言仅仅只是起激活意义的作用，语言与意义之间是导引与被导引关系。[1] 而意义就是概念化。[2] 具体地说，意义存在于我们的大脑中，而不是语言中，语言的作用只是激活意义和其所属的概念框架。意义或概念化存在于现

[1] 张辉，王少琳．认知语义学评述［J］．解放军外国语学院学报，1999（4）：4～8.

[2] 吴小芳．认知语言学的意义导引理论及其对翻译的启示［J］．咸宁学院学报，2010（7）：100.

实世界和概念结构之间的人类认知过程的结果，而认知过程是指人类识解现实世界的过程，因此，意义或概念化是人类用识解方式感知体验现实世界过程的识解结果，每一个意义不仅包括具体的概念内容，而且还含有相应的识解方式。正如 Langacker（2000：27）所指出的，语言意义应该由概念内容和识解构成，一种有挑战性的意义观不能忽视后者。由此可知，能够激活相应概念框架中的某一意义的表达必定反映隐含在意义中的某一识解方式。换句话说，某一具体语言构造的使用事实上赋予了所构造的场景某一具体的意象。因此，根据认知语言学的意义观，可断定上段中所给出的例子中的论断是不合理的，尽管"玛丽把杯子打破了"的两种英文翻译可以激活同一杯子摔破的概念内容，但是译文"The cup is broken by Mary"不能激活与源语表达一样的识解方式，因此改变了源语表达的意义。

另外，为了说明认知语言学的意义观，正如以上例示，句子尤其是被动句常常用来作说明例子。在此，我们必须指出这一做法大大局限了普通读者对认知语言学语义观的理解，甚至会使其误认为认知语言学语义观只适用于句法层面。事实上，词汇和句法都可用来例示这一意义观，因为两者之间没有明显区分。Langacker 指出词和句子形成了一个符号元素的连续体。这就意味着词和句法都是语言构造，都可以构造该概念或场景，赋予概念或场景识解方式。名词属于词的范畴，由此可推导出指称每一个指称概念的名词实际都体现了相应的识解方式，以下将以认知语言学意义观为指导具体探讨名词的翻译教学问题。

## （二）认知语言学意义观对名词翻译教学的启示

在具体名词翻译教学过程中，教师首先需结合认知语言学意义观探索出具体的名词翻译原则，然后在此原则的指导下以引导的方式与学生探讨具体名词的翻译。

如上所述，意义由概念内容和识解方式构成，我们在用某一名词激活某一意义的同时也是在选择某一意象构建某一场景，而翻译的性质又是在目的语中再现源语的意义。据此，我们认为翻译名词的原则，即名词翻译应该以认知意义为导向，即意义的概念内容和识解方式都应该在目的语中再现出来。然而，词本身所具有的特点使得这一名词翻译准则的具体实施困难重重。首先，与句子相比，词虽与句子构成一个连续体，两者没有明确的界限，但是词在结构上比句子稳定，而句子则较灵活，更具有兼容性以及词无法可及的优点，比如，英语句子"His disappointed feelings became the object of her compassion"，孙致礼（2000）就充分利用句子的灵活性把其译为"他的沮丧情绪也引起了她的同情"。显然，源句的意义在译文中得到很好的再现，因为源句的识解方式和概念内容在目的语中得到实现。然而，如果根据本文所提出的翻译原则把名词 paper clips 直接译为"纸针"的话，其后果可想而知，虽然源词的识解方式在目的词中得到再现，但是我们却无法理解"纸针"所为何物。其次，我们所涉及的名词都已经深深扎根于汉英两种语言中，因为这些名词所指称的名词性概念主要来自人类所共有的基本领域，如衣食住行等，这就意味着这些概念在汉英两种语言中都有自己约定俗成的词汇表征。因此，如果按照上述翻译原则把汉语名词直接翻译到英语里，结果就会是：虽然源词所激活的概念内容和识解方式在英语里得到体现，但有可能英语里无法激活与汉语里一样的概念，甚至会导致误解，反之亦然。因为汉英两种语言在概念化同一实体时所采用的识解方式完全不同，自然无法激活同一概念，比如，“床头柜”，如果根据上述翻译原则把其译为bed-head cabinet，就很有可能在英语读者头脑里激活的是像衣柜那样的实体，而不是摆在床边的小桌子。因此，以上提出的名词翻译原则只是描述了一种理想状态，考虑到源语意义的成功传递和目的语读者的理解两个因素，词翻译原则应进一步修正为：在翻译名词时，译者首先应该尽量在目的语中再现源名词的概念内容和识解方式，如无法达到两者同时再现，译者应该舍弃源名词的识解方式，而选择与目的语一致的识解方式。

基于以上观点，以下将探讨概念共享情况下的名词翻译教学的基础上探索概念缺失情况下的名词翻译教学。

### 1. 概念共享下的名词翻译教学

汉英在词汇表征同一名词性概念时存在两种情况。第一种情况是同一名词性概念在汉英两种语言中都有词汇表征，且汉英词汇表征体现相同的识解方式。这种情况的名词翻译策略为：如果源名词所表征的概念为汉英两种语言所共有，且在目的语中有体现相同识解方式的词来表征，那么源名词所激活的概念内容和识解方式都应在译文中体现出来，如概念 bookshelf 在汉语里词汇表征为“书架”，该词体现了功能视角识解方式，即该词所表征的实体是用来放书的。而在英语里，该概念词汇表征为bookshelf，其所激活的识解方式与“书架”一样。因此，英译“书架”时，其所激活的概念内容和识解方式都应在英语中得到再现，翻译为bookshelf。由于这种名词翻译方法沿用了源名词的识解方式，因此笔者把其命名为传承法。第二种情况则是名词所表征的概念为汉英两种语言所共有，但在两种语言中分别由其约定俗成的词汇表征，即源名词所表征的概念为两种语言所共有，但目的语中表征此概念的名词体现不同的识解方式。由于两种语言采用了不同的识解方式，如果硬是要在目的语中再现源名词的概念内容和识解方式，其结果只会是在目的语读者头脑中无法激活同一概念内容。因此，为了激活同一概念内容，只有舍弃源名词的识解方式以适应目的语中已经存在的识解方式，比如，一种发型在英语中表征为Afro，其体现了转喻的识解方式，即整个范畴被用来指代这一范畴所特用的特征。而在汉语中此概念则表征为“爆炸头”,其体现的是隐喻识解方式，即头发的形状与爆炸的情景很相似。当汉译Afro时，如果其所包含的识解方式保留在汉译译文中而把其译为“非洲”，那么很有可能无法在汉语读者头脑中激活“发型”这一概念内容。因此，汉译 Afro 时，应该在汉语目的语中选择体现相同识解方式的词，比如，“爆炸头”“蜂窝头”以及其他体现类似的隐喻识解方式的词。鉴于此种翻译方法涉及参照目的语中的识解方式，我们把其命名为参照法。

### 2. 概念缺失下的名词翻译教学

以上主要在阐释翻译性质和认知语言学意义观的基础上提出了名词翻译原则，并在此原则的基础上提出概念共享下的名词翻译策略，即传承法和参照法。本小节主要运用这两种翻译策略来探讨概念缺失情况下的名词翻译，以期能为以后相关名词翻译提供翻译依据并为评价已有的名词翻译提供评估标准。概念缺失是指源名词所表征的概念是源语所独有的，在目的语中不存在这一概念。对这种情况下的名词翻译方法则为传承法和参照法的结合，即参照与源概念所在的原框架相似的目的框架中相关概念的识解方式，然后决定是否传承源名词所激活的识解方式。例如，“毛笔”所表征的概念是汉语所独有的，英语则无此概念，但是英语有这些概念如QUILL PEN（羽毛笔）、STEEL PEN（钢笔）和LEAD PEN（铅笔），其与源名词所表征的概念处在同一框架下，即PEN（笔）框架。那么翻译“毛笔”时，就需参照源概念的识解方式。如果源概念的识解方式与相关目的概念的识解方式一致，那么源概念的识解方式就在目的语中得到传承。例如，概念QUILL PEN（羽毛笔）、STEEL PEN（钢笔）和LEAD PEN（铅笔）分别表征为quill pen、steel pen和lead pen。这些名词表征表明英语是从质地材料视角来概念化相关实体的。而汉语表达“毛笔”也反映了相同的质地材料视角识解方式。因此，“毛笔”可翻译为hair pen。这样，不仅源概念中的识解方式在目的语中得到再现，而且也便于目的语读者的理解，因为目的语读者可以通过人类普遍存在的识解方式即类比思维方式来理解hair pen。通过类比，目的语读者可推导出hair pen与quill pen、steel pen和lead pen一样，也是一种笔，与其不同的是前者的笔尖是用毛做的，而后者的则分别以羽毛、钢和铅做成。鉴于此，可试做评价，即前人把“毛笔”英译为brush-pen这一做法是值得商榷的。此外，如果源概念的识解方式与目的语相同概念中的概念的识解方式不一致，那么其应该适应目的语中的识解方式。例如，contact lens所表征的概念起初是英语所专有的，英语里突显的是眼睛和镜片之间的距离。在汉语里，同处LENS框架下的概念词汇表征为“眼镜”“墨镜”等。从这些词汇表征可知汉语主要从镜片位置或颜色来识解这一实体。为此，我们可以参照这两种视角识解方式把contact lens翻译为“眼内镜”或“隐形眼睛”。与此同时，还存在另一情况，目的语中不存在于源语所特有的概念处在相同或相似框架下的概念，也就是不存在参照的可能性。例如，英语中就没有概念与汉语概念“阴”和“阳”处在同一框架下。对于这种情况，只能在目的语中完完全全再现源语的识解方式，从而英译为“ying”和“yang”。

综上所述，翻译则是指在目的语中再现源语的意义。根据认知语言学的意义观，意义就是概念化，由概念内容和识解方式构成。在此基础上，我们提出了名词翻译原则：在翻译名词时，译者首先应该尽量在目的语中再现源名词的概念内容和识解方式，如无法达到两者的同时再现，译者应该舍弃源名词的识解方式，而选择与目的语一致的识解方式。在该翻译原则的指导下，我们提出了名词翻译的三种策略，即传承法、参照法以及传承参照结合法。传承性翻译策略是指源语名词所表征的概念为两种语言所共有且此概念在目的语中也体现相同识解方式的词汇，翻译时源语名词所表达的概念与体现的识解方式在目的语中同时获得再现。参照性翻译策略则指源语名词所表征的概念为两种语言所有，但源语名词表达的概念在目的语中是以不同识解方式得以表征的，翻译时则采用符合目的语识解方式的词语；传承参照结合法则指参照与源概念所在的框架相似的目的框架中相关概念的识解方式，然后决定是否传承源名词所激活的识解方式。

### （三）翻译时注意言外之意

翻译最主要、最根本的任务是再现原文的意义。美国翻译理论家奈达说：“翻译就是翻译意义。”可见，意义及语用意义是翻译的出发点和归宿点。由于他设计了两种语言的语用原则，推导出原文所示的言外之意并使译文读者理解这一言外之意，使两种不同的语用意义的差异得到沟通、融合。

例1：

Out of sight,out of mind.

其言外之意是persons or things not seen for soon forgotten. 看不见的人或物会很快忘掉，意思是看不见就想不起来，所以可译为：

别久情疏（眼不见，心不念）。

例2：

A miss is as good as a mile（a failure is always a failure，however near it may be to succeed; a narrow escape is the name in effectas an escape by a wide margin）.

再接近成功的失败也是失败，侥幸逃脱与从容脱身都是保全性命。

错误再小终是错，死里逃生也是生。

例3：

Lock the stable door after the horse has been stolen.

这句类似汉语中的“亡羊补牢”，只是英语中的horse变成了“羊”而已。然而“亡羊补牢”往往还有后半句“犹未为晚”，意思是一群羊跑了几只，再修补羊圈也还来得及，受到损失后想办法补救，免得再受损失，可是，英语的言外之意却是：It is useless to takeprecautions after something has happened that could have been fore—seen and guarded against（用来可以预见或防范的事发生了，再采取措施也无济于事了）。仅有的那匹马被人偷走，再去锁马厩的门也没什么意义了，所以英语的言外之意是“来不及”，汉语的言外之意是“来得及”，可见下面的翻译比较得体：

亡羊补牢，为时已晚（贼走关门，马后炮）。

例4：

Given a dog a bad name and hang him.（Given a person a bad reputation, slander him，and the bad reputation will remain.）

给某人加上一个坏名声，他就永远洗刷不掉；人言可畏，众口铄金（受人诬陷，有口难辩）。

上面的翻译不仅理解英语本族语人的语用意义，而且还找到了适合汉语读者理解，语用意义一致，相通的译文，使原句的语用意义和译句的语用意义达到契合。

所以，教师在教授学生时，要让学生了解不同文化内涵及其言外之意。英语和汉语之间有着由人类共性所决定的语言共性，这是英汉语之间得以互译的前提。但英汉语言分属于两种截然不同的语系，两种语言在语音、词汇、语法、语义等各方面差异很大。尤其是两种语言根据其语法关系的习惯用法表现在句子结构和表达方式上存在很大的差异，正是这种差异给两种语言的顺畅互译带来了障碍。

### （四）英汉语义对比的重要性

翻译即译意，对语义的研究无疑很重要。在很多情况下，处于不同语言文化中的人对同一客观事物的反映是相同的，用以描绘这个事物的语言在语义上也没有差异。中国人所说的电视机和英语中的television是完全对应的，没有其他附加的文化色彩，这类表示实体的词比较容易翻译。因为在英汉语言中，这些词的所指十分清楚，没有文化上的差异可言。但有些表示概念或抽象的词，其核心语义在英汉两种语言中没有大的差异，但所附加的文化含义却有很大不同。例如，西方崇尚自由，中国强调纪律性，因而英语中的freedom和汉语中的“自由”在文化意义上有很大不同。propaganda在英语中有贬义，而“宣传”在汉语中却是中性词。有时，英汉两种语言中，词的所指完全一样，文化含义却截然相反。如Red China在英文中含有负面意义，汉语中“红色中国”则是褒义。翻译过程中，在不同语言之间找对应词实际会很困难，即使找到了最接近的词，也不见得是真正意义上的对应。不过人类不得不借助词这个媒介来进行交流，所以用词语的人即使知道所用之语和现实所指并不完全一致，也只能使用那个词。

# 第十二章 大学英语教学中的文化教学

随着跨文化交际的发展，纯语言教学已经不能满足社会发展的需要。如今的语言学习要求学习者不仅掌握语言形式，还要了解和掌握目的语文化知识，并具备实际使用目的语语言的能力。

## 第一节 文化的概述

### 一、文化的定义、分类

对于什么是文化，众说纷纭。其定义林林总总，不下200种。文化是一种复杂的社会现象，无处不在，无所不包，渗透于社会生活的各个方面，是人类社会物质生活和精神生活所取得成就的总和。关于语言和文化的关系，许多外语界的大家都做过精辟的论述。语言和文化不是一一对应关系，一种语言不一定对应一种文化，但二者密不可分，语言是文化的一部分，是文化的载体。有人把文化看作文明，有人视为传播，有人认为文化是个泛化而没有具体的概念，有人认为，它是不同团体或社区的互动，还有人认为，它是人与人之间以及人们内部的一个动态的构建过程。其中比较有代表性的观点认为，人们可以从两个结构和范畴去理解，即广义的文化（大写的文化，Culture with a big C）和狭义的文化（小写的文化，culture with a small c）。广义的文化是指人类在社会历史发展过程中所创造的物质和精神财富的总和，包括物质文化、制度文化和心理文化三个方面。狭义的文化则是指人类普遍的社会习惯，如衣食住行、风俗习惯、生活方式、行为规范等。

文化是一个包罗万象的概念，它既包括一个社会中人们的价值观、世界观、文学艺术、科技成就，也包括他们的风俗习惯、生活方式、社会组织、相互关系，还包括语言及语言相关的某些非语言交际手段。要想在中国这样一个非英语环境中用几年的时间通过几本书习得系统的英语文化知识是不大可能的。尤其对教学来说更是困难重重，因为时间紧、任务重，而且教材也没有明确提出文化教学的内容（虽然新教材加入了文化的成分），但无论如何，文化教学终归还是要进行的。哈默利（Hammerlv）对文化的概念作了三个方面的分类，即信息文化（指国家的历史、英雄人物、地理等）、行为文化（指人们的行为、态度、生活方式等）、成就文化（指传统的艺术成就、文学成就等）。还有学者认为，文化可分为知识文化和交际文化。知识文化指的是两个文化背景不同的人进行交际时，不直接影响准确传递信息的语言和非语言的因素；交际文化指的是两个文化背景不同的人进行交际时，直接影响信息准确传递（引起偏差或误解）的语言和非语言的文化因素。莫兰（Moran）提出了文化的五个要素，分别是文化产品、文化实践、文化观念、文化社群、文化个体。在此基础上，他对文化进行定义：文化是人类群体不断演进的生活方式，包含一套共有的生活实践体系，这一体系与一系列共有的文化产品相关，以一套共有的世界观念为基础，并置于特定的社会情景之中。

对于英语学习者来说，英语教学里的文化主要是指英语国家的历史、地理、风土人情、传统习俗、生活方式、文学艺术、行为规范和价值观念等。由此可见，这里的文化是广义的，且包含知识文化和交际文化。本篇所涉及的文化概念也是广义的文化。人类学家把文化视为人类的生活方式、某个特定群体的社会结构，以及人们在社交过程中获得的一代一代传承下来的思维方式、情感和行为方式。他们认为人们的行为折射出了特定的文化，文化决定了语言是怎样被用来表达思想的。

## 二、文化与语言的关系

对于文化与语言的关系，长期以来在这个问题上主要存在两派争论。一派观点认为语言第一性，语言形成思想和文化；另外一派则相反，认为文化决定语言，语言仅是文化和思想的一种表现手段。然而这两种二选一的观点在当今已经趋向于避免极端，语言学家韩礼德概括为：语言既不驱使文化，也不被文化所左右。究竟哪一方决定另一方是无关紧要的，因为它们之间不是互为因果的关系，而是同时变化和发展的。具体说，语言是文化的一部分，并对文化起着重要的作用；语言又受文化的影响，反映文化，有丰富的文化内涵。可以说，语言反映一个民族的特征，它不仅包含该民族的历史和文化背景，而且蕴藏着该民族对人生的看法、生活方式和思维方式。总的来说，语言与文化相互影响、相互作用；理解语言必须了解文化，理解文化必须了解语言。因此，外语教学界普遍认为，外语教学应该包含文化的教学。学习一种外语不仅要掌握语音、语法、词汇和习语，而且还要知道操这种语言的人如何看待事物，如何观察世界；要了解他们如何用他们的语言来反映他们社会的思想、习惯、行为；要懂得他们的“心灵之语言”，即了解他们社会的文化。学习语言与了解语言所反映的文化是分不开的。

基于文化与语言密不可分的关系，在英语教学中，文化教学有着重要的作用，它对学生更深刻理解英语语言现象、增强学生对英美文化的敏感性、培养学生的英语思维能力、拓宽知识面以及提高其与英语国家人士交流的能力等，都有非常重要的影响。例如，为什么“亚洲四小龙”在英文中称为East Asian Tigers而不是East Asian Dragons，如果不了解西方文化中“龙”的含义，则很难明白。东方文化的“龙”是吉祥的动物，而在西方文化中则是一种会喷火、长着翅膀的猛兽，是邪恶的象征。东西方文化对龙截然不同的印象导致在翻译的时候不能直译。了解了这种文化现象，在碰到East Asian Tigers这种叫法的时候，便很容易地理解在英文里为何变成了tiger而不是dragon了。从这一语言现象出发，教师在英语教学中，应该注意东西方文化的区别，注意把两者的异同结合起来讲授。因此，在英语教学中，我们不仅要传授语言知识，训练语言运用能力，而且还要加强文化知识的传授。中西方文化之间的巨大差异无论是给语言交际，还是给语言学习都带来了巨大的障碍，比如，美国人过于追求个性独立的生活方式，有时则令中国人感到人际间的关系因为过于讲究礼节而显得疏远。在美国，不仅朋友、同事和熟人之间相互问候“Good morning”，就连夫妻间也互相这样问候。中国人在一起时常问有关对方的年龄及工资等问题，在西方人看来是对他们私生活的一种介入。精读课作为外语专业的重头课，在授课中把语言学习和文化导入结合起来的重要性和必要性是显而易见的。

## 三、文化教学的相关重要概念

### （一）文化知识

文化知识可以指学习者需要了解的有关语言文化的知识（knowledge about culture），如衣食住行、风俗习惯、生活方式、行为规范等知识，具体如教材或学习资源中出现的人物、历史、地理、文学、风俗、艺术等的知识。从上文我们可以得知，文化涉及的内容很广。著名的语言学家帕默尔指出："一种语言的词汇与其说是反映了客观世界的现实，还不如说是反映了说这种语言的人们的兴趣所在。"美国社会语言学家恩伯也说："一个社会的语言能反映与其相对应的文化，其方式之一则表现在词汇内容或者词汇上。"我们可以从文化的定义和分类中得到启发，推断出什么是文化知识。查斯顿（K.Chastain）主张在外语教学中应从狭义的文化入手，逐步扩展到广义的文化。他提出 44 个主题作为讲授狭义的文化的纲要，实际是需要讲授的文化知识，桂诗春将之简化为下列一些方面：学生生活；青年；父母；家庭；亲戚；朋友；恋爱婚姻；教育；职业；成就；快乐；饮食；文娱活动；金钱；社会制度；经济制度；政治活动；爱国主义；社会问题；环境污染；人口；宗教；法律；仪表；报纸；广告；死亡；纪律；度假；穿着；交通；礼貌用语；身势语。

斯特恩（Stern）提出了一般的语言学习者需要学习的六大文化教学内容，包括：①地理（places）。②微观的个体及其生活方式（individual persons and way of life）。③宏观的民族及社会（people and society in general）。④历史（history）。⑤制度、习俗（institutions）。⑥艺术、音乐、文学及其他成就（art，music，literature，and other major achievements）。以上六大点文化教学内容，实际就是学习者需要学习和了解的文化知识。我国学者左焕琪也对文化知识提出了相似的分类：①地理概况。②重大历史事件。③行为的文化类型——包括饮食、购物、文体活动等。④社会生活特点——包括阶级与阶层、就业、工作场所规定、婚姻、妇女地位、服饰与主要社交礼节等。⑤各种非语言表达方式，如面部表情、手势等的意义。⑥民族、政府机构、政治、经济与教育的基本特点。⑦文学、艺术、音乐及建筑特点。⑧以上各项与本国文化的差异。在这个分类结构中，"与本国文化的差异"作为一项文化知识被单独列出来，可以看出在英语教学过程中，教师不仅仅要向学生介绍西方的文化知识，还应该注意结合与本土文化的比较来进行讲授。

### （二）文化理解

文化理解（understanding of culture）是 20 世纪 90 年代外语教学界在提出了文化知识传授的基础上，对外语教学提出的进一步要求。它是指学生对中外文化及其差异的理解过程或理解能力，它主要指两个方面的问题：一是对具体的、个别的文化知识和文化现象进行理解，了解其背景、渊源、文化含义、宗教含义等，并了解该知识或现象所反映或代表的道德观、价值观、人生观等；二是把其看成是一种客观存在。文化无好坏之分，但在每一种文化中精华与糟粕并存。我们没有必要去评头论足，但我们可有选择地传授文化知识。Geertz 认为："文化是历史上传承下来的符号网络。正是这些符号让人类得以发展，进行交流，永久地保存知识、信念和对待世界的态度。"Geertz 把社会历史学和心理学结合在一起，对文化进行了定义。他把文化和思想看作一个符号系统的功能体系。从 Geertz 的定义中，我们可以看出：语言、文化、思想表达三者之间有着密切的联系。我们应该采取一种客观的、宽容的态度对待异国文化，避免用我们自己的文化、道德、价值观作为标准去衡量、评判异国文化，避免拒绝任何异国文化的狭隘的民族主义态度；同时又要避免盲目地追随、模仿异国文化，而应是坚持自己的优秀文化传统，比较两种文化的异同，使自己在跨文化交际中能恰当、得体地进行交际。

文化理解的以上两个问题告诉我们，教师一方面要引导学生正确地理解外国文化现象与文化知识。Gail Robinson，Claire Kramsch 和 Adrian Holliday 等第二外语教育家在最近的研究中力图通过突破对本族语使用者视角的过分关注，来拓宽第二外语课堂中文化教学的视野。他们强调的是人类如何阐释他们的跨文化经历，在跨文化遭遇中如何构建意义。他们指出，文化理解并不仅仅是把一系列互不相连的物体聚集起来，而是尽力去解决人们是如何生活，又是如何表述生活的。外国文化应当被视为与本国文化相平等的主体，并且要以承认两者之间的差异为前提，即对文化的理解没有绝对的答案，学习者可以有不同的理解。另外，有人认为，只有正确理解外国文化，才能理解外语并恰当、得体地使用外语，学习外语与本国文化没有关系。实际，对本国文化与外国文化的差异的了解程度，很大程度上决定了能否正确理解外语并恰当、得体地使用外语。因为了解本国文化能帮助我们更加深刻地理解外国文化，提高对外国文化的鉴赏能力，更准确、深刻地认识两者的异同，最终提高对外国文化的敏感度。可以说，我国的文化知识，是文化理解的基础。不打好这个基础，是很难进行文化理解的。

### （三）跨文化交际、跨文化交际意识与能力

美国人类学家霍尔(Edward T. Hall)在其1959年出版的经典著作《无声的语言》(*The Silent Language*）中首先提出了"跨文化交际"这一术语。从前面的论述中我们得知，语言和文化关系密切，学习外语必须涉及文化的学习。而由于学习外语的主要目的是交际，因此外语的学习必定要涉及文化间的交际问题，即跨文化的交际问题，所以，"跨文化交际"可以指本族语者与非本族语者之间的交际活动，也可指任何在语言和文化背景方面有差异的人们之间的交际。"跨文化交际"作为一个名词被提出来以后，其内涵引起研究者的广泛关注，目前已发展成为集社会学、人类学、语言学、传播学、语用学等多学科交叉的新兴学科。在全球化思潮的促动之下，跨文化交际已经成为社会语言学研究的一个焦点问题，获得了充分重视。另一方面，我们也注意到，在国际事务交往中，文化误读的现象，层出不穷，时有发生。

"跨文化交际意识"是指在跨文化交际中，对外国文化与本国文化的异同的敏感度以及在使用外语时根据目标语（如英语）文化来调整自己的语言理解和语言产出的自觉性。有学者把跨文化交际意识归入文化知识的范围，实际跨文化交际意识和文化知识是有很大区别的。跨文化交际意识不是指对于本民族文化和其他文化的具体事实或信息

的了解，而是对文化现象和文化知识以及两种文化异同的敏感度，是一种洞察力和批判性的理解。因此并不是外在的、显性的知识，而是一种内在的素质。而“跨文化交际能力”指成功进行跨文化交际所需要的能力或素质，具体说，就是根据所处的文化环境及交际双方各自的文化背景，在理解并尊重交际双方的文化背景的前提下，恰当、得体地使用语言来进行交际的能力。美国社会语言学家海姆斯（Hymes）首先提出交际能力（communicative competence）这一概念及其四个要素，即语法性（possibility）、可行性（feasibility）、得体性（appropriateness）和实际可行性（actually performed）。其中，得体性主要是指在说话的对象、话题、场合、身份等不同的情况下，要能够使用不同的得体语言。现实性主要是指要使用真实、地道的语言。在教学中，教师应该注意让学生学会根据不同的场合使用恰当、得体、真实的英语。因此，可行性和得体性的实质就是语言使用者的社会文化交际能力。

建构文化共享是促进不同时代和不同文化之间有效沟通的一种跨文化交际手段。在介绍文化共享的方法之前我们有必要介绍一下文化共享的前提即多元文化的存在，以及其存在的历史背景。当今社会人口结构越来越复杂化，信息流通越来越发达，文化的更新转型也日益加快，各种文化的发展均面临着不同的机遇和挑战，新的文化也将层出不穷。海姆斯的交际能力概念，引起了社会语言学界与应用语言学界对不同语言交际中文化差异的极大关注。在20世纪80年代语言学界热烈讨论“跨文化交际”的基础上，于20世纪90年代形成了“跨文化交际能力”这一概念。目前对于跨文化交际能力的界定仍在讨论中。拜卢姆（M. Byram）等学者提出，它应由态度（attitude）、知识（knowledge）与技能（skill）三方面构成。由于跨文化交际能力对外语学习者的要求较高，因此对学习者的培养应该在外语学习的高级阶段进行。

## 第二节　外语教学中文化教学的发展阶段

尽管因为社会环境和教育体制不同，各个国家和地区外语教学呈现出不同的特点，但是文化教学在外语教学中的发展轨迹大体相同，反映了广泛的国际交流与合作对教育及其他领域所产生的影响，教育国际化的趋势因此越来越明显。无论美国、欧洲还是中国，文化在外语教学中的作用和地位变化基本都经历了以下3个阶段，只是进入各个阶段的时间先后不一。

第一阶段：外语教学与文学欣赏。20世纪50至60年代外语教学以文学欣赏为主要目的，有关目的文化中的历史人物、重大事件、宗教礼仪等一系列被称为大写文化（Big C）的内容被收入教材，它们通常与课文的语言重点毫无关系，只是作为背景知识介绍给学生，以便于他们阅读文学原著。英国的《背景研究》（*Background Studies*）和中国的《英美概况》就是用这种方式处理文化教学的。

第二阶段：外语教学与交际能力。从20世纪60年代后期开始，美国的听说教学法和欧洲的视听教学法盛行一时。其间，文化也没有被完全抛弃，而被看作促进词汇学习的重要因素。到了70至80年代，以交际能力为目的的外语教学法更加明确的将文化列为教学内容，社会语言能力和文化能力是提高外语交际能力的重要保证成为广大外语教师和学习者的共识。这个时期的文化教学以小写的文化（little c），即日常生活中所包含的文化含义为主要内容，尤其注重对那些容易造成交际误解和失败的文化差异的教学。显然第二阶段的文化教学相对第一阶段来说进了一大步，但是它们都将文化知识的学习作为语言学习的手段，前者是为了更好的理解、欣赏文学原著，后者则是为了避免外语交际中的误解和错误，文化教学只是依附于语言教学，没有确立自己独立的地位，形成自己的系统。正因为如此，文化的定义相当狭窄，被看作一系列一成不变的文化事实，忽略了文化动态发展的特点和文化学习的情感和行为层面。美国和欧洲的外语教学界已经认识到这一缺陷，进行了一系列理论研究和教学实践，使文化教学进入第三阶段。

第三阶段：以跨文化能力为目标的外语教学。跨文化能力是成功进行跨文化交际的关键。在对外交流中，跨文化能力已经成为除了专业知识和外语能力之外又一重要的内容。而外语教学的根本目的就在于对外交流，所以跨文化能力成为建立在听、说、读、写和译等基本外语技能之上的新的交际能力。在这里，文化因素不仅仅在外语教学课堂中扮演背景知识或者交际场景的外围角色，而是变成人们掌握语言的目的。通过文化更好的学习语言，在学习语言的过程中培养外语习得者跨文化的能力。同时，在学习对象国文化的时候，反思本国文化，进行跨文化对比，增强跨文化意识，培养跨文化能力。外语教学是为了培养成功的跨文化交际者，那么从这个角度讲，文化是目的，而语言变为了手段。因此，语言和文化互为手段和目的，相辅相成。这一教学理念相对于前两个阶段的教学理念而言，站在一个更为宽阔的高度上长远地、动态地研究外语教学，不是为了语言而学习语言，而是为了更好的进行对外交流。

## 第三节　英语文化教学的理论及其意义

### 一、英语文化教学的理论

文化、文化教学早已引起外语教学界的注意。早在19世纪，已经有许多语言教学研究者指出，语言学习的一个重要目的，是学习到关于一个国家及其人民的知识（Stern）。1880年，法国教育家古安（F.Gouin）发表《语言教学与学习的艺术》一书，第一次指出语言教学中文化的重要性。美国语言学家弗里斯则最早从理论上讨论了外语教学中文化教学的必要性以及文化教学与语言教学的关系。弗里斯（Fries）在《作为外语的英语的教与学》一书中主张语言的掌握必定要依赖对语言使用文化环境的充分理解。他认为，为了实际交际，完全掌握一门语言，并做到真正理解，需要对各种句子的使用场合的许多特点做系统的观察和记录。他详细列举了学习英语应该注意观察的各个生活侧面，甚至认为如果不了解文化背景，连一句简单的“John is having breakfast”也不能真正理解。John是哪国人，什么时候吃早饭，吃什么早饭，吃早饭时通常做什么，这一切确实与文化分不开。美国早餐、英国早餐、欧洲大陆早餐很不相同。欧洲大陆的人到英国去，看到英国人早餐时吃那么多东西很不习惯。这是外语教学界最早对文化教学所做的系统论述。第二次世界大战以后，特别是从20世纪50年代后期到60年代，越来越多的关于外语教学中文化教学的论述开始出现。拉多在1957年就出版了《跨文化的语言学》（*Linguistics Across Culture*）一书，明确提出外语教学应包括文化教学。他认为："我们不努力去掌握文化背景知识，就不可能教好语言。语言是文化的一部分，不懂得文化的一些模式和准则，就不能真正学好一种语言。"

因此，外语教学必须包括文化教学。在这本书中，拉多提出了一个从形式、意义、分布三个方面对于不同社会文化集团的人们的行为方式进行结构主义对比分析的模式。人们对文化教学研究的不断深入，使得这个领域从20世纪50年代末至60年代初逐渐进入繁荣时期。具有标志性的事件是跨文化交际学的诞生。为了达到这个目的，我们采用了心理学家罗杰斯提出的"三大交际原则"，作为讨论的基本框架。罗杰斯提出的三大交际原则，可以简约归纳为：第一，学会从对方的角度看待事物；第二，学会从对方的角度感受事物；第三，学会从对方的角度了解世界。为了便于讨论，我们采取交际心理与语用意象相结合的视角，考查跨文化交际中的一些问题。罗杰斯的三大原则，反映出了交际心理在跨文化交际中的作用。霍尔1959年出版的《无声的语言》中首次提出了"跨文化交际"这一术语，此书因此被视为跨文化交际学的开山之作。此后，研究文化与交际的专著陆续问世。海姆斯相续发表了《文化与社会中的语言》和《论交际能力》等著作，首次提出"交际能力"的概念，指出了社会交际与文化等因素在语言能力中的重要地位。此后，美国的大学里也开始设置跨文化交际课程。到1976年，美国已经有200多所大学开设了此门课程。

随着文化全球化的到来和多种文化的相互碰撞、交流与融合，只懂语言并不能解决所有的交际问题，文化是一个不容忽视的重要方面。不同文化背景的人进行交际，经常会遇到各种矛盾和问题。由于汉英文化存在着截然不同的传统和风俗习惯，人们的生活方式、思维方式、价值观念、语言习惯等都有很大的差别，许多日常行为在两种语言的交际活动中也存在明显的文化差异。20世纪70年代以后，交际法建立起来，人们在外语教学中开始注意文化教学。交际法强调语言是交际的工具，语言教学的目的在于培养学生的交际能力，因此交际文化的教学被引入课堂，然而教学的重点仍然在于培养学生的交际能力，其他的如社会文化方面的内容仅仅作为课堂内容的背景知识进行介绍，且只占课堂内容的较小比例，教学大纲对其要求也不够明确。虽然这个时期文化教学已经成了外语教学的一个重要部分，也很少有人真正从理论上反对文化教学，但文化教学长期以来一直未能正式列入外语教学大纲中，这个现象开始引起一些研究者的重视。1976年，英国人威尔金斯（Wilkins）提出的语言功能意念大纲反映了他重意义、重社会、重文化和重交流的语言观，大纲的提出自然将"文化"引进了语言教学，语言教学的重点也由此从注重语言形式的操练到语言的实际使用，这时的文化教学已开始有意识地融入语言教学中去。

在跨文化交际中，东西方文化是跨文化研究的主体。东西方文化在意识形态、语篇形式、面子系统等多方面存在这样或那样的差异。由于文化定势所带来的偏见，跨文化交流会妨碍我们进行有效交际。为了促进有效的跨文化交际，我们应提高跨文化交际能力，首先要了解不同文化的语言、不同文化的交际风格。了解不同文化的价值观、思维方式以及文化传统。要学会适应对方的文化，学习对方文化的相关知识，增加与对方文化接触的机会，寻找东西方人际间和文化间的共性，认识差别的合理性。进入20世纪八九十年代以后，外语教学中文化的重要地位已经被学界所广泛认同，对文化研究越来越深入，一些重要的理论和概念不断地被提出来。斯特恩（Stem）在《语言教学的基本概念》（*Fundamental Concepts of Language Teaching*）一书中，提出一个包括结构、功能、社会文化、经验四个组成部分的课程框架，把社会文化作为一个独立的教学成分纳入外语教学中，以此承认了文化教学在外语课程教学中的重要地位。在英美等国，一些政府或教学权威部门开始把文化教学列为外语教学的目标之一。如这一时期在英国政府有关外语教学的正式文件中提出，外语教学的目的是：（1）培养学生的语言交际能力。（2）使学生认识语言的本质与基本属性。（3）掌握使用该语言国家的社会文化知识。

美国外语教学委员会（ACTFL）也在1996年发布的《面向21世纪的外语学习标准》中，把社会文化知识教学明确列为外语教育的组成部分。同时，在20世纪八九十年代，我们还见证了跨文化交际研究领域的蓬勃发展。1983年，美国第一部有关跨文化交际理论的论文集 *International and Intercultural Communication Annual* 出版，此后该领域的理论研究逐步发展起来，在广度和深度方面都有明显的体现。在过去的几十年中，美国有关跨文化交际的理论研究取得了巨大进展。这从2005年在美国出版的一部名为《*Theorizing About Intercultural Communication*》的有关跨文化交际理论的著作中便可感受到。该书介绍了17种跨文化交际理论。这17种是人们引证较多的，至于影响较小的理论究竟有多少尚不可知。在我国外语教学界，由于20世纪80年代以前偏重于结构主义和生成语法，对文化教学的研究一直较少涉猎。最早的论述见于1950年罗常培出版的《语言与文化》专著。该书详细阐述了语言与文化之间的密切关系。国内更多的关注始于20世纪80年代。许国璋首先提出词汇的文化内涵与英语教学的关系问题，这是我国外语界研究文化教学的较早文献，使国内学者开始关注外语教学中的文化内涵问题。在这一时期，外语教学界对文化教学的研究逐渐进入高潮，有代表性的三本论文集陆续出版：胡文仲编著的《跨文化交际与英语学习》着重从语言和非语言手段以及人们交往等各个侧面论述文化因素对于人们交往的影响；邓炎昌、刘润清著的《语言与文化——英汉语言文化对比》通过比较中西文化的差异，讨论在使用英语时所涉及的最基本、最重要的文化因素；顾嘉祖、陆升主编的《语言与文化》对语言与文化之间的关系进行宏观分析，从文化的不同侧面对各国语言文化特征进行介绍，强调语言的多种社会功能以及文化对语言形式产生的影响。桂诗春在1988年出版的《应用语言学》里呼吁将社会文化项目纳入外语教学大纲，并介绍了几种文化教学的具体办法。赵贤洲于1989年发表在《外语教学与研究》的一篇文章“文化差异与文化导入论略”，较早地提出了“文化导入”这一概念。胡文仲1994年主编的《文化与交际》一书，有相当大的篇幅讨论了文化因素与外语教学的关系。

语言只有在一定的文化背景下及语境中被正确使用，才能体现它们的交际价值。跨文化交际是一门多学科交叉的学科，涉及人类学、社会学、心理学、交际学等多门学科。它的应用非常广泛，在商业、外事、医疗、教育等领域影响很大。越来越多的跨国公司的进驻，越来越多的外国留学生的到来，都促使我们加快对跨文化交际应用的研究。

2000年，高一虹出版了《语言文化差异的认识与超越》，该书把对语言文化差异的认识放在了中国的社会、文化、语言、教学背景中，并进行了实证性研究。2007年，我国学者张红玲出版了国内第一部系统研究跨文化外语教学的专著《跨文化外语教学》。该书对外语教学和跨文化交际能力培养等问题进行了探讨，并提出了中国跨文化外语教学的一体化框架。近一二十年来，越来越多的专家学者强调教授语言应结合语境、文化背景和文化内涵开展，这说明我国的英语教学从字词句段的教学模式向前跨出了一步。

在教学政策的制订方面，我国对学校英语教学大纲进行修订，增加了关于外语课程在国际交流和文化理解方面的作用以及提高人文素养方面的价值，即“通过学习他国的语言，加深对他国文化的认识和理解”。作为一种语言交际活动，语言本身只是表意的形式转换，从转换的深层次结构来看，语言是承载着一定文化内涵的，所以口译员在口译过程中还将面临解读两种文化差异的难题，即跨文化交际问题。而在2003年颁布的英语课程标准中，明确把教学目标由原课程大纲中规定的语言技能加语言知识的两个要素，扩充为语言技能、语言知识、情感态度、学习策略和文化意识五个要素。新课程标准对学生中西方文化差异的建立和培养提出了很高的要求，它规定：要帮助学生了解世界和中西文化的差异，拓宽视野。要求学生从开始学习英语就接触、了解和学习跨文化交际的知识，为他们在今后的进一步学习中提高对中外文化差异的敏感性、鉴别能力和跨文化交际能力打下良好的基础。课程目标的扩充、文化意识成为综合语言运用能力的五个组成部分之一，说明文化教学已受到我国外语界的高度重视，在课程目标结构中扮演着重要的角色。

在新课程改革的推动下，近十几年来，文化教学在国内的教学实践中得到广泛重视。然而与国外重视实证研究不同，国内对文化教学的研究大多停留在概念的论述和教学经验的总结上。从基础教育新课程改革启动的2001—2010年间，在学术期刊上发表的以外语文化教学为主题的文章已将近7000篇，而其中实证的研究不足50篇。这里说的实证研究包括调查研究、个案研究、访谈、准实验法、实验法等。这些实证研究当中，以调查研究居多，准实验法或实验法占极少数。“语言是文化的模具”对交际的影响也是显而易见的。语言是文化的模具，这实际讲的是语言对文化的反作用。在这方面我们也认为Sapir和Whorf的语言相对论有其合理的地方。人类认识客观现实的过程中形成的思维模式由语言来表达后逐渐由语言凝化为一种模具，这个模具的反作用就是会迫使人按照语言所建立起来的模式观察世界。

而国内高校硕士以上学位论文研究中，文化教学也是近十几年来的研究热点，从2001年至2010年，以“文化教学”作为主题的学位论文共有150篇。与公开发表的论文情况不同的是，学位论文大部分都属于实证研究。不仅仅文化教学的研究如此，在跨文化交际方面的研究同样极不平衡。我国学者胡文仲研究在我国学术刊物上发表的跨文化交际论文与同一时期在美国*International Journal of Intercultural Relations*上发表的论文相比较，发现在美国刊物上实证性研究论文占主导地位，而我国刊物上基于实证研究的跨文化交际论文不到百分之一。季羡林认为，现今世界上已经存在着4种主要的文化系统，即希腊—欧美文化、中国文化、印度文化、伊斯兰阿拉伯文化。在文化研究中引入系统科学知识，会有助于我们更好的理解问题的实质。系统科学认为，一切事物都以系统的方式存在，都可以用系统方法研究。“系统是相互联系、相互作用的诸元素的综合体。”（贝塔朗菲）多元性、相关性和整体性也是文化的基本属性。纵观国内关于文化教学的实证研究，研究的主题较为丰富和全面，涵盖了外语教学的各个方面，如听、说、读、写、译等技能学习中进行文化教学的各种理论和策略研究，有基础教育层次的，也有高等教育层次的，还有职业教育的。可以说，它已达到了一定的深度和广度。

## 二、英语文化教学的意义

很长一段时间以来，我国的英语教学只注重语言知识和语法形式，对文化知识对交际的影响没有给予足够的重视。而随着教学的不断发展，新课程教学改革在全国各地展开，新的《英语课程标准》已经明确把培养文化意识作为英语教学目标之一。随着新课程教学改革的深入开展，英语教学从各个方面都发生了巨大变化，包括教学目标、教学理念、教学方法和评价方法。人们开始逐渐意识到学习外语不仅是掌握语言的过程，同时也是接触和认识另一种文化的过程。虽然在之前的英语教学中没有将文化教学列入教学目标，但是文化因素始终隐含在英语学习的过程中。不管是优秀的语言学习者，还是初学者，其英语交际能力都会因文化因素而受到限制。人的语言不同、背景不同，其思维方式、价值观念和人格就会具有不同的风格和特点。所以说，外语学习不仅会拓展学习者的思维方式，还会影响学习者的价值观念和人格结构。因此，在英语教学过程中，教师要有意识地向学生传授所学语言国家的文化知识，有意识地培养学生对两种文化差异的敏感性，使学生逐步具备文化比较能力，以便能够得体地进行语言交际，进而提高他们的文化素养。此外，文化教学不仅有利于加强学生的英语语言基本功的训练，还对培养学生的学习积极性十分有利。因为原来的英语教学注重的是单一的词汇、语法教学，当这种情况转变为语言教学和文化教学并重后，教学内容和形式也由单一转为多样，由枯燥转为生动有趣。这样，既能提高学生的学习兴趣和学习的主动性，也能激发教师的工作热情和备课的积极性。

另外，英语文化教学实现运用语言进行交际的关键，实施素质教育以及提高教师素质的需要。虽然说语言能力是交际能力的基础，但是具备了语言能力并不意味着掌握了交际能力。越来越多的人已经认识到，学习一种语言，只单纯地学会其语音、词汇与语法知识是远远不够的，还要学习与所学语言有关的国家和民族的历史文化传统和社会风俗习惯。只有这样，才能真正掌握这种语言的精髓，才能保证理解和运用这种语言进行交际的准确性。还要了解目的语的文化背景，提高学生的文化知识水平，这无疑对教师的素质提出了更高要求。英语教师在之前很长一段时间内主要抓的是语言基础知识的教授，对文化教学的内容缺乏一定的关注。因此，为了更好的实现文化教学，首先应该从英语教师的自身素质抓起。英语教师应该阅读有关文化专题的专著和背景性的书籍。只有教师的文化知识水平提高了才能有效的对学生进行文化教育。否则，教师自身的知识存储量不够就没有办法给学生传授更多的文化知识，学生的素质教育也会沦为一句空淡。

## 第四节　英语文化教学的内容

文化是一个包罗万象的概念，它既包括一个社会中人们的价值观、世界观、文学艺术、科技成就，也包括他们的风俗习惯、生活方式、社会组织、相互关系，还包括语言及与语言相关的某些非语言交际手段。要想在中国这样一个非英语环境中用几年的时间通过几本书习得系统的英语文化知识是不大可能的。尤其对中学教学来说更是困难重重，因为时间紧、任务重，而且教材也没有明确提出文化教学的内容（虽然新教材加入了文化的成分），但无论如何，文化教学终归还是要进行的。只要头脑中始终保持文化教学这一思想，并充分利用这些素材，我们是完全可以做到既传授语言知识又传授文化知识，使学生顺利进行交际。学生从我们这里得到的不仅仅是孤立的语法规则、词汇或句型，还是更具效力的跨文化交际工具。通过分析现有英语教材，我们认为文化教学的内容包括以下几个方面。

### 一、与词汇有关的文化内容

词汇是最直接反映语言文化背景的，是语言中最活跃、最有弹性的成分，也是文化载荷量最大的成分。从其词义入手，可以区分其直接意义和隐含意义，直接意义即是词汇的字面含义，隐含意义包括词汇的文化含义，概括起来主要有三种：①不同语言中直接意义相同的词语在文化上有不同的含义；②体现文化内容的固定惯用语，包括成语、俗语等；③词语的褒贬在文化中的差异。学生通过对词汇文化内涵的学习，了解中外国家的历史与文化，这才是成功学习外语的关键。因为英语词汇的文化内涵不但会影响学生对一些文章和问题的理解，还会影响学生对英语语言的正确使用。通常，学生可以通过查询英语词典知道词语的直接意义，但却无法深入地了解词语背后隐藏的丰富的文化内涵。容易在跨文化交流中造成误解，因此在教学中尤其要注意强调和区别。英语中的许多词汇与中国文化有着截然不同的含义，这使得在外语教学中增加对具有文化内涵词（culturally loaded words）的讲解，不仅要讲单词的本义（lexieal meaning），更要强调它的文化意义（cultural meaning）。这会大大提高学生对学习词汇的兴趣，培养学生对文化差异的敏感性，而且能使学生真正学会使用灵活多变的词汇。

教师在教学过程中尤其要重视那些理性意义相同或相近，但情感意义、比喻意义、联想意义、搭配意义不同或差异较大的英汉词语。这主要涉及动植物名称、颜色等，不同文化中相同的概念用不同的词语来表达，在这方面表现得尤为突出。

在英美国家，白色表示纯洁、高贵，故婚纱是白色的，而在中国白色意味着死亡、疾病。此外，在西方国家中许多表示颜色的单词也可以是姓氏，如White（白色、怀特）、Brown（棕色、布朗）、Green（绿色、格林）。还有习语也与颜色有关，如“black tea”（红茶）、“a white man”（忠实可靠的人）、“He was looking rather green”（脸色不好）。

在西方国家中，有些表示动物的单词用在习语中，改变了它原来的本意，如：

to lead a dog’s life（过着牛马不如的生活）；

to take horse（吹牛）；

a lion on the way（拦路虎）；

like a duck to water（如鱼得水）；

as timid as a rabbit（胆小如鼠）；

a cat on hot bricks（热锅上的蚂蚁）。

英语词汇在长期使用中积累了丰富的文化内涵，并逐渐形成一些习语。习语的产生与人们的劳动和生活密切相关。英国是一个岛国，其航海业曾一度领先世界；而汉民族在亚洲大陆生活繁衍，人们的生活离不开土地。比喻花钱浪费，大手大脚，英语是“spend money like water”，而汉语是“挥金如土”。相当一部分的词和词组在某种程度上打上了文化的烙印，给学生理解词汇和运用词汇带来一定的困难。例如，玫瑰（rose）在中西文化中都象征着爱情，说明不同民族的文化存在着共性，但也存在着个性的差异，而有关“rose”的英语成语，如“under the rose”却是秘密和沉默的象征，这反映了在会议桌上方悬挂玫瑰花意味着所有与会人员必须保守秘密的古老习惯。这一习惯又源于罗马神话：Cupid给了沉默之神Harpoerates一枝玫瑰以防止他泄露Venus的不检点行为。在中国文化中，人们常用带刺的玫瑰来比喻那些容貌美丽，但却不容易接近的姑娘。在汉语的文化氛围中，“东风”即是“春天的风”，夏天常与酷暑炎热联系在一起，“赤日炎炎似火烧”“骄阳似火”是常被用来描述夏天的词语。而英国地处西半球、北温带，为海洋性气候，报告春天消息的是西风，英国著名诗人雪莱的《西风颂》正是对春的讴歌。通过文化与单词讲解的结合，不仅能给学生更多的线索记忆单词，扩大学生的知识面，还能活跃课堂气氛。

## 二、与交际环境有关的文化内容

### （一）日常交际文化的输入

人们的交际方式与其文化密切相关，不同的文化、不同的风俗习惯和不同的思维方式会产生不同的交际方式。在大学英语教学中进行文化输入，目的是培养具有跨文化交际能力的人才，而跨文化交际最终要通过人与人之间的交际来实现。常见的交际行为包括打招呼、问候、致谢、致歉、告别、打电话、请求、邀请等，需要注意用语的规范、话题的选择、禁忌语、委婉语、社交习俗和礼仪等。比如，中国人在初次见面时喜欢说自己“水平有限，请多指教”，而英美人很重视自我价值，喜欢个性的张扬和显露，他们不会把中国人的话理解成是谦虚，而会认为是真的不好。中国人在和不熟悉的人交谈中，常问对方的工作地点、毕业学校、家庭情况、年龄等，对中国人而言，这样开始交谈十分自然，但这种做法会使西方人十分恼火，因为他们觉得这侵犯了他们的隐私，导致交际的不顺畅甚至失败。教师应在教学中向学生介绍不同文化背景下人们见面时的交谈内容及方式，如英国人见面时常谈论天气情况，美国人则常从橄榄球赛和棒球赛谈起。以上这些差异说明，学习一门语言不仅要了解其结构规则，还必须了解其使用规则，而语言的使用规则受其文化因素的制约。在大学英语教学中，教师应积极引导学生不要套用本族文化标准来进行外语交际，避免在交际时产生不必要的误解，如下面的一段对话。

A：Oh，what beautiful handwriting！

B：No，no，not at all.You are joking.

B 的应答显然会把对方弄糊涂。因为中国人有谦虚美德，但如果是遵循英语文化习惯，可用“Thank you”表达谢意。

再如，师生假日郊游，学生给一位上了年纪的 Green 太太让座，说道：“Please sit down，Mrs Green，you are very old.”尽管中国人的尊老爱幼是一种美德，但当 Green 太太听到别人直言她老，准会不高兴。反而会感觉对方很不礼貌。可见，文化方面的错误往往比语言方面的错误更严重。屋尔福逊（Wolfson）指出，在与外国人交往时，本族人对于外国人在语音和句法方面的错误往往比较宽容。与此相对应的是，违反讲话规则常被认为是不懂礼貌，因为本族人不太可能认识到社会语言学的相对性。

### （二）非言语交际中的文化输入

非语言交际也是一种重要的交际方式。西方人交谈时，听者一般都会长时间注视对方的眼神，以示听者的认真和对说话者的尊重，但是在中国人看来，这是一种不礼貌的行为，因为中国人不习惯于对方长时间地盯着自己看。和美国人交谈的时候，如果你不直视对方的眼睛，他会觉得你不诚实、不诚恳，所以美国父母常对自己的孩子说：“看着我，我在和你说话呢。”而中国的长辈常会责备孩子说：“别那样看着我跟我说话。”因为在中国文化中，谈话时老盯着对方的眼睛会给人一种咄咄逼人的感觉，给人留下粗鲁、不礼貌的印象。另外，美国人和家人或好朋友交谈的人际距离一般为 0～18 英寸（45.7 厘米），对多数美国人来说 18 英寸（45.7 厘米）～ 4 英尺（122 厘米）为非正式场合最为合适的人际交谈距离，而 4 英尺（122 厘米）～ 12 英尺（366 厘米）为正式场合交谈时的人际距离。

手势语言是一种非言语性交际手段，是英美人日常生活中进行交际的一种重要方式。常见的有：

（1）耸肩，双臂下垂，手心向外 —— 表示不知道或无能为力、无可奈何；

（2）朝对方张开手臂 —— 表示欢迎；

（3）高举双手或伸出一手，食指和中指张开成 V 形 —— 表示胜利；

（4）握拳后竖起大拇指 —— 表示同意；

（5）大拇指与食指组成圆形，其余三指伸直 —— 表示满意。

如果在课堂教学中，适当地运用一些手势语言，肯定对学生理解、习得知识起到积极的促进作用。

## 三、与语法、篇章结构有关的文化内容

语法方面内容很多，有时间、人称、数、句子、结构等，而这些都从不同方面反映着英、汉民族的文化。比如，英语动词时态通过词形变化表示出来，而汉语的时间需要借助不同的词表达。这里着重从句子结构表达差异的角度谈谈英、汉语法所反映的两种文化。英语为方便展开叙述，一般将修饰词后置，这便造成中英陈述句语序呈“颠倒的对称关系”。

英语：主语 + 谓语 + 宾语 + 方式状语 + 地点状语 + 时间状语；

汉语：主语 + 时间状语 + 地点状语 + 方式状语 + 谓语 + 宾语。

（1）英语句子注重形式联系，注意结构的完整和合理性，使用连词比汉语多。汉语句法关系主要靠词序和语义关系表达，并不追求形式上的完整，往往只要达意就行了。

（2）英语句子形式的突出特点是空间搭架形式，以主谓结构为主干，以谓语动词为重心，构成以中心词向外扩展的空间架式。汉语句式的特点是按时间先后顺序，通过多个动词连用，层层铺开，呈现一个时间顺序的流水图式。因此，复合句是英语的特色，连动句、流水句是汉语的特点。

（3）英语中叙述和说明事物时，习惯于从小到大，从特殊到一般，从个体到整体；而汉语的顺序正好相反。

（4）英语句子在一般情况下必须有主语，没有主语是例外，是省略；而汉语中，主语是已知时，以不用为正常，不用时隐去，不是省略。

## 第五节　英语文化教学的方法

英语教学中文化教学方法的运用，既活跃了课堂氛围、激发了学生的学习兴趣，又取得了一定的教学成果。这里总结出几种比较常用的方法。

### 一、文化渗透或文化旁白

这是课堂上教师最为常用的方法。一般来说，教材所选的课文都有特定的文化背景，有的是作者背景，有的是内容背景，有的是时代背景。如果学生不了解或缺乏相关的背景知识，就会影响他们对文章的正确理解。所以教师在教授课文前需以文化旁白的形式进行文化背景介绍。同时，课文内容往往也涉及该国家的政治、经济、文化、宗教、建筑、地理、工业、农业等诸多内容，并且此类文章的信息量大，能生动地再现中西文化的差异，可读性强。因此，教师在备课和上课时要渗透文化知识，这样大学英语课就不仅仅是单纯的语言交流，教师还可以提高学生在教育观、文学修养、价值观、社会生活和风俗习惯等方面的跨文化意识，从而大大提高学生的语言综合运用能力。

### 二、文化感受法

在给学生补充外语文化内容的同时，应对两种不同文化进行对比，从而培养学生对母语文化和外语文化差异性和相关性的认识，进而对英美文化有一个全方位的理解。

比如，我们把英国人和中国人寒暄问候的话比较一下，就知道其间有相同之处，也有相异之处了。（来自 *Collins Cobuild English Language Dictionary*）

| 英语 | 汉语 |
|---|---|
| “How do you do？ “How do you do？” （并不正面答复所提的问题） | “你好”，“你好”。 |
| Good morning.<br>（1）从早起到中午都可以说 Good morning.<br>（2）告别时也可以说，如 Good morning, doctor; I hope we' ll see you again. | “你早”：“早上好”。<br>（1）只能在从早起到上午九时左右说“您早”。<br>（2）告别时不能说“你早”。 |
| Good evening.<br>（1）从黄昏到就寝这一段时间见面时可说。<br>（2）有时告别时也可说。 | “晚安”（这是译语，中国人一般不说）。<br>（1）中国人在同样时间见面说“你好”。<br>（2）告别时说“再见”。 |
| Good night.<br>（1）晚上告别时一般说 Good night。<br>（2）电视节目结束时说 Good night。 | “晚安”(Good night 与 Good evening 译语相同)。<br>（1）告别时说“再见”或“早点休息吧”。<br>（2）电视节目结束时说“再见”，西化的也说“晚安”。 |
| Good afternoon. | 中国人不说“下午好”，只说“你好”。 |
| Have a nice day！ | 汉语按习惯无相当的话。 |
| Enjoy your week-end. | 汉语无相当的话。 |

## 三、注解法

这是完成第一类目标——学习英语文化知识的最主要的方法。注解法是在教材中对涉及具有文化特异性的内容加以注释和讲解。注解的目的是为了清楚理解难点和障碍。如讲授人教版 NSEFC 必修 2 Unit One Cultural Relics 课时，应对课文中涉及的人物、地名、事件等内容补充一定的时间、地理、政治背景等方面的内容。为了全面、忠实地解释词义，我们一般采用括号注解法，即将补充释义或限定释义的词语置于对应词之前或将一般由“指……”或“一种……”形式出现的补充性释义置于对应词之后。注解法的一种较为方便的形式是文化旁白（culture aside）。文化旁白是传授社会文化知识的方法之一，它是指在进行语言教学时，就所读的材料或所听的内容中有关的文化背景知识，教师见缝插针地做一些简单的介绍和讨论。由于学生在外语学习中，文化上的差异往往成为理解目标语的较大障碍，用这种方法能有效的清除部分语言认知障碍。跨文化交际能力的培养也是一个渐进的过程，需要不断学习、积累、实践与总结提高。要培养跨文化交际能力，除了书本知识和各种渠道的间接知识外，还必须通过口译实践中的经验来亲身体验。教师可充当讲解员，也可以运用图片、实物教具或者多媒体课件等手段进行讲解，目的是帮助学生更好的理解所读或所听的内容，又有助于丰富学生的感性认识，促进理解。

## 四、文化包

文化教学第二类目标（应用英语文化知识）和第三类目标（加深对本国文化的理解），都可使用这个方法。文化包的方法通常是教学内容学习加讨论形式结合进行。文化包中含有一份介绍外国文化的材料，在学习了这份材料之后，教师组织学生对材料的内容进行文化对比的讨论。例如，在学习人教版 NSEFC 必修 3 Unit 2 Healthy Eating 课时，教师可提供一篇介绍西方饮食文化的材料给学生阅读，然后学生就材料的内容进行扩展性的介绍和讨论，最后再与中国饮食的文化做对比分析讨论。通过这种介绍、讨论、对比、分析等有意识的活动，来培养学生对英美文化的敏感性，使他们在英语学习中善于发现英美文化特点并乐于了解和学习英美文化。若干个具有相同内容类别的文化包可以组成文化丛（culture clusters）。通常文化包的活动时间只有十分钟长。上了几个文化包就可以上一堂课，以综合讨论和消化这个主题的内容。如有关西方饮食文化的文化丛，可以分解为饮食观念、饮食对象、饮食方式三个文化包。这三个文化包完成后，第四次课时可以综合介绍、讨论东西方饮食文化的异同。

## 五、文化体验

这是完成文化教学第三类目标——培养跨文化意识的有效方法。首先，由于学生只掌握语言形式，缺乏对英语文化的体验与感悟，因此他们对语言的理解比较肤浅，在语言使用中也常出现语用失误。其次，由于课堂教学的重点是有关语言形式的知识，因此教学内容缺少对学生心灵与人格的影响。这样的教学模式只是实现了教育的认知目标，而忽略了其情感目标，然而后者在教育教学活动中，特别是在语言教学中占有举足轻重的地位。莫兰认为：“文化是一个动态的、鲜活的现象，人们每天以共有的生活方式参与实践文化，同时经历和创造他们的历史或文明。”他的观点主要强调人们参与文化的体验。由此他运用“文化体验”作为文化教学理论的核心概念。要帮助学生理解文化，可以从三个框架入手：文化体验、文化知识、体验式学习循环。他提出的文化体验包括五个方面的内容：文化内涵、学生介入这一内涵的活动、预期或实现的结果、学习内容和师生形成的关联的实质。莫兰认为文化教学应运用体验性学习方式。这实际是一系列的方法，通过一个循环的过程进行文化学习。这个过程包括：参与（直接或间接）、描述（理解内容）、解释（理解原因）、回应（对自我的了解）四个步骤。即通过组织学生参加语言实践活动来了解外国的文化。学习者在体验文化的学习过程中能构建文化行为规则，获得文化信息，形成文化理解意识和个人反映。文化体验活动可以是需要学生参与度较高的戏剧表演、改编对话等活动，也可以是浏览网站、观看电影、阅读文学作品、观察图片及其他听、说、读、写等方面的活动。

## 六、对比分析法

文化教学第四类目标——加深对本国文化的理解可用此方法完成。对比分析的方法是跨文化研究的主要方法，也是第二语言教学的重要方法。这种方法非常有利于培养学生的文化意识。它是在教学中直接利用本国文化，通过对比两种文化的差异来进行文化教学。对比的目的是让学生发现本国文化与目的语文化之间的异同，正确区分知识文化因素和交际文化因素。由于汉语和英语分属两种截然不同的语系，而东方文化与西方文化又差异颇大，通过比较进行教学可以产生良好的效果。在这种方法的使用中，对比不能仅限于表层形式的对比，还应该有深层内涵的对比；不仅要进行语言的对比，还要有非语言的对比；不仅要做语言、非语言形式与意义的对比，还要做语言交际行为的形式和意义的对比，等等。如讲授人教版 NSEFC 必修 3 Unit 1 Festivals around the World 时，可以通过比较分析中西方具有相同功能和意义的节日，以便让学生对国外风俗理解得更深刻。这是就文化主题的讲授进行对比分析，在语言知识等方面的学习中，也可以使用这种方法。例如，英语必修模块北师大版中出现了 peacock，phoenix，bat，rooster 等表示动物的词汇。在教授这些词汇时，教师可以先列举几个表示动物的词汇，再给出它们在中西方文化背景下的不同喻义，然后要求学生先把它们与其汉语背景下的寓意相配对，再与其英语背景下的寓意相配对，最后给出含有该动物词汇的词组，从而帮助学生理解所学的表示动物的词汇在中、西方文化中的不同喻义。

## 七、微型戏剧教学法

每个微型剧包括 3 ～ 5 幕，每一幕都有一两个反映文化冲突的典型事例。让学生通过观察体验剧目情景，亲历文化困惑和尴尬的情景，寻找造成交际障碍和文化冲突的原因。学生也可以以剧本为依托，以文中的身份参与角色扮演或模拟表演，体验一种真实的使用感。同时这种即时的、应景的语言输入与输出保证语言习得过程的真实性与有效性，使语言学习和文化活动相结合，体现了语言学习的实用性。

## 八、外国文学作品的学习和鉴赏法

在教师的指导下，对文学作品进行多角度剖析，了解人物的情感和不同文化背景人物间的交流和文化冲击。

除了以上课堂上使用的方法，教师也可以直接把外国文化内容作为教学材料，编成教材并开设课程。课程内容可以是外国的习俗、典故、历史、风土人情等。目前开设的一些选修课校本课程即为此类课程。教育部总体规划教育课程，制订教育课程管理政策，确定国家课程门类和课时。制订国家课程标准，积极试行新的课程评价制度。省级教育行政部门依据国家课程管理政策和本地实际情况，制订本省（自治区、直辖市）实施国家课程的计划，规划地方课程，报教育部备案并组织实施。自教育课程改革颁布以来，有关文化教学的研究和讨论已成为外语教学界的热点话题，而且还将在一定时期内继续深入下去，其未来的发展将呈现两方面的趋势：文化日益多元化和复杂化；教学目标日益本土化。在全球化、网络化的今天，越来越多的英语使用者是第二语言或外语使用者，他们有自己的母语文化背景，他们把英语作为国际交流的工具，其交流的对象不仅仅是第一语言使用者，更多的是第二语言或外语使用者。很显然，国际跨文化交际的情景日趋多元化和复杂化，外语教学中的文化亦愈显多元化和复杂化。从交际学层面上讲，21 世纪是交际的世纪，国际跨文化交际活动不仅仅在翻译中推行，更要在生活中推进。对中国而言，保障中西方文化交流畅通与长效是塑造中国大国形象的一项基本国策。同时，长期以来，我国英语文化教学一味强调中西文化的差异和英语国家的文化导入，相对轻视中西不同文化之间的相互渗透和影响，忽视外语使用中本族文化导出的意义，其后果是学习者本国文化素养的严重缺失。有越来越多的教育从业者开始关注这个问题，我国基础教育课程改革也开始重视这个问题，把对本国文化的理解作为文化教学的目标之一，这将是个良好的开端。

总之，文化教学与语言教学一样，没有定法可言，但是教学有法，只要我们认真研究，一定能找出更多更好的文化教学方法。

# 参考文献

[1] 陈坚林 . 现代英语教学组织与管理 [M]. 上海：上海外语教育出版社，2000.

[2] 陈全力 . 英语教学 [M]. 西安：陕西旅游出版社，2007.

[3] 沈银珍 . 多元文化与当代英语教学 [M]. 杭州：浙江大学出版社，2006.

[4] 李强 . 文化多样性与英语教学 [M]. 北京：中国社会科学出版社，2003.

[5] 陈海贝，魏晓斌，辛瑞青 . 专门用途英语教学理论与实践研究 [M]. 北京：中国书籍出版社，2015.

[6] 朱宏华 . 英语教学的模糊理论研究 [M]. 北京：中国科学技术出版社，2008.

[7] 林克难 . 大学英语教学策略研究 [M]. 天津：天津科学技术出版社，2006.

[8] 李正栓，郝惠珍 . 中国语境下的英语教学理论与实践 [M]. 石家庄：河北教育出版社，2009.

[9] 鲁子问，康淑敏 . 英语教学设计 [M]. 上海：华东师范大学出版社，2008.

[10] 黄丽丽，陆晓蓉，杨昌君 . 现代英语教学理论与实践发展 [M]. 北京：中国时代经济出版社，2013.

[11] 胡德映，宋剑祥 . 当代英语教学理论与方法探索 [M]. 昆明：云南民族出版社，2006.

[12] 蒋景东 . 商务英语教学论 [M]. 杭州：浙江大学出版社，2011.

[13] 鲁子问，王笃勤 . 新编英语教学论 [M]. 上海：华东师范大学出版社，2006.

[14] 何广铿，黄冰，勒妍 . 英语教学研究方法 [M]. 广州：广东高等教育出版社，2009.

[15] 崔刚，罗立胜 . 英语教学理论与实践 [M]. 北京：对外经济贸易大学出版社，2006.

[16] 蔡龙权，裘正铨 . 大学英语教学研究 [M]. 上海：上海科学技术出版社，2007.

[17] 窦坤，桑元峰 . 大学英语教学的实践哲学 [M]. 北京：光明日报出版社，2013.

[18] 李成洪 . 英语教学与跨文化传播 [M]. 沈阳：东北大学出版社，2013.

[19] 王进军 . 综合英语教学原理 [M]. 广州：中山大学出版社，2011.

[20] 郭剑晶 . 专门用途英语教学研究 [M]. 北京：知识产权出版社，2012.

[21] 林立，董启明 . 英语教学与研究 [M]. 北京：科学出版社，2004.

[22] 王松美，张鲁静 . 英语教学设计指导与案例 [M]. 北京：现代教育出版社，2007.

[23] 蔡龙权，裘正铨 . 大学英语教学研究 [M]. 上海：上海科学技术出版社，2008.

[24] 贾冠杰 . 英语教学基础理论 [M]. 上海：上海外语教育出版社，2010.

[25] 何安平 . 语料库辅助英语教学入门 [M]. 北京：外语教学与研究出版社，2010.

[26] 胡小花 . 英语教学研究：理论与实践 [M]. 西安：西北工业大学出版社，2007.

[27] 向前进，曹佩升 . 高职高专英语教学改革与发展研究 [M]. 北京：高等教育出

版社，2010.

[28] 陈德泉，虞晓东．高校英语教学创新模式探索 [M]. 杭州：浙江工商大学出版社，2009.

[29] 贾冠杰．英语教学基础理论 [M]. 上海：上海外语教育出版社，2010.

[30] 丛晓峰，刘楠．高校教学改革与质量管理研究 [M]. 北京：中国海洋大学出版社，2008.

[31] 廉桂凤，祁俊然，杨莉．英语教学论 [M]. 哈尔滨：哈尔滨地图出版社，2008.

[32] 罗毅，安福勇，王宝．现代英语课程与教学论 [M]. 天津：天津教育出版社，2009.

[33] 栗香翠．跨文化交际视野下的英语教学改革探究 [M]. 长春：吉林大学出版社，2015.

[34] 王玮，纪媛，张荣．语言·教育·文化 [M]. 北京：海洋出版社，2005.

[35] 陈品，赵文通．大学英语教学理论与实践 2014[M]. 天津：南开大学出版社，2015.

[36] 杨晓萍，陶岳炼，大学英语跨文化交际教程 [M]. 北京：高等教育出版社，2012.

[37] 周小勇．大学英语跨文化交际 [M]. 上海：上海交通大学出版社，2014.

[38] 潘炳信，高桂香．英语教学多视角 [M]. 北京：中国文史出版社，2005.

[39] 文秋芳；王立非．英语学习策略理论研究 [M]. 西安：陕西师范大学出版社，2004.

[40] 首都师范大学大学英语教研部．大学英语教学与研究 [M]. 北京：首都师范大学出版社，2004.

[41] 蔡龙权，裘正铨．大学英语教学研究 [M]. 上海：上海科学技术出版社，2007.

[42] 林克难．大学英语教学策略研究 [M]. 天津：天津科学技术出版社，2006.

[43] 田式国．英语教学理论与实践 [M]. 北京：高等教育出版社，2001.

[44] 戴俊霞，陈宗伦．当代英语教学：理论与实践 [M]. 中国科学技术大学出版社，2008.

[45] 杨棣华，吴小馨．英语教学理论与实践 [M]. 北京：中国人民大学出版社，2014.

[46] 陈忠华．科技英语教学的理论与实践 [M]. 石家庄：河北科学技术出版社，1990.

[47] 高明乐．英语教学理论与实践 [M]. 北京：北京语言大学出版社，2013.